《国学经典藏书》丛书编委会

国学经典藏书

近思录

张　弓　译注

中国出版集团有限公司
研究出版社

图书在版编目（CIP）数据

近思录 / 张弓译注. -- 北京: 研究出版社,
2024.1
（国学经典藏书）
ISBN 978-7-5199-1486-8

Ⅰ. ①近… Ⅱ. ①张… Ⅲ. ①理学—中国—南宋②《
近思录》—译文③《近思录》—注释 Ⅳ. ①B244.7

中国国家版本馆 CIP 数据核字（2023）第 088782 号

出 品 人：陈建军
出版统筹：丁　波
责任编辑：谭晓龙

国学经典藏书：近思录
GUOXUE JINGDIAN CANGSHU：JINSI LU
张　弓　译注
研究出版社 出版发行
（100006　北京市东城区灯市口大街 100 号华腾商务楼）
河北松源印刷有限公司　新华书店经销
2024 年 1 月第 1 版　2024 年 1 月第 1 次印刷
开本：880毫米 × 1230毫米　1/32　印张：12
字数：248 千字
ISBN 978-7-5199-1486-8　定价：40.00 元
电话：（010）64217619 64217652（发行部）

编者的话

经典是人类知识体系的根基,是人类的精神家园,是我们走向未来的起点。莎士比亚说过:“生活里没有书籍,就好像没有阳光;智慧里没有书籍,就好像鸟儿没有翅膀。”21 世纪中国国民的阅读生活中最迫切的事情是什么?我们的回答是阅读经典!

中国有数千年一脉相传、光辉灿烂的文化,并长期处于世界文化发展的前列,尤其是在近代以前,曾长期引领亚洲乃至世界文化的发展方向。长期超稳定的社会发展形态和以小农生产为基础的、悠闲的宗法农业社会,塑造了中华民族注重实际、偏重经验、重视历史的文化心理特征。从殷商时代的“古训是式”(《诗经·大雅·烝民》),到孔子的“述而不作,信而好古”(《论语·述而》),可以清楚地看出这种文化心理不断强化的轨迹。于是,历史就被赋予了神圣的光环,它既是人们获得知识的源泉,也是人们价值标准的出处。它不再是僵死的、过去的东西,而是生动活泼、富有生命力,并对现世仍有巨大指导作用的事实。因而就形成了这样一种固定的文化思维方式,也就是“以铜为鉴,可正衣冠;以古为鉴,可知兴替;以人为鉴,可明得失”(《新唐书·魏徵传》)。中国的文化人世代相承,均从历史中寻求真理,寻求“修身、齐家、治国、平天下”的崇高理想模式。这种对于历史所怀有的深沉强烈的认同感,正是历史典籍赖以发展、繁荣的文化心理基础。历史上最初给历史典籍的研究和整理工作涂上政治、道德和伦理色彩的是春秋时期的孔子。当时的孔子因感"周室微而礼乐废、《诗》《书》缺",于是删订了《诗》《书》《礼》《乐》《易》《春秋》等"六经"(见《史记·孔子世家》),寄托了自己在政治上"复礼"和道德上"归仁"的最高理想。孔子以后,历史典籍的编撰无不遵循着这一最高原则。所以《隋书·经籍志》总序中就说:"夫经籍也者,机神之妙旨,圣哲之能事。所以经天地,纬阴阳,正纲纪,弘道德,显仁足以利物,藏用足以独善……其王者之所以树风声,流显号,美教化,移风俗,何莫由乎斯道?……其教有适,其用无穷,实仁义之陶钧,诚道德之橐籥也。……夫仁义礼智,所以治国也;方技数术,所以治身也。诸子为经籍之鼓吹,文章乃政化之黼黻,皆为治国之具也。"(《隋书·经籍志一》)由此可见,历史典籍的编撰整理工作,已不仅仅是文化技术问题,更重要的是它还负有"正纲纪,弘道德"的政治和道德使命。于是,在两千多年的历史发展过程中,先人们为我们留下了汗牛充栋的文化典籍。这些宝贵的精神财富,不仅是我们中华民族的骄傲,也是全人类的骄傲,并已成为世界文化宝藏的重要组成部分。

中国的先哲们一向对古代典籍充满崇敬之情,他们认为,先王之道、历史经验、人伦道德以及治国安邦之术、读书治学之法等等,都蕴藏于典籍之中。文献典籍是先王之道、历史经验、人伦道德等赖以传递后世的重要手段。离开书籍,后人将无法从前朝吸取历史经验,无法传承先王之道。在日新月异的当代,如何对待这份优秀的文化遗产?毛泽东同志早就指出:"中国的长期封建社会中,创造了灿烂的古代文化。清理古代文化的发展过程，剔除其封建性的糟粕，吸取其民主性的精华，是发展民族新文化、提高民族自信心的必要条件。……中国现时的新文化也是从古代的旧文化发展而来，因此，我们必须尊重自己的历史，决不能割断历史。但是，这种尊重是给历史以一定的科学地位，是尊重历史的辩证法的发展，而不是颂古非今。”（毛泽东《新民主主义论》）古代典籍，不仅对中华民族的形成与发展历史地发挥了巨大的凝聚力作用，而且在当今中华民族伟大复兴中，依然会发挥无可替代的重要作用。

在科学技术迅猛发展的当代社会，人们的生活、观念正在发生着巨大而深刻的变革，面对蓬勃发展的现代科技和汹涌而至的各种思潮，人们依然能深切地感受到中华传统文化无所不在的巨大力量。人们渴望了解这种无形的力量源泉，于是绚丽多姿的中华典籍就成了人们首要的选择。它能够使我们在精神上成为坚强、忠诚和有理智的人，成为能够真正爱人类、尊重人类劳动、衷心地欣赏人类的伟大劳动所产生的美好果实的人。所以，在今天，我们要阅读经典；当数字化、网络化带来的“信息爆炸”占领人们的头脑、占用人们的时间时，我们要阅读经典；当中华民族迈向和平崛起和民族复兴的伟大征程时，我们更要阅读经典。因此，读经典，这个我们习以为常的平凡过程，实际上就成了人的心灵和上下古今一切民族的伟大智慧相结合的过程。但由于时代的变迁，这些经典对现代人来说已仿佛谜一样的存在。为继承这份优秀的文化遗产，帮助人们更好地利用这些经典，在全国学术界诸多专家学者的支持下，我们策划了这套“国学经典藏书”丛书。

丛书以弘扬传统、推陈出新、汇聚英华为宗旨，以具有中等以上文化程度的广大读者为对象，从我国古代经、史、子、集四个部类的典籍中精选50种，以全注全译或节选的形式结集出版。在书目的选择上，重点选取我国古代哲学、历史、地理、文学、科技、教育、生活等领域历经岁月洗礼、汇聚人类最重要的精神创造和知识积累的不朽之作。既注重选取历史上脍炙人口、深入人心的经典名著，又注重其适应现代社会的人文价值趋向。丛书不仅精校原文，而且从前言、题解，到注释、译文，均在吸收历代学者研究成果的基础上精心编撰。在注重学术性标准的基础上，尽量做到通俗易懂。我们相信，本丛书的出版，对提高人们的古代典籍认知水平，阅读和利用中华传统经典，传播中华优秀文化，提高人们的民族自信心和文化自豪感，进而为中华民族伟大复兴作贡献，均将起到应有的作用。高尔基说："书籍是人类进步的阶梯。""要热爱读书，它会使你的生活轻松，它会友爱地帮助你了解纷繁复杂的思想、感情和事件；它会教导你尊重别人和你自己；它以热爱世界、热爱人类的情感，来鼓舞智慧和心灵。""当书本给我讲到闻所未闻、见所未见的人物、感情、思想和态度时，似乎是每一本书都在我面前打开一扇窗户，并让我看到一个不可思议的新世界。"(《高尔基论青年》，中国青年出版社，1956年版)。流传千年的文化经典，让我们受益匪浅，使我们懂得更多。正如德国著名作家歌德所说："读一本好书，就是和一位品德高尚的人谈话。"的确，读一本好书，就像是结交了一位良师益友。我们真诚希望，这套经典丛书能够真正进入您的生活，成为人人应读、必读和常读的名著。

陈　虎

庚子岁孟秋

前　言

《近思录》是由南宋著名理学家、程朱理学集大成者朱熹和理学家吕祖谦，按类别选编北宋理学家周敦颐、程颢、程颐、张载四人语录的一部理学入门著作。提起编纂缘由，朱熹和吕祖谦在序跋中提到，两人曾在南宋淳熙二年(1175)夏天相会于福建建阳寒泉精舍，他们一起切磋学问，阅读周敦颐、程颢、程颐、张载的著作。朱熹曾说：四子，六经之阶梯。为了便于初学者把握这四位理学大师的理论要义，进而引导其深入理学殿堂，朱熹和吕祖谦从四子的著作中精选出622条具有代表性的内容，分为14卷，是为《近思录》。“近思”二字取自《论语·子张》：“博学而笃志，切问而近思，仁在其中矣。”寓意“近思于己所能及之事”，“不驰心高远，就其切近者而思之”，“所谓能近取譬也”。总之，道不远人，只有从自己身边日常事务出发去思辨、去领悟，才能领悟得更为深刻。

由于《近思录》的编者也是理学宗师，因此此书一般也被当作是朱熹、吕祖谦学术思想的一个表征。特别是随着朱熹在学术史上地位的抬高,《近思录》的地位也愈益高涨,自问世以来至民国时期七百多年间,屡屡刻印。如现今藏于全国各大图书馆的《近思录》,尚有嘉靖六年(1527)贾世祥刻本、万历三十五(1577)年朱崇沐刻本、崇祯八年鲍懋度刻本、崇祯九年张儁等刻本、吴邦模刻本、《朱子遗书》本、康熙年间吕氏家塾刻本、《四库全书》本、道光三年(1823)姚氏刻本、咸丰十年(1860)刻本、光绪《西京清麓丛书》刻本、光绪《端溪丛书》本等等。这还是仅就十四卷本《近思录》而言,如果再加上给《近思录》作注的诸多版本,那就更是不胜枚举了!总之,各种《近思录》版本数量之多,仅次于科举必读书《四书集注》。

《近思录》一书体现了朱、吕眼中的周、张、二程著作与思想的精华。用朱子自己的话说,就是"《近思录》,四子之阶梯"。朱、吕沿着自己的学术思路,对四子著作进行剪裁编辑,特别是十四卷的卷目及其内在的逻辑关系,更体现着朱、吕二人对理学的见解。要介绍《近思录》,就必须先了解此书的编辑对象——北宋理学四子:

周敦颐(1017—1073),字茂叔,道州营道(今湖南道县)人。他二十岁入仕为官,历任县主簿、县令、州判官、州通判、州知军。但他的最高职务就是州知军,不到半年在他五十五岁时就辞官而归。三十余年为官履历可见,周敦颐的仕途成绩较之于他在理学领域取得的成就,显得微不足道了。晚年定居于庐山莲花峰下,世称"濂溪先生"。周敦颐被称为理学之祖,代表作有《太极图说》《通书》。

张载(1020—1077),字子厚,祖籍大梁(今河南开封),生于长安(今陕西西安),后侨寓于凤翔郿县(今陕西眉县)横渠镇。

历任祁州司法参军，授云岩县令，迁崇文院校书郎等。后辞官讲学，为理学中关学首领，世称“横渠先生”。张载为人早熟，少时兴趣广泛，无所不窥，尤喜言兵，曾打算自募武装收复为西夏侵占的洮西地区。后在范仲淹的规劝下折节读书，终于成为理学奠基者之一。著有《正蒙》《横渠易说》等。

程颢（1032—1085），字伯淳，洛阳（今河南洛阳）人，世称“明道先生”。弟程颐（1033—1107），字正叔，世称“伊川先生”。他们的著作经后人辑录为《河南二程全书》。二程开创的洛学，奠定了理学的基础。

本书的编著者朱熹（1130—1200），字元晦，又字仲晦，号晦庵，晚称晦翁，徽州婺源（今江西婺源）人。朱熹是宋明理学体系和规模的确立者，是专制时代后期影响最为深远的学者。明清时期代表官方意识形态的《五经大全》《四书大全》《性理大全》《性理精义》等等，皆根源于朱熹的思想，在整个儒家道统中，他是仅次于孔、孟的又一位夫子。吕祖谦（1137—1181），字伯恭，婺州（今浙江金华）人，学者称“东莱先生”。与朱熹、张栻齐名，并称“东南三贤”。

《近思录》一书选编的对象，分别是北宋理学中濂学、洛学、关学的代表人物，也体现了朱熹的闽学、吕祖谦的婺学思想，可以说，《近思录》是一部最能反映程朱理学核心的、代表性的内容和观点的著作。《近思录》一书，从道体、为学大要、格物穷理、存养、改过迁善、齐家之道、出处进退、治国平天下、制度、君子处事之方、教学之道、改过、异端之学、圣贤气象等十四个主题，着手构建了程朱理学的宇宙论、本体论与心性论、成圣之道以及修养工夫，逻辑严密，首尾呼应，系统地展现了程朱理学的精髓。

《近思录》虽然是一部程朱理学的入门书籍，但由于它是对程朱理学代表人物著作、语录、思想的节录选辑，因此从文本上难以看出四子著作的原貌；或者不熟悉四子思想、著作及其他一些主要儒家典籍的初学者，很难理解《近思录》的一些章节内容。因此对《近思录》进行注释翻译，仍然是迫切和有意义的事情，特别是一部十五万字左右的注释翻译本，便于初学者迅速掌握此书梗概。本次注译，以南宋衢州学官刻本杨伯嵒《泳斋近思录衍注》十四卷正文文字作为底本，参校元刻明修本叶采《近思录集解》、明嘉靖十七年(1538)吴邦模刻本。朱熹《序》、吕祖谦《序》，据叶采《近思录集解》补充。共录622条。《近思录》文字尽量采取直译，同时为了行文简洁，减少注释条目，除一些初次出现的历史人物、生僻的词语外，一般不出注。而词语的意思，可以从直译的文段中予以理解。直译影响阅读的，便采取适当调整，力争便于理解。至于信、达、雅三者兼备则不敢奢望，这也是作者水平所限、努力为之而难以企及之处，因此在所难免的疏漏，尚乞读者不吝赐教。

张弓

2023年11月24日

目　录

朱熹序…………………………………………………… 1

吕祖谦序………………………………………………… 3

卷一　道体……………………………………………… 5

卷二　为学 ………………………………………… 33

卷三　致知 ………………………………………… 89

卷四　存养……………………………………………… 134

卷五　克治……………………………………………… 170

卷六　家道……………………………………………… 194

卷七　出处……………………………………………… 210

卷八　治体……………………………………………… 235

卷九　治法……………………………………………… 256

卷十　政事……………………………………………… 279

卷十一　教学…………………………………………… 314

卷十二　警戒…………………………………………… 327

卷十三　异端…………………………………………… 341

卷十四　圣贤…………………………………………… 354

朱熹序

淳熙乙未之夏[①]，东莱吕伯恭来自东阳，过予寒泉精舍，留止旬日。相与读周子、程子、张子之书，叹其广大闳博，若无津涯[②]，而惧夫初学者不知所入也。因共掇取其关于大体而切于日用者，以为此编，总六百二十二条，分十四卷。盖凡学者所以求端用力、处己治人之要，与夫所以辨异端、观圣贤之大略，皆粗见其梗概。以为穷乡晚进、有志于学，而无明师良友以先后之者，诚得此而玩心焉，亦足以得其门而入矣。如此，然后求诸四君子之全书，沉潜反复，优柔厌饫[③]，以致其博而反诸约焉，则其宗庙之美、百官之富[④]，庶乎其有以尽得之。若惮烦劳、安简便，以为取足于此而可，则非今日所以纂集此书之意也。五月五日，新安朱熹谨识。

〔注释〕

①淳熙乙未：淳熙二年，1175 年。

②津涯：边际。

③厌饫(yù)：饱食。饫，吃饱。

④宗庙之美、百官之富：语出《论语 · 子张》，意谓孔子的思想犹如数丈高的城墙，不得其门而入，就看不到其中宗庙的壮美、房屋的众多。

〔译文〕

淳熙二年夏，吕祖谦从东阳来，经过我的寒泉精舍，停留了十几天。我们一起研读周敦颐、二程、张载的书，感叹其中内容广大、思想深邃渊博，无边无际，于是担心初学的人不知道该如何着手学习。因此我们共同选取了其中涉及主旨、贴近日常生活的一些条目，编成此书，总共六百二十二条，十四卷。大体说，学者要找到用功的起点、修身待人的方法，以及要辨别异端邪说、观察圣贤气象的方法，都能从中得到一个梗概。我觉得处在穷乡僻壤有志于学习的青年学子，若没有良师益友从旁指点，就只能好好研读这本书，认真体会，就能找到入门道路。学完之后，再进一步反复仔细阅读四位贤人的著作，从容求索，深入体会，就能通过广博的学习而了解其思想核心，这样其中的美妙思想、丰富内容，就全部领会到了。如果害怕烦琐，不愿下功夫，只图方便，以为只读这本书就够了，那么就违背了我们编这本书的初衷。五月五日，新安朱熹谨识。

吕祖谦序

《近思录》既成，或疑首卷阴阳变化性命之说，大抵非始学者之事。祖谦窃尝与闻次缉之意[①]，后出晚进于义理之本原，虽未容骤语，苟茫然不识其梗概，则亦何所底止[②]？列之篇端，特使之知其名义，有所向望而已。至于余卷所载讲学之方、日用躬行之实，具有科级[③]，循是而进，自卑升高，自近及远，庶几不失纂集之指。若乃厌卑近而骛高远，躐等陵节[④]，流于空虚，迄无所依据，则岂所谓"近思"者耶？览者宜详之。淳熙三年四月四日，东莱吕祖谦谨书。

〔注释〕

①次缉：编辑次序。

②底止：止境，终点。

③科级：等级。

④躐等陵节：逾越等级、法度。

〔译文〕

《近思录》编成后，有人担心第一卷探讨阴阳变化性命的内容太高深，可能超出了初学者的范围。根据我对编辑此书次序的了解，年轻学者对于义理的本原，尽管不能很快讨论，但是若全然不知一个大概，怎么知道学问的目标呢？因此将这部分内容放在第一卷，就是要让初学者明白这一核心观点，然后让其树立远大目标。至于其余各卷所讲的讲学方法、平时可以实践的修行，都有次第顺序。依照这个顺序，一步步从低到高，从近到远学习实践，那么基本上不会违背本书的主旨。若厌恶浅近，好高骛远，不按照顺序学习，追求空疏的道理，最终学问没有根基依据，这岂是我们将此书命名为"近思"的本意呢？读者要明白这一点。淳熙三年四月四日，东莱吕祖谦谨书。

卷一　道体

〔题解〕

本卷是《近思录》的理论总纲，主要讨论太极、阴阳、性命、仁义等理学最核心的内容，论性和理的本原，发明周敦颐、二程、张载等理学宗师的相关理念。如阴阳动静、中和感应、性善气禀、仁爱大公等概念，共五十一条。

1. 濂溪先生曰[①]：无极而太极[②]。太极动而生阳，动极而静；静而生阴，静极复动。一动一静，互为其根；分阴分阳，两仪立焉[③]。阳变阴合，而生水、火、木、金、土；五气顺布，四时行焉。五行，一阴阳也；阴阳，一太极也；太极，本无极也。五行之生也，各一其性。无极之真，二五之精[④]，妙合而凝。"乾道成男，坤道成女"，二气交感，化生万物。万物生生，而变化无穷焉；惟人也，得其秀而最灵。形既生矣，神发知矣，五性感动而善恶分[⑤]、万事出矣。圣人定之以中正仁义（圣人之道，仁义中正而已矣。）而主静，（无欲，故静。）立人极[⑥]焉。故圣人与天地合其德，日月合其明，四时合其序，鬼神合其吉凶。君子修之吉，小人悖之凶。故曰："立天之道，曰阴与阳；立地之道，曰柔与刚；立人之道，曰仁与义。”又曰：“原始反终，故知死生之说⑦。”大哉《易》也，斯其至矣！（周敦颐《太极图说》）

〔注释〕

①濂溪先生：周敦颐（1017—1073），字茂叔，号濂溪，道州（今湖南道县）人。中国北宋哲学家、文学家，理学开山鼻祖。

②无极而太极：太极，中国古代用来描绘超越一切两极对立的混沌状态。这里是说太极没有终点的状态，而不是说太极之上还有一个无极的概念。

③两仪：指阴阳这一矛盾运动的两个对立面。

④二五：阴阳与五行。

⑤五性：指仁、义、礼、智、信。

⑥人极：社会的准则。

⑦原：推原。反：反求。原始反终，故知死生：推原事物的初始，反求事物的终结，就能知晓生死的规律。

〔译文〕

周敦颐先生说：没有极点就是太极。太极运动生出阳，运动到极致就产生了静，静又生阴，静止到极点又开始运动。运动与静止两者互为彼此，分出阴和阳，于是就产生了两仪。阴阳变幻附和，又产生出水、火、木、金、土五行。五行顺行流布，春、夏、秋、冬四时就形成了。五行本质上就是阴阳，阴阳本质上就是太极，太极根本上就是没有极点。五行的产生，都有它们的性状。没有极点处所见到的真实，是阴阳和五行构成的精华，奇妙地结合凝结。乾道是对男性特征的总结，坤道是对女性特征的总结。

阴阳二气相互感应，变化生成万物；万物生生不息，变化无穷无尽，只有人获得了优异的气，最灵通。形体产生了，精神就会产生知觉，仁、义、礼、智、信五性得到感应而运动，于是善恶就能够区分、万事就生发出来了。圣人制定了中正仁义的标准（圣人之道的内容，只是仁义中正）以便达到人性本来的静止状态（无欲无求才能达到静止），以此来确立人与人之间的社会秩序。所以圣人的德性就像天地一样，他的光明如同日月一样，能够顺应四时次序，顺应鬼神掌控的吉凶。君子按照它来修行，就吉利；小人违背它，就凶险。所以《周易》说："确立天道的法则，是阴和阳；确立地道的法则，是柔和刚；确立人道的法则，是仁和义。"又说："追溯源头，返回终点，就知道死亡与生命的道理。"《周易》真是伟大，明白了这些，才算达到了它的极致。

2. 诚，无为；几[①]，善恶。德：爱曰仁，宜曰义，理曰礼，通曰智，守曰信。性焉、安焉之谓圣，复焉、执焉之谓贤，发微不可见[②]、充周不可穷之谓神。（周敦颐《通书》）

〔注释〕

①几：事物的苗头、征兆。

②发微：阐发微妙之处。

〔译文〕

真诚的本性是自发的，无所作为的；出现了运动的征兆，才有了善恶的分别。德性表现在五个方面：爱人为仁，合宜为义，合理为礼，通达为智，持守为信。自然彰显本性、安处于本性就是圣人，努力复归于本性、持守本性就是贤人。从细微处发动但是无法观察到、遍布一切但无法穷尽就是神明。

3. 伊川先生曰[①]：喜怒哀乐之未发，谓之中。中也者，言“寂然不动”者也，故曰“天下之大本”。发而皆中节[②]，谓之和。和也者，言“感而遂通”者也，故曰“天下之达道”[③]。（《河南程氏遗书》）

〔注释〕

①伊川先生：即程颐（1033—1107），字正叔，河南洛阳人，世称“伊川先生”。北宋理学家、教育家，程颢之弟。

②中（zhòng）节：合乎礼义法度。

③达道：需遵循而不变的道理。

〔译文〕

程颐说：喜怒哀乐没有表现出来时，称作适中。适中就是无声无息、寂然不动，所以说“中”是“一切事物的根本”。喜怒哀乐表现出来全都适度，叫作和。和就是感发后没有什么地方不能够通达，所以说和是“社会遵守不变的法则”。

4. 心一也，有指体而言者[①]，（“寂然不动”是也。）有指用而言者，（“感而遂通天下之故”是也。）惟观其所见何如耳。（《河南程氏文集》）

〔注释〕

①体：事物的本质。

〔译文〕

心性只有一个，从本体来说就是“处于静寂没有任何变化的状态”，从功用的角度来说，就是“受到感应就能通达天下的道理”。探讨心性，要看是从本体来说，还是从功用来说。

5. 乾，天也。天者，乾之形体；乾者，天之性情。乾，健也，健而无息之谓乾。夫天，专言之则道也，“天且弗违”是也。分而言之，则以形体谓之天，以主宰谓之帝，以功用谓之鬼神，以妙用谓之神，以性情谓之乾。（《周易程氏传·乾传》）

〔译文〕

乾，取象于天。天，是乾的形体；乾，是天的性情。乾的意思是刚健，刚健不息就称作乾。天的含义，就总体而言指的是道，上天尚且不违背这个道。分开来说，那么就形体说称作天，就主宰者说称作帝，就其功用说称作鬼神，就其神妙来说称作神，就其性情说称为刚健的乾。

6. 四德之元[①]，犹五常之仁[②]。偏言则一事，专言则包四者。（《周易程氏传·乾传》）

〔注释〕

①四德：指《周易·乾》卦辞中的“元、亨、利、贞”。

②五常：即上文所说的五性：仁、义、礼、智、信。

〔译文〕

《乾》卦中的"元、亨、利、贞"四德中的"元"，犹如仁、义、礼、智、信五常中的"仁"。与其他三德并列的时候，就只是四德中的一个，单独说这个"元"，则包含全部四德在内。

7. 天所赋为命，物所受为性。(《周易程氏传·乾传》)

〔译文〕

从上天赋予万物的角度言是命运，从万物所受的角度说是本性。

8. 鬼神者，造化之迹也。(《周易程氏传·乾传》)

〔译文〕

鬼神，就是天地化育万物的产物。

9.《剥》之为卦，诸阳消剥已尽，独有上九一爻尚存，如硕大之果不见食，将有复生之理。上九亦变，则纯阴矣[①]。然阳无可尽之理，变于上则生于下，无间可容息也。圣人发明此理，以见阳与君子之道不可亡也。或曰：《剥》尽则为纯《坤》，岂复有阳乎？曰：以卦配月[②]，则《坤》当十月。以气消息言[③]，则阳剥为《坤》，阳来为《复》，阳未尝尽也。《剥》尽于上，则《复》生于下矣。

故十月谓之阳月，恐疑其无阳也。阴亦然。圣人不言耳。(《周易程氏传·剥传》)

〔注释〕

①这几句是说《剥》卦从卦象上看下五爻都是阴，只有上九一爻为阳，如果这一爻变成阴，那么就是六爻全阴，就成《坤》卦了。

②以卦配月：《周易》用十二个卦配十二个月，即：《复》(十一月)、《临》(十二月)、《泰》(正月)、《大壮》(二月)、《夬》(三月)、《乾》(四月)、《姤》(五月)、《遁》(六月)、《否》(七月)、《观》(八月)、《剥》(九月)、《坤》(十月)。

③消息：在卦象变化中，阳去阴来为消，阴去阳来为息。

〔译文〕

《剥》从卦象上看，是各个阳爻渐次剥落的意思，独有上九一阳爻尚存，就像一个硕大的果子放在上面还没被吃掉，就将有新的果实生长出来。如果上九爻也变成阴爻，那就成了纯阴的坤卦了。但是阳气没有能完全消亡的道理，上九变于上那么初九就会生于下，中间没有间隙。圣人阐明这一道理，以显示阳与君子之道是不可消亡的。有人说：阳爻剥尽了，就成了纯阴的《坤》卦，难道还有阳吗？回答是：以卦配月份，那么《坤》卦正当十月。按二气消息说，那么《剥》卦上九一阳剥去为《坤》，《坤》卦下面来一阳爻就成《复》卦，阳气未尝消尽。《剥》卦阳尽于上时，《复》卦阳就生于下了。所以《坤》卦相配的十月称作阳月，是担心人们怀疑《坤》卦无阳。阴也是这样，只是圣人没有说明罢了。

10. 一阳复于下，乃天地生物之心也。先儒皆以静

为见天地之心，盖不知动之端乃天地之心也。非知道者，孰能识之？（《周易程氏传·复传》）

〔译文〕

《复》卦从下面产生一阳爻，就是天地生成万物的本心。前代儒者都认为静止不动是天地的本心，是因为不知道未动之初才见天地之心。不是深明天地大道的人，谁能认识到这一层呢？

11. 仁者，天下之公，善之本也。（《周易程氏传·复传》）

〔译文〕

仁，是所有人共有的，是一切善的根本。

12. 有感必有应。凡有动皆为感，感则必有应，所应复为感，所感复有应，所以不已也。感通之理，知道者默而观之可也。（《周易程氏传·咸传》）

〔译文〕

有感发必有应验。凡有运动都会有感发，有感发必会有反应，这反应又是新的感发，感发又会产生反应，因此感与应连绵不已。因感而通的道理，只有明白天地大道的人才能冷静地观察。

13. 天下之理，终而复始，所以恒而不穷。恒非一

定之谓也，一定则不能恒矣。惟随时变易，乃常道也。天地常久之道，天下常久之理，非知道者孰能识之？（《周易程氏传·恒传》）

〔译文〕

世间万物的运动规律，是终而复始的，所以能恒久而无穷尽。恒久并不是限于一处的意思，限于一而不变就不能恒久。只有随时变易，才是恒久之道。天地常久之道，天下常久之理，非明于道的人谁能明白呢？

14. 人性本善，有不可革者，何也？曰：语其性，则皆善也；语其才，则有下愚之不移。所谓下愚有二焉：自暴也，自弃也。人苟以善自治，则无不可移者。虽昏愚之至，皆可渐磨而进。惟自暴者拒之以不信，自弃者绝之以不为，虽圣人与居，不能化而入也，仲尼之所谓下愚也。然天下自暴自弃者，非必皆昏愚也，往往强戾而才力有过人者，商辛是也。圣人以其自绝于善，谓之下愚。然考其归，则诚愚也。既曰下愚，其能革面，何也？曰：心虽绝于善道，其畏威而寡罪，则与人同也。惟其有与人同，所以知其非性之罪也。（《周易程氏传·革传》）

〔译文〕

人性原本是善的，但有些不善的小人是不可改变的，这是什么原因呢？答案是：要说本性，都是善的；要说才分，那就有下等昏愚而不可改变的情况。所谓的“下愚”有两种：一种自我戕害，一种是自己放弃上进。人只要用善自我修治，那就没有不可改变的人。即使是愚蠢到了极点，也都可以渐渐磨砺而进步。只有自暴者以不诚信而拒绝，自弃者以不作为而弃绝向善，即使和圣人住在一起，也不能使他接受善。这样的人就是孔子说的下愚的人。但是天下自暴自弃的人，并非都愚蠢，往往有些是强暴凶残并且才力过人的人，商纣王就是这样的人。因为这种人拒绝向善，所以圣人称他们为下愚。然而考察一下他们的结局，那确实是愚蠢。既然称他们是下愚了，又怎么能改变？回答是：虽然他们心里拒绝向善，但他们害怕君威而少犯罪过，那就表现得与别人一样了。正因为他们有与大众相同的一面，所以就可以说明这不是他们本性不善造成的。

15. 在物为理，处物为义[①]。（《周易程氏传·艮传》）

〔注释〕

①处物：处置事物。

〔译文〕

事物本身的法则就是“理”，按照这个法则来处置事物就是“义”。

16. 动静无端，阴阳无始，非知道者，孰能识之？（《河南程氏经说》）

〔译文〕

运动与静止的变化没有起因,阴阳运行没有开始,若不了解天地根本大道,谁能明白?

17. 仁者,天下之正理,失正理则无序而不和。(《河南程氏经说》)

〔译文〕

仁是天下的根本法则,失去这个根本法则,世界就会失去秩序而不和谐。

18. 明道先生曰①:天地生物,各无不足之理。常思天下君臣、父子、兄弟、夫妇,有多少不尽分处!(《河南程氏遗书》)

〔注释〕

①明道先生:即程颢(1032—1085),字伯淳,世称"明道先生",河南府洛阳人。北宋理学家、教育家,宋明理学的奠基者。

〔译文〕

程颢说:天地生万物,都有其充分的道理。我常常思考天下君臣、父子、兄弟、夫妇之间,都存在的很多不尽其本分的地方。

19. "忠信所以进德","终日乾乾"。君子当终日对越在天也[1]。盖“上天之载,无声无臭”,其体则谓之易,其理则谓之道,其用则谓之神,其命于人则谓之性,率性则谓之道,修道则谓之教。孟子去其中又发挥出浩然之气,可谓尽矣。故说神“如在其上,如在其左右”,大事小事而只曰:“诚之不可掩如此夫。”彻上彻下,不过如此。形而上为道,形而下为器,须着如此说:器亦道,道亦器,但得道在,不系今与后、己与人。(《河南程氏遗书》)

〔注释〕

①对越在天:与上天相配。

〔译文〕

《周易》上说:“忠信所以增进德性。”又说“君子终日戒慎”。君子应一天到晚使自己的德行与上天之德相符。上天之事,虽然没有声音气味,其本体称作易,运行之理称作道,妙用称作神,赋予人的生命称作性,顺着这本性去做就称作道,修养这道就称作教。孟子又在其中发挥出“浩然之气”的说法,可以说讲透彻了。所以说神的时候就说:“好像在上,好像在左右。”不论事多大,只是说:“神的至诚的德行不可掩藏。”贯彻上下,都是如此。抽象而超出形体之上的事理、方法称作道,具体有形可见的东西称作器,理论上这么说:器也就是道,道也就是器,二者是不可分割的。只要有道在,便不拘今日与以后,也不拘自身与他人,都能无所不合。

20. 医书言手足痿痹为不仁,此言最善名状。仁者以天地万物为一体,莫非己也。认得为己,何所不至?若不有诸己,自不与己相干。如手足不仁,气已不贯,皆不属己。故博施济众,乃圣之功用。仁至难言,故止曰:“己欲立而立人,己欲达而达人。能近取譬,可谓仁之方也已。”欲令如是观仁,可以得仁之体。(《河南程氏遗书》)

〔译文〕

医书上称人的手足筋肉萎缩麻木为不仁,这话说得太形象了。仁德的人把天地万物当作一体,没有什么不属于自身。把万物看作自身,还有什么做不到呢?如果不属于自身,就会认为与自己毫不相干。就像手足麻木的时候,因气血不再贯通了,也就感觉不到那是自己的一部分。所以孔子说“广博地施予,救济众人”,就是圣人的行为与作用。仁是最难说明的,所以孔子只说:“自己想成功,就使别人成功;自己想通达,就使别人通达。能够从自己的情况来设想如何与人相处,就可以说是行仁的方法了。”如果能让人们这样去认识仁,就可以了解仁的本体了。

21.“生之谓性”。性即气,气即性,生之谓也。人生气禀,理有善恶,然不是性中元有此两物相对而生也。有自幼而善,有自幼而恶(后稷之克岐克嶷[①],子越椒始生,人知其必灭若敖氏之类),是气禀有然也。善固性也,然恶亦不可不谓之性也。盖“生之谓性”“人生而静”以上不容说,才说性时,便已不是性也。

凡人说性,只是说“继之者善”也,孟子言人性善是也。夫所谓“继之者善”也者,犹水流而就下也。皆水也,有流而至海,终无所污,此何烦人力之为也?有流而未远,固已渐浊;有出而甚远,方有所浊。有浊之多者,有浊之少者,清浊虽不同,然不可以浊者不为水也。如此,则人不可以不加澄治之功。故用力敏勇则疾清,用力缓怠则迟清,及其清也,则却只是元初水也。不是将清来换却浊,亦不是取出浊来置在一隅也。水之清,则性善之谓也。故不是善与恶在性中为两物相对,各自出来。此理,天命也。顺而循之,则道也。循此而修之,各得其分,则教也。自天命以至于教,我无加损焉,此舜有天下而不与焉者也。(《河南程氏遗书》)

〔注释〕

①克岐克嶷(yí):嶷,峻茂的样子,幼年聪慧。

〔译文〕

“天生具有的资质叫作性。”性就是气,气就是性,这是天生具有的意思。人初生时禀受的气,从理上说有善有恶,但不是说人的本性中就有善恶相对而存在的。有的人自幼就善,有的人自幼就恶(就如后稷生下来就聪明懂理,子越椒一生下来,人们就知道他必定灭亡若敖氏之类),这是禀气不同使然的。善固然是人性,但是恶也不能说不是性。这“生之谓性”“人生而静”以前的事说不得,才说“生之谓性”,他已不是初生之时了,才说

"人生而静",他已感于物而动了,于是就不再是初生时、未动时的性了。

大凡人说到性时,只是说"继承天的法则的就是善",孟子言人性善就是针对这种意义说的。所谓的"继承天的法则为善",就像水往低处流一样。同样都是水,有的一直流到大海也没有污染,这哪里还需要人力去澄清呢?有的流得不远,就已经逐渐混浊了;有的流得很远了,才有些混浊。有混浊得严重的,有混浊得较轻些的。清浊虽然不同,然而不可因其混浊就认为其不是流水。这样,那就不能不用人力进行澄清了。所以用力勤而勇猛的就很快变清,用力迟缓怠惰的就澄清得慢。等到水变清了,依然还是原来的水。不是拿清水来换去了浊水,也不是取出浊水放到一边去了。水的清,是性善的比喻。所以并不是善与恶在本性中为两个相对的事物,各自表现出来。这个理,就是天命。顺着这天命遵从这天命,就是道。循着天命加以修治,以得到天命赋予各人的那一份,便是教。从天命到教化这一过程,我并不施加任何影响,这就像舜虽然拥有天下,但并不干预一样。

22. 观天地生物气象。(周茂叔看。)(《河南程氏遗书》)

〔译文〕

要观察天地生成万物的气象。(周敦颐如此观察。)

23. 万物之生意最可观,此"元者,善之长也",斯所

谓仁也。(《河南程氏遗书》)

〔译文〕

万物生生不息的精神,最值得取法,这就是《周易》所讲的“元处于善的第一位”,这就是所谓的仁。

24. 满腔子是恻隐之心。(《河南程氏遗书》)

〔译文〕

满肚子都充满着恻隐的心。

25. 天地万物之理,无独必有对,皆自然而然,非有安排也。每中夜以思,不知手之舞之、足之蹈之也。(《河南程氏遗书》)

〔译文〕

世间事物的道理,没有独立的存在,必有它的对立面,都是自然而然如此,没有由谁刻意安排。每当半夜想到这些,不由得激动得手舞足蹈起来。

26. 中者,天下之大本,天地之间亭亭当当①、直上直下之正理。出则不是,惟敬而无失最尽。(《河南程氏遗书》)

〔注释〕

①亭亭当当:妥当,适宜。

〔译文〕

适中，是天下的根本，是天地之间不偏不倚、上下一贯的正道。喜怒哀乐表现出来就不是适中，只有恭敬而不出差错才最接近适中。

27. 伊川先生曰：公则一，私则万殊。人心不同如面[①]，只是私心。（《河南程氏遗书》）

〔注释〕

①人心不同如面：每个人都有自己的想法，就像人们的面貌各不相同一样。

〔译文〕

程颐说：大公就能一致，自私就会千差万别。人心不同就如同人的面孔的千差万别一样，原因就在于各自怀着私心。

28. 凡物有本末，不可分本末为两段事。洒扫应对是其然，必有所以然。（《河南程氏遗书》）

〔译文〕

凡是事物都有根本与枝末，不可把它们分为两截。洒扫应对应该去做，一定还有为什么这样做的道理。

29. 杨子拔一毛不为，墨子又摩顶放踵为之，此皆是不得中。至如子莫执中，欲执此二者之中，不知怎么执得？识得，则事事物物上皆天然有个中在那上，不待人安排也。安排着，则不中矣。(《河南程氏遗书》)

〔译文〕

杨子拔一根汗毛而利于天下都不肯做，墨子只要有利于天下，即使把头顶磨秃、脚跟走破也要努力去做，他们都没有把握中道。至于说子莫要把握适中，他要在杨子和墨子两者之间把握适中，不知怎样能掌握得了。真的认识了中，那么一切事物上都自然而然有一个适中在那里，不需要人特意去安排。特意去安排，那就不是适中了。

30. 问：时中如何？曰："中"字最难识，须是默识心通①。且试言一厅则中央为中，一家则厅中非中，而堂为中；言一国则堂非中，而国之中为中。推此类可见矣。如三过其门不入，在禹、稷之世为中，若居陋巷，则非中也。居陋巷，在颜子之时为中，若三过其门不入，则非中也。(《河南程氏遗书》)

〔注释〕

①默识心通：暗暗记住，内心领悟。

〔译文〕

有人问：如何做到时中？回答说："中"字最难理解，须要默默理会贯通于心。比方说一个厅，那么厅的中央是中；对一个家来说,厅就不是中了,堂才是中;如果说一国,那堂也不再是中,而国家的中心才是中。由此类推就可以认识时中了。例如三过家门而不入,在禹、稷的时代是中,如果隐居在简陋的巷子里,就不是中了。隐居在陋巷中,在颜回的时代是中,而三过家门而不入就不是中了。

31. 无妄之谓诚,不欺其次矣。(一本云:李邦直[①]云:"不欺之谓诚。"便以不欺为诚。徐仲车[②]云:"不息之谓诚。《中庸》言'至诚无息',非以无息解诚也?"或以问先生,先生曰云云。)(《河南程氏遗书》)

〔注释〕

①李邦直:李清臣(1032—1102),字邦直,安阳(今河南安阳)人。宋哲宗时大臣。

②徐仲车:徐积(1028—1103),字仲车,楚州山阳(今江苏淮安)人。著有《节孝集》。

〔译文〕

不虚妄就是真诚,其次才是不欺骗。(另一个版本说:李清臣说:"不欺骗就是诚。"他是用不欺骗来解释"诚"。徐积说:"极端的真诚是没有止息的。《中庸》说'至诚没有停息的时候',不就是用'没有停息'来解释'诚'吗?"有人问程颐,他这样解释。

32. 冲漠无朕[①],万象森然已具[②],未应不是先,已

应不是后。如百尺之木，自根本至枝叶皆是一贯，不可道上面一段事无形无兆，却待人旋安排引入来教入涂辙。既是涂辙，却只是一个涂辙[3]。（《河南程氏遗书》）

〔注释〕

①冲漠：虚寂的样子。朕：迹象。冲漠无朕：指事物还没有出现之前的状态。

②森然：繁密的样子。

③涂辙：道路。

〔译文〕

在世界万物形成之前无形无迹的虚寂状态中，万事万物之理早已具备了，尚未感应的状态并不是在先，已感应未必就在后。它就像一棵百尺高的大树，从根部到枝叶，都是贯通的，不能说上面的一段是无形无相，却需要等人专门安排设计，才有了可以教导人们遵循的道路。既然是一条道路，那么彻头彻尾都是这条路，不可分为两截。

33. 近取诸身，百理皆具。屈伸往来之义，只于鼻息之间见之。屈伸往来只是理，不必将既屈之气复为方伸之气。生生之理，自然不息。如《复》卦言“七日来复”，其间元不断续。阳已复生，物极必返，其理须如此。有生便有死，有始便有终。（《河南程氏遗书》）

〔译文〕

从自己身边的事上去认识，各种道理都表现出现了。只就气的屈伸往来说，只在人的呼吸瞬间就能见到。屈伸往来就是道理，但是不必把已经回归的气当作正在伸展出去的气。生生之理，自然发生，永无止息。如《复》卦说“七日来复”，这七日之中，气的屈伸原本连绵不断。到《复》卦阳气已经复生，事物达到极点就必然衰落，道理应当如此。所以有生就会有灭，有开始就必有终结。

34. 明道先生曰：天地之间只有一个感与应而已，更有甚事？（《河南程氏遗书》）

〔译文〕

程颢说：天地之间只有一个感发与回应，哪还有什么别的事情呢！

35. 问仁，伊川先生曰：此在诸公自思之，将圣贤所言仁处类聚观之，体认出来。孟子曰：“恻隐之心，仁也。”后人遂以爱为仁。爱自是情，仁自是性，岂可专以爱为仁？孟子言“恻隐之心，仁之端也”，既曰仁之端，则不可便谓之仁。退之言“博爱之谓仁”，非也。仁者固博爱，然便以博爱为仁，则不可。（《河南程氏遗书》）

〔译文〕

有人问什么是仁，程颐回答说：这全靠诸位自己去思考，把圣贤谈仁的话分类集中来看，体会出来。孟子说：“同情他人之心是仁。”后人于是认为爱就是仁。爱只是情感，仁自是本性，怎么能简单地把爱当作仁？孟子说："同情之心，是仁的萌芽。"既然说是"仁的萌芽"，就不能称作仁。韩愈说"博爱叫作仁"，这是不对的。仁者固然博爱，但认为博爱就是仁，则不可以。

36. 问：仁与心何异？曰：心譬如谷种，生之性便是仁，阳气发处乃情也。（《河南程氏遗书》）

〔译文〕

有人问：仁与心有何区别呢？回答：心就像谷种，它所包含的能生长的本性就是仁，而阳气生发的地方就是情。

37. 义训宜，礼训别，智训知，仁当何训？说者谓训觉、训人，皆非也。当合孔、孟言仁处大概研穷之，二三岁得之，未晚也。（《河南程氏遗书》）

〔译文〕

义释为适宜，礼释为区别，智释为知识，仁释为什么呢？有人说应该释为觉、释为人，都不对。应将孔子、孟子讨论"仁"的文字汇集在一起，从总体上反复地去研究，两三年后弄明白，也不算迟。

38. 性即理也。天下之理，原其所自，未有不善。喜怒哀乐未发，何尝不善？发而皆中节，则无往而不善。凡言善恶，皆先善而后恶；言吉凶，皆先吉而后凶；言是非，皆先是而后非。（《易传》曰："成而后有败，败非先

成者也，得而后有失，非得何以有失也？”）（《河南程氏遗书》）

〔译文〕

性就是理。天下的道理，考察它们的本源，全部都是善的。喜怒哀乐没有表现出来时，哪有什么不善？表现出来的只要全都适度，则表现在任何地方都是善的。大凡人说善恶，都是先说善后说恶；说吉凶，都是先说吉后说凶；说是非，都是先说是后说非。（《周易程氏传》说：“有成功才有失败，失败并非先于成功而存在；有得到才有失去，如果没有得到，怎么会有失去呢？”）

39. 问：心有善恶否？曰：在天为命，在义为理，在人为性，主于身为心，其实一也。心本善，发于思虑则有善有不善。若既发，则可谓之情，不可谓之心。譬如水，只可谓之水。至如流而为派，或行于东，或行于西，却谓之流也。（《河南程氏遗书》）

〔译文〕

有人问：心是否有善恶之别？回答说：体现在天的层面来说称为命，体现为义的层面叫作理，体现在人的身上称作性，主宰人身的称为心，其实都是一回事。心原本是善的，产生的思虑，则有善有不善。已经表现出来的称作情，而不能称作心了。比如水，只能称作水。至于流动而成为水流，或流向东，或流向西，只能称作水流了。

40. 性出于天,才出于气。气清则才清,气浊则才浊。才则有善有不善,性则无不善。(《河南程氏遗书》)

〔译文〕

本性出于天赋,材质出于气质。气质清澈,材质就清澈;气质污浊,材质就污浊。材质有善有不善,但本性全部都是善的。

41. 性者自然完具,信只是有此者也。故四端不言信①。(《河南程氏遗书》)

〔注释〕

①四端:指恻隐之心、羞恶之心、辞让之心、是非之心。

〔译文〕

本性自然完备,“信”只确实拥有这个本性,因此四端当中没有“信”。

42. 心,生道也。有是心,斯具是形以生。恻隐之心,人之生道也。(《河南程氏遗书》)

〔译文〕

心,就是生育的道理。有了这个心,就有了这样的形体出生。恻隐之心,就是人生养的道理。

43. 横渠先生曰：气坱然太虚[1]，升降飞扬，未尝止息。此虚实动静之机，阴阳刚柔之始。浮而上者阳之清，降而下者阴之浊。其感遇聚结，为风雨，为霜雪。万品之流形，山川之融结。糟粕煨烬[2]，无非教也。（张载《正蒙·太和》）

〔注释〕

①坱（yǎng）然：充满、繁盛的样子。

②煨（wēi）烬：燃烧后的灰烬。

〔译文〕

张载说：气充满在太虚当中，升降飞扬，从来不曾停止。这是虚实动静的关键，阴阳刚柔分化的开始。浮而上升的是清澈的阳气，降而下沉的是浊重的阴气。气与气相感相遇而凝结，成为风雨，成为霜雪，万类品物流布而成形，山川的融化凝结，糟粕灰烬，这些无不是天地向人们展示的天地之理。

44. 游气纷扰[1]，合而成质者，生人物之万殊；其阴阳两端，循环不已者，立天地之大义。（张载《正蒙·太和》）

〔注释〕

①游气：浮动的云气。

〔译文〕

浮动的云气流动动荡，有的凝聚而成形，就生出了种种人与万物的不同；它的阴阳两端，不断循环，形成了天地运行的根本原则。

45. 天体物不遗，犹仁体事而无不在也。“礼仪三百，威仪三千”，无一物而非仁也。“昊天曰明，及尔出王。昊天曰旦，及尔游衍”，无一物之不体也。（张载《正蒙·天道》）

〔译文〕

天理体认万物毫不遗漏，就像仁体认一切事物，无处不存在仁爱一样。“礼仪三百，威仪三千”，没有一物不是仁的体现。“上天的眼睛明亮，和你一同共来往，上天的眼睛明亮，和你一起同游逛”，所有的事物都被体认。

46. 鬼神者，二气之良能也[①]。（张载《正蒙·太和》）

〔注释〕

①良能：本能。

〔译文〕

鬼神，是阴阳二气的本能。

47. 物之初生，气日至而滋息。物生既盈，气日反而游散。至之谓神，以其伸也；反之谓鬼，以其归也。

(张载《正蒙·动物》)

〔译文〕

事物萌生之时,气日渐增长而兴盛。事物生长达到充盈,气就一天天衰弱而最终游离消散。日渐增长,就是“神”,是气的伸长;日渐衰弱,就是“鬼”,是气的回归。

48. 性者,万物之一源,非有我之得私也,惟大人为能尽其道。是故立必俱立,知必周知,爱必兼爱,成不独成。彼自蔽塞不知顺吾理者,则亦末如之何矣①。(张载《正蒙·诚明》)

〔注释〕

①末如之何:没有办法,无可奈何。

〔译文〕

天地万物之性,是一切事物的本源,不是一人所能独有的,只有德行高尚的君子才懂得天地之性,视我与万物为一体。所以要成功就使众人都成功,要知道就要使众人都知道,爱一定是广泛地爱一切人与物,成就不是个人独自成就。那种自我闭塞而不知道顺应天理的人,拿他们也没什么办法。

49. 一故神,譬之人身,四体皆一物,故触之而无不觉,不待心使至此而后觉也。此所谓“感而遂通”,“不行而至,不疾而速”也。(《横渠易说·系辞上》)

〔译文〕

万物统摄于一所以神奇,用人身作比,四肢都是一体,所以接触任何部位都能感觉到,不用等心想到那个地方而后才感觉得到。这就是《周易》所讲的“感应之后就通达”,“不行而至,不疾而速”的意思。

50. 心,统性情者也。(张载《拾遗·性理拾遗》)

〔译文〕

心,是统摄性与情的。

51. 凡物莫不有是性。由通、蔽、开、塞,所以有人物之别;由蔽有薄厚,故有智愚之别。塞者牢不可开;厚者可以开,而开之也难;薄者开之也易,开则达于天道,与圣人一。(张载《拾遗·性理拾遗》)

〔译文〕

大凡世间万物无不具有天地之性。由于通达、遮蔽、开通、闭塞的不同原因,所以有了人和物的区别。又由于这本性被蒙蔽的薄厚不同,所以又有智慧和愚痴的差别。天性被堵塞的,牢不可破,不可开启;蒙蔽得较厚的虽然可以开通,但比较困难;蒙蔽得薄的开通就容易,一旦开启了,就能够体悟到天道,也就和圣人一样了。

卷二　为学

〔**题解**〕

本卷具体谈学习方法。这个学习方法，是指如何向圣人学习。因此首先要树立成为圣人的志向，其次是必须以圣人之道为学习目标。也就是说如何成为圣人？接下来，本卷从为己之学、提高德行、恭敬与道义、宽宏、仁爱、根本、变化气质七个方面探讨成为圣人面临的主要纲目。

1. 濂溪先生曰：圣希天①，贤希圣，士希贤。伊尹、颜渊②，大贤也。伊尹耻其君不为尧、舜，一夫不得其所，若挞于市；颜渊不迁怒，不贰过，三月不违仁。志伊尹之所志，学颜子之所学，过则圣，及则贤，不及则亦不失于令名③。（周敦颐《通书·志学》）

〔**注释**〕

①希：仰慕。

②伊尹（yǐn）：商初大臣，辅佐商汤攻灭夏桀。颜渊：名回，字子渊，鲁国人。孔子的得意门生。

③令名：美好的声誉。

〔译文〕

周敦颐说：圣人仰慕上天，贤人仰慕圣人，士人仰慕贤人。伊尹、颜回，是大贤人，伊尹因不能将他的君主辅佐成尧、舜那样的明君而感到耻辱，如果一个男人没有得到合适的位置，他就感到像在闹市被鞭挞一样；颜回不把怒气转移到别人身上，同一过错不会犯第二次，长年累月都不违背仁爱的要求。把伊尹的志向作为自己的志向，像颜回那样学习，若超过他们则成为圣人，与他们一样就成了贤人，即使赶不上也能得到美名。

2. 圣人之道入乎耳，存乎心，蕴之为德行，行之为事业。彼以文辞而已者，陋矣。（周敦颐《通书 · 陋》）

〔译文〕

圣人的学说从耳朵里听进去，在内心中记下来，蕴藏起来成为德行，实行起来成为事业。如果仅把它当作文辞来学习，太浅陋了。

3. 或问：圣人之门，其徒三千，独称颜子为好学。夫《诗》《书》六艺[①]，三千弟子非不习而通也，然则颜子所独好者何学也？伊川先生曰：学以至圣人之道也。圣人可学而至欤？曰：然。学之道如何？曰：天地储精，得五行之秀者为人。其本也真而静，其未发也五性具焉，曰仁、义、礼、智、信。形既生矣，外物触其形而动其中矣。其中动而七情出焉，曰喜、怒、哀、惧、爱、恶、欲。

情既炽而益荡，其性凿矣[2]。是故觉者约其情使合于中，正其心，养其性；愚者则不知制之，纵其情而至于邪僻，梏其性而亡之。然学之道，必先明诸心，知所养，然后力行以求至，所谓自明而诚也。诚之之道，在乎信道笃；信道笃，则行之果；行之果则守之固。仁、义、忠、信不离乎心，造次必于是[3]，颠沛必于是，出处语默必于是。久而弗失，则居之安。动容周旋中礼，而邪僻之心无自生矣。

故颜子所事，则曰："非礼勿视，非礼勿听，非礼勿言，非礼勿动。"仲尼称之，则曰："得一善，则拳拳服膺而弗失之矣。"又曰："不迁怒，不贰过。""有不善未尝不知，知之未尝复行也。"此其好之、笃学之道也。然圣人则不思而得，不勉而中。颜子则必思而后得，必勉而后中，其与圣人相去一息。所未至者，守之也，非化之也。以其好学之心，假之以年，则不日而化矣。后人不达，以谓圣本生知，非学可至，而为学之道遂失。不求诸己而求诸外，以博闻强记、巧文丽辞为工，荣华其言，鲜有至于道者。则今之学与颜子所好异矣。(《河南程氏文集·颜子所好何学论》)

〔注释〕

①六艺：指礼、乐、射、御、书、数六种技能。

②凿：斫，指遭到伤害。

③造次：仓促，匆忙。

〔译文〕

有人问：孔子门下有三千弟子，却只称赞颜回好学。《诗》《书》以及礼、乐、射、御、书、数六艺，三千弟子没有不学习并贯通的，然而只有颜回特别喜好的，到底是什么学问呢？程颐回答说：是学习达到圣人境地的学问。圣人也可以通过学习达到吗？回答说：是的。天地间储存着精气，得到五行之秀气而生的成为人。人的天性真而静，当未表现为情感时，即具备了仁、义、礼、智、信五种本性。当人的形体形成以后，外物刺激人的形体而感动了人的内心。内心感动，也就产生了喜、怒、哀、惧、爱、恶、欲七情。

情感达到炽烈的地步以后，人心就更加摇荡，人的本性就被破坏了。所以觉悟的人会约束他的感情，使得符合适中的原则，端正他的内心，滋养他的本性；愚昧的人不懂得要约束它，放纵自己的情感以至走向邪僻，束缚了本性而使之丧失。但为学的方法，首先必须要内心明确，懂得如何修养自身，然后努力去实行，才能够达到，这就是所谓的从明白而达到真诚。使自己达到真诚的方法，在于对圣人之道信仰坚定。对圣人之道信仰坚定，行为就会果断；行为果断，那么持守就会坚固。仁、义、忠、信不离开自己的内心，匆忙仓促中也一定牢记，颠沛流离中也不会忘记，出入进退，说话、沉默也都不忘记。长久保持而不丧失，那么处在仁、义、忠、信其中就会安稳了，动作容貌与应对进退也都合乎礼仪，偏执不正的心也就无从产生了。

所以颜回做任何事情一定是：“非礼勿视，非礼勿听，非礼勿言，非礼勿动。”孔子称赞颜回说他“学到了一种善行，就谨慎小心地牢记在心上，不让它丢失。”又说他“不把怒气迁移到别人身上，同样的错误不犯两次”，“有错误没有不察觉的，察觉后就不再犯了。”这就是他喜好和努力实行的方法。但是圣人则是无须思虑自然明白，不用努力自然从容中道。颜回却一定要经过思考才能有所收获，一定要经过努力，才能做到适中，所以他离成为圣人还有一点差别。他之所以没有达到，是因为他还要持守，还没有达到大而化之的圣人境界。以他的好学之心，让他多活几年，则很快就会达到化境了。后人不明白，认为圣人本是生而知之的，不是通过学习所能做到的，于是便丧失了为学之道。不在自己身上追求，却在外在追寻，只是把博闻强记、构思精巧、辞藻华丽当作精巧，把语言修饰得富丽堂皇，这种人很少能学得圣人之道。那么今日的学问，与颜回所喜爱的学问不可同日而语了。

4. 横渠先生问于明道先生曰：定性未能不动，犹累于外物，何如？明道先生曰：所谓定者，动亦定，静亦定。无将迎，无内外。苟以外物为外，牵己而从之，是以己性为有内外也。且以性为随物于外，则当其在外时，何者为在内？是有意于绝外诱而不知性之无内外也。既以内外为二本，则又乌可遽语定哉？夫天地之常，以其心普万物而无心；圣人之常，以其情顺万事而无情。故君子之学，莫若扩然而大公[①]，物来而顺应。《易》曰：“贞吉悔亡。憧憧往来，朋从尔思。”

苟规规于外诱之除[②]，将见灭于东而生于西也。非惟日之不足，顾其端无穷，不可得而除也。人之情各有所蔽，故不能适道，大率患在于自私而用智。自私则不能以有为为应迹，用智则不能以明觉为自然。今以恶外物之心而求照无物之地，是反鉴而索照也。《易》曰："艮其背，不获其身；行其庭，不见其人。"《孟子》亦曰："所恶于智者，为其凿也。"

与其非外而是内，不若内外之两忘也。两忘则澄然无事矣。无事则定，定则明，明则尚何应物之为累哉！圣人之喜，以物之当喜；圣人之怒，以物之当怒。是圣人之喜怒不系于心而系于物也。是则圣人岂不应于物哉？乌得以从外者为非，而更求在内者为是也？今以自私用智之喜怒，而视圣人喜怒之正为何如哉？夫人之情，易发而难制者，惟怒为甚。第能于怒时遽忘其怒③，而观理之是非，亦可见外诱之不足恶，而于道亦思过半矣。（《河南程氏文集·答横渠张子厚先生书》）

〔注释〕

①扩然：广阔的样子。

②规规：拘泥的样子。

③第：如果。

〔译文〕

张载问程颢：要定性又做不到内心不动，内心仍然受着外物的影响，怎么办？程颢回答说：所谓安定，是运动的时候也安定，静止的时候也安定，没有迎来也没有送往，也没有内心与外物的分别。如果把外物作为外，牵引着你的内心跟随着外物，这是把你的心性分成了内和外。而且如果内在的本性在外而追随外物，那么本性在外的时候，什么东西在内呢？这是有意于拒绝外物的诱惑，却不知道心性本来并不分内外。既然把内外当作两个东西，那又怎么能够就说安定呢？天地之所以恒常不变，是因为天地之心遍及万物而无其特有的心；圣人所以能够坚定不移，是因为他们的心性能够顺应万物，而自己本身没有私情。所以君子追求圣人的学问，最好能够达到心胸广阔而大公无私，事物到来以后都能顺应。正如《周易》所说："做事吉利而懊恼消失，忙着来来往往，朋友赞同你的想法。"

如果一味地拘泥于消除外物的诱惑，那么将会发现它在东边消失了，又会从西边出现。那么不仅时间不足够，而且各种外在的诱惑也是无穷无尽的，是不可能全部去除的。人的性情都被这样那样地蔽塞着，因此不能达到圣人之道，大多是被自私和用智蔽塞着。自私就不能把自己的行为统一于顺应外物的形迹，用智就不能以明觉符合于本体之自然。现在想用一颗厌恶外物的心，来追求观照到没有外物的境界，那么就是反扣镜子却想要照出形象。正如《周易》所说："安止在背部，就看不到全身；走在庭院中，没有见到人。"孟子也说："之所以讨厌智巧的原因，是因为它穿凿附会。"

与其否定外物肯定内在，不如内外两忘的好。两忘就能做到内心清澈无比，什么干扰都没有了。什么干扰都没有了，就必然安定，安定之后就能明白，明白以后，还有什么要顺应外物这些劳累的呢？圣人的欣悦，是因为遇到的事物应该喜悦；圣人的愤怒，是因为遇到的事物应该愤怒。这就是说圣人的喜怒不取决于他的内心而取决于他遇到的事物。怎能说圣人之心不与外物相应呢？怎么能够认为顺从外物就是错误的，而认为内心追求就是正确的呢？现在以自私用智的喜怒，与圣人正当的喜怒相比又怎么样呢？人的感情，容易表现出来却难以抑制的，要数愤怒了。只要能在愤怒的时候，立刻忘掉愤怒，并冷静地分析理的是非，那就会发现外物的诱惑不值得讨厌，这样对于圣人之道，大致也就把握得差不多了。

5. 伊川先生答朱长文书曰[①]：圣贤之言，不得已也。盖有是言，则是理明；无是言，则天下之理有阙焉。如彼耒耜陶冶之器[②]，一不制，则生人之道有不足矣。圣贤之言虽欲已，得乎？然其包涵尽天下之理，亦甚约也。后之人始执卷，则以文章为先，平生所为动多于圣人，然有之无所补，无之靡所阙，乃无用之赘言也。不止赘而已，既不得其要，则离真失正，反害于道必矣。来书所谓欲使后人见其不忘乎善，此乃世人之私心也。夫子"疾没世而名不称焉"者，疾没身无善可称云尔，非谓疾无名也。名者可以厉中人。君子所存，非所汲汲。（《河南程氏文集·答朱长文书》）

〔注释〕

①朱长文（1039—1098）：字伯原，号乐圃，吴县（今江苏苏州）人。著有《乐圃文集》。

②耒（lěi）耜（sì）：翻土所用的农具。

〔译文〕

程颐回复朱长文的信中说：古代圣贤的言论，是不得已才说出来的。有这些言论，天下人就明白了这个理；没有这些话，那么天下的道理就存在某种欠缺。这就像种地的耒耜、制陶的陶具、铸器的模具等器具一样,有一种没有制作出来,天下生民的需要就有一方面不能满足。圣贤之言即使他想不说,能够吗?然而其中包含的天下所有的道理,却是非常简约的。后代的人刚开始看圣人的书,一定会首先学习其中的文章,一般人一辈子所写的,很容易就超过圣人的数量,但是写出来对天下并没有什么补益,没有的话也没有什么欠缺,都是一些毫无用处的废话。还不仅仅是无用多余而已,既然说得不得要领,就会离真失正,反而有害于圣人之道。来信中说到多写文章是想让后人知道自己不忘善道,这也是世人的私心。孔子说的"我担心死了之后,名字不被人们记住",意思是说痛恨到老死也没有什么善行可称道的,不是说痛恨自己没有名声。名声这东西可以用来激励普通人向善,但君子所追求的并不仅仅是名声。

6. 内积忠信,所以进德也;择言笃志,所以居业也。知至至之,致知也。求知所至而后至之,知之在先,故可与几。所谓"始条理者,知之事也。"知终终之,力行也。既知所终,则力进而终之,守之在后,故可与存义,所谓"终条理者,圣之事也。"此学之始终也。(《周易程氏传·乾》)

〔译文〕

内心积累忠信,是德行进步的方法;选择恰当的言辞,笃定自己的志向,是立业的根基。知道应该开始的时候及时开始,便能获得知识。力求弄清应该开始去做的时候而后开始去做,是知在行之先，所以可以谈论深奥的道理。这就是“条理的开始在于知”的意思。知道该结束的时候就结束，这是努力实行的事。已经知道该怎样结束了，就努力推进而结束它，守持所得到的东西是在这过程之后，所以可以坚守道义，也就是所谓的“条理的结束，需要靠圣德”的意思，这就是为学的开始与结束。

7. 君子主敬以直其内，守义以方其外。敬立而内直，义形而外方。义形于外，非在外也。敬义既立，其德盛矣，不期大而大矣。德不孤也，无所用而不周，无所施而不利，孰为疑乎？（《周易程氏传·坤》）

〔译文〕

君子坚持恭敬的态度，使内心正直；坚守道义，于是外在行为就端正了。恭敬的态度确立了内心就正直，道义表现出来了外在的行为就规范。道义表现在外，但它不是外在的东西。敬和义一旦确立，人的德行就盛大了，即使不期望很大，也会非常的盛大。德行是不会孤立的，无论在哪里使用没有不周遍的，无论在哪里实行没有不有利的，谁会怀疑呢？

8. 动以天为无妄，动以人欲则妄矣。《无妄》之义大矣哉！虽无邪心，苟不合正理，则妄也，乃邪心也。既已无妄，不宜有往，往则妄也。故《无妄》之《彖》曰：“其匪正有眚①，不利有攸往。”（《周易程氏传·无妄》）

〔注释〕

①眚(shěng)：败，祸患。

〔译文〕

依照天的法则行动就是不妄动，为人欲的驱使而动则为妄动。《无妄》的含义太伟大了！即使你没有邪心，但如果你动得不合正理，那也是妄，也就是邪心。既然已经达到无妄了，就不应该再前进，前进就是妄了。所以《无妄》的《象》辞说："动机不正就不要行动，一动就有灾害。"

9. 人之蕴蓄①，由学而大，在多闻前古圣贤之言与行。考迹以观其用②，察言以求其心，识而得之，以蓄成其德。(《周易程氏传·大畜》)

〔注释〕

①蕴蓄：蕴藏，积蓄。

②考迹：考核事迹行为。

〔译文〕

人的德性的培养，可通过学习而不断使其增长，主要在于广泛学习和观察前代圣贤的言行。通过考察其行迹来探究他们的作用，通过考察他们的言语来寻求他们的用心，了解后再领悟其用心，就可以逐渐培养自己的德性。

10.《咸》之《象》曰："君子以虚受人。"《传》曰：中无私主，则无感不通。以量而容之，择合而受之，非圣人有感必通之道也。其九四曰："贞吉悔亡，憧憧往来，朋从尔思。"《传》曰：感者人之动也，故《咸》皆就人身取象。四当心位而不言咸其心，感乃心也。感之道无所不通，有所私系，则害于感通，所谓悔也。圣人感天下之心，如寒暑雨旸[1]，无不通无不应者，亦贞而已矣。贞者虚中无我之谓也。若往来憧憧然，用其私心以感物，则思之所及者有能感而动，所不及者不能感也。以有系之私心，既主于一隅一事，岂能廓然无所不通乎[2]？（《周易程氏传·咸》）

〔注释〕

①雨旸（yáng）：雨天和晴天。

②廓然：空旷的样子。

〔译文〕

《咸》卦的《象》辞说："君子虚怀若谷以接纳他人。"程颐解释说：内心没有私念作祟，那就能与所有的人沟通。如果按一己有限的心量容纳他人，就只能选择那些与自己合得来的才接纳，那就不是圣人有感必通之道了。《咸》卦的九四爻辞说："做事吉利而懊恼消失，忙着来来往往，朋友接受你的想法。"程颐解释说：感是人的行为，所以《咸》卦全是就人的身体取象。九四爻处在相当于人心的位置，爻辞上却没有"感其言"这样的话，是因为"感"本来就是心。按感应的道理说，所感之处是无不通的，但如果有私心牵缚，就会妨碍感通，这就是悔吝。圣人可以感应天下的心，就像大自然中的寒冷炎热、来来往往、下雨天晴，有感必通必应。他之所以无不通、无不应，也是因为圣人能虚己无私。“贞吉，悔亡”的贞，就是虚己无私的意思。如果怀着私心走来走去、心神不定，用私心去感应万物，那么思虑所及的事物便能感应而触动，思虑所不及的就不能感应了。如果是有系缚的私心，所感就偏向了某一角落、某一事物，又怎么能广阔地对一切事物而诸事通达呢？

11. 君子之遇艰阻，必自省于身，有失而致之乎？有所未善则改之，无歉于心则加勉，乃自修其德也。（《周易程氏传 · 蹇》）

〔译文〕

君子遇到艰难险阻时，必定会反躬自省，是否因自己的过失导致的？如果有做得不好的地方就要改正，如果心无愧疚，就提醒自己避免犯同样的错误，这就是自己修养德行的方法。

12. 非明则动无所之，非动则明无所用。（《周易程氏传 · 丰》）

〔译文〕

内心不明白事理，行动就没有目的；没有行动实践，那么内心的道理就没有什么用处了。

13. 习，重习也。时复思绎，浃洽于中[①]，则说也。以善及人，而信从者众，可乐也。虽乐于及人，不见是而无闷，乃所谓君子。（《河南程氏经说 · 论语解》）

〔注释〕

①浃(jiā)洽:贯通。

〔译文〕

习,就是反复练习。按时反复思考推演,最终贯通于心,那么就会非常愉快。如果用善良的行为去帮助别人,那么赞赏佩服的人就会很多,是值得欣慰的。虽然帮助别人是件很快乐的事,但是别人如果不理解也没有苦闷,这就是所谓的君子。

14. 古之学者为己,欲得之于己也;今之学者为人,欲见知于人也。(《河南程氏经说·论语解》)

〔译文〕

古代的学者学习是为了自身修养,希望自己有所收获;现在的学者学习是为了给别人看,想要别人了解自己。

15. 伊川先生谓方道辅曰①:圣人之道,坦如大路,学者病不得其门耳。得其门,无远之不到也。求入其门不由于经乎?今之治经者亦众矣,然而买椟还珠之蔽,人人皆是。经所以载道也,诵其言辞,解其训诂,而不及道,乃无用之糟粕耳。觊足下由经以求道,勉之又勉,异日见卓尔有立于前,然后不知手之舞、足之蹈,不加勉而不能自止矣。(《河南程氏文集·与方元寀手帖》)

〔注释〕

①方道辅：方元寀(生卒年不详)，字道辅，莆田(今福建莆田)人。曾从程颐游学。

〔译文〕

程颐对方道辅说：圣人的学说，平坦得就像大路一样，学者学不好，问题在于不得其门而不能入。如果能找到进入的门径，再深远的道理也能学到。要寻求入门不通过经书行吗？现在研读经书的人也够多了，然而买椟还珠的毛病，几乎每个人都有。经书是用来记载圣人之道的，如果背诵了经书的文辞，理解了字句含义，却没有学到其中表现的大道，那么所学的，都是无用的糟粕。我看足下通过读圣人经书来研求圣人之道，加倍地勤奋努力，总有一天圣人之道能够特立突出地显现在面前，然后就会情不自禁地手舞足蹈，不再需要刻意努力，悟道的进步根本没法自己停下来。

16. 明道先生曰："修辞立其诚。"不可不子细理会。言能修省言辞①，便是要立诚。若只是修饰言辞为心，只是为伪也。若修其言辞，正为立己之诚意，乃是体当自家"敬以直内、义以方外"之实事②。道之浩浩，何处下手？惟立诚才有可居之处。有可居之处，则可以修业也。"终日乾乾"，大小大事③，却只是"忠信所以进德"为实下手处，"修辞立其诚"，为实修业处。(《河南程氏遗书》)

〔注释〕

①修省:修饰,省察。

②体当:体会。

③大小大:宋代俚语,指那么大。

〔译文〕

程颢说:“修饰言辞以确保诚意。”这话必须仔细体会。意思是修饰省察自己的言辞,就是要确立诚实的心志。如果心里只想修饰自己的言辞,那只是虚伪。如果修饰自己的言辞,正是为了建立自己的诚意,就是要体会自家所谓的“保持恭敬于是内心正直,符合道义于是外形端正”的实事。圣人之道无穷无尽,从何处入手去学习呢?只有确立诚实的心志才有立足之处。有了立足之处,就可以修习德业了。“一天到晚努力不懈”,不论大事小事,都是将“通过忠诚守信来增进德性”作为实际的下手之处,将“修饰言辞以确保其诚意”作为实际进德修业之处。

17. 伊川先生曰:志道恳切,固是诚意;若迫切不中理,则反为不诚。盖实理中自有缓急,不容如是之迫,观天地之化乃可知。(《河南程氏遗书》)

〔译文〕

程颐说:有志于学圣人之道而且态度恳切,固然是诚意。如果态度迫切到不合理的程度,反倒成了不真诚了。因为理中自有缓急,不应过分地急迫,看看天地化生万物的循序渐进,就可以明白这个道理了。

18. 明道先生曰：孟子才高，学之无可依据。学者当学颜子，入圣人为近，有用力处。又曰：学者要学得不错，须是学颜子。（有准的。）（《河南程氏遗书》）

〔译文〕

程颢说：孟子才气高，要去学他时没有什么可作依据的。学者应该学习颜回，不仅进入圣人之道的道路比较近，同时又有实际用力的地方。又说：学道的人要想学习中不出差错，就应学习颜回。（有一定的目标。）

19. 明道先生曰：且省外事，但明乎善，惟进诚心，其文章虽不中，不远矣。所守不约，泛滥无功。（《河南程氏遗书》）

〔译文〕

程颢说：忽略外在的杂事，只去体认善，一心增进自己的诚心，所写的文章虽然不很恰当，但也不会差太远。若不能持守自己的诚心，则会杂乱浮泛而没有成效。

20. 学者识得仁体，实有诸己，只要义理栽培。如求经义，皆栽培之意。（《河南程氏遗书》）

〔译文〕

学者要理解仁爱的本体，自己真实体会，只要用儒家的义理不断地培养自己就行。比如寻求经典的含义，都是培养的意思。

21. 昔受学于周茂叔，每令寻颜子、仲尼乐处，所乐何事。（《河南程氏遗书》）

〔译文〕

以前跟随周敦颐学习的时候，他总是让我们探寻颜回和孔子快乐的地方，寻求让他们快乐的事情是什么。

22. 所见所期，不可不远且大。然行之亦须量力有渐。志大心劳，力小任重，恐终败事。（《河南程氏遗书》）

〔译文〕

一个人的眼光和志向必须要远大，但是践行起来也要根据自己的实际循序渐进。志向太大，内心就会感到劳累，力量太弱就会觉得任务沉重，恐怕最终会把事情办砸。

23. 朋友讲习，更莫如“相观而善”工夫多。（《河南程氏遗书》）

〔译文〕

朋友之间一起讨论讲诵，不如“互相观察学习对方的优点而互相提高”所得到的功夫多一些。

24. 须是大其心使开阔，譬如为九层之台，须大做脚须得。(《河南程氏遗书》)

〔译文〕

应该使自己的心胸变得开阔，就像建造九层高台，需要把地基打得很大很牢一样。

25. 明道先生曰：自“舜发于畎亩之中”至“百里奚举于市”，若要熟，也须从这里过。(《河南程氏遗书》)

〔译文〕

程颢说：《孟子》从“舜在田亩中被提拔”到“百里奚从市场中被举荐”这段文字说明，一个人的思想要想成熟，也都需要从这类似的艰难困苦中经历。

26. 参也，竟以鲁得之。(《河南程氏遗书》)

〔译文〕

曾参竟然靠鲁钝领悟到圣人之道。

27. 明道先生以记诵博识为玩物丧志。(时以经语录作一册。郑毂云[①]：尝见显道先生云[②]：某从洛中学时，录古人善行，别作一册，明道先生见之曰：“是玩物丧志。”盖言心中不宜容丝发事。)(《河南程氏遗书》)

〔注释〕

①郑縠(gǔ):字致远,号九思,建州建安(今福建建瓯)人。谢良佐弟子。

②显道先生:谢良佐(1050—1103),字显道,蔡州上蔡(今河南上蔡)人。二程弟子。

〔译文〕

程颢认为背诵经典与博闻强识都是玩物丧志。(当时谢良佐把经书的一些话抄录成一册。郑縠说:我曾经听谢良佐说:我在洛阳从程颢学习的时候,抄录了古人好的行为,编订成一个小册子。程颢看到后说:“这是玩物丧志。”大抵是说内心安静就不应该有任何细枝末叶的事情。)

28. 礼乐只在进反之间,便得性情之正。(以上明道语)(《河南程氏遗书》)

〔译文〕

礼仪和音乐,只是在勉力前行和反躬自省之间,就能获得端正的性情。(以上都是程颢说的。)

29. 父子君臣,天下之定理,无所逃于天地之间。安得天分,不有私心,则行一不义,杀一不辜,有所不为。有分毫私,便不是王者事。(《河南程氏遗书》)

〔译文〕

父子君臣,这是天下人公认的法则,人不可能逃避到天地之外去。人要安于本分，不存有私心，即一件不义的事、杀一个无辜的人，也不要去做。有一分一毫的私心，便不是王者该做的事情。

30. 论性不论气，不备；论气不论性，不明。二之则不是。（《河南程氏遗书》）

〔译文〕

讨论人性而不考虑气质，就不完备；讨论气质而不涉及人性，就不显明。把二者割裂开来，则是错误的。

31. 论学便要明理，论治便须识体。（《河南程氏遗书》）

〔译文〕

讨论学问关键在于明白道理，讨论治理天下关键在于认识为政的根本。

32. 曾点、漆雕开已见大意，故圣人与之。（《河南程氏遗书》）

〔译文〕

曾点、漆雕开已经认识到圣人境界的大概，所以孔子肯定他们。

33. 根本须是先培壅[1]，然后可立趋向也。趋向既

正，所造浅深则由勉与不勉也。（《河南程氏遗书》）

〔注释〕

①培壅：在植物根部覆盖泥土，加强稳固，以免倒伏。

〔译文〕

巩固学习的根基需要先好好培育，然后才可能茁壮成长。成长方向正确了，那么研究程度的深浅，就主要看是否努力了。

34. 敬义夹持直上[①]，达天德自此。（《河南程氏遗书》）

〔注释〕

①夹持：夹辅，匡助。

〔译文〕

恭敬和道义互相辅助，使人不断进步，要达到上天的德行也是通过这两者。

35. 懈意一生，便是自弃自暴。（《河南程氏遗书》）

〔译文〕

懈怠的情绪一旦发生，就是自暴自弃。

36. 不学便老而衰。（《河南程氏遗书》）

〔译文〕

如果不学习，人就会变得身心衰弱、精力不济。

37. 人之学不进，只是不勇。(《河南程氏遗书》)

〔译文〕

一个人的学问不长进，那说明他不能勇于进取。

38. 学者为气所胜，习所夺，只可责志。(《河南程氏遗书》)

〔译文〕

学者被他习气所左右，只能怪他的心志不够专一。

39. 内重则可以胜外之轻，得深则可以见诱之小。(《河南程氏遗书》)

〔译文〕

内心修养厚重了，外物就显得很轻微了；内心的修养深厚了，外在的诱惑力就减少了。

40. 董仲舒谓①："正其义，不谋其利；明其道，不计其功。"孙思邈曰②："胆欲大而心欲小，智欲圆而行欲方。"可以为法矣。(《河南程氏遗书》)

〔注释〕

①董仲舒（前179—前104）：广川（今河北景县）人。西汉儒学家，提出“罢黜百家，独尊儒术”的主张，著有《春秋繁露》。

②孙思邈（581—682）：唐代著名医药学家，京兆华原（今陕西耀州）人。著有《备急千金要方》《千金翼方》。

〔译文〕

董仲舒说：“端正追求道义的态度，不谋求私利；阐明正确的道理，不计较任何功利。”孙思邈说：“胆子要大，心要细，智慧要圆融，行为要端方。”他们这些话都可以作为行为准则。

41. 大抵学不言而自得者，乃自得也。有安排布置者，皆非自得也。（《河南程氏遗书》）

〔译文〕

一般来说如学习不靠语言而是自己领悟得来的，才是自己的自得之学。如果刻意安排，就不是自己领悟所得了。

42. 视听、思虑、动作，皆天也。人但于其中要识得真与妄尔。（《河南程氏遗书》）

〔译文〕

观察、听闻、思考、行动，都是天性。在这些当中，人应该认识到什么是真实，什么是虚假。

43. 明道先生曰：学只要鞭辟近里[1]，著己而已。故"切问而近思"，则"仁在其中矣"。"言忠信，行笃敬，虽蛮貊之邦行矣。言不忠信，行不笃敬，虽州里行乎哉？立则见其参于前也，在舆则见其倚于衡也，夫然后行。"只此是学。质美者明得尽，查滓便浑化[2]，却与天地同体。其次惟庄敬持养。及其至，则一也。(《河南程氏遗书》)

〔注释〕

①鞭辟近里：形容探求透彻、深入。

②查滓：渣滓。

〔译文〕

程颢说：学习要探求透彻，在自己身上用功。所以说"恳切地发问，就当前的问题思考"，那么"仁德就在其中了"。"言语忠信，行为恭敬，即使到了边鄙异族之地，也行得通。言语欺诈无信，行为刻薄轻浮，即使在家乡故里，行得通吗？当你站立的时候，就好像看见这些字在面前，乘上车时又好像这些字刻在车前的横木上，时刻不忘，这样才能处处行得通。"如此才是学。那些天资好的人忠信笃敬做得彻底，胸中私欲都化尽了，廓然大公，就与天地一体。天资差些的人就要庄重恭敬，持守涵养。最终到达的境界，都是一样的。

44. "忠信所以进德"，"修辞立其诚，所以居业"者，乾道也；"敬以直内，义以方外"者，坤道也。(《河南程

氏遗书》)

〔译文〕

“忠诚守信以增进德行”,“修饰言辞以确保其诚意,可以累积功业”,这是乾的法则。“保持恭敬以内心正直,符合道义进而外形端正”,这是坤的法则。

45. 凡人才学便须知着力处,既学便须知得力处。(《河南程氏遗书》)

〔译文〕

一个人刚开始学习的时候,必须知道在哪儿下功夫;已经开始学习了,必须知道在哪儿能得到助力。

46. 有人治园圃,役知力甚劳。先生曰:“《蛊》之象:‘君子以振民育德。’君子之事,惟有此二者,余无他焉。二者,为己为人之道也。”(《河南程氏遗书》)

〔译文〕

有人从事园圃种植,凭借自己的心智和体力,很是劳累。程颢说:《周易·蛊》卦的象辞说:“君子振奋人民,培养道德。”君子的事业,只有这两方面,其余的没有什么可做。这两方面,就是培养自己的道德,鼓励民众培养德性。

47. “博学而笃志,切问而近思”,何以言“仁在其中

矣”？学者要思得之。了此，便是彻上彻下之道。（《河南程氏遗书》）

〔译文〕

“广博地学习，坚定志向，诚恳地发问，切近思考”，为什么说“仁就在其中”呢？学者要对此深入思考。知道为什么后，就懂得上下贯通的方法了。

48. 弘而不毅，则难立；毅而不弘，则无以居之。（《西铭》言弘之道。）（《河南程氏遗书》）

〔译文〕

格局宏大但缺乏毅力，则学业难有成就；毅力坚定但是视野不宏大，就根本找不到求学的方向和内容。（《西铭》所言格局宏大的道理。）

49. 伊川先生曰：古之学者，优柔厌饫①，有先后次序。今之学者，却只做一场话说，务高而已。常爱杜元凯语②：“若江海之浸，膏泽之润，涣然冰释，怡然理顺，然后为得也。”今之学者，往往以游、夏为小，不足学。然游、夏一言一事，却总是实。后之学者好高，如人游心于千里之外，然自身却只在此。（《河南程氏遗书》）

〔注释〕

①厌饫（yù）：饱食。

②杜元凯：杜预（222—285），字元凯，京兆杜陵（今陕西西安）人。西晋名将、学者，著有《春秋左氏经传集解》。

〔译文〕

程颐说：古代的学者，从容学习，深入体会，学习有先后顺序。现在的学者，却把学道只当作一场言语，喜欢追求看似高深的内容却不去下功夫。我常常喜欢杜预说的话："学习就像江河水的浸透，就像春雨的润泽，如冰在水中涣然消融，弄通了道理心中怡然而乐，然后才算学有收获。"现在的学者，往往认为子游、子夏的学问太小，不值得学。但子游、子夏的言行，却都是实在的。后代的学者好高骛远，就像一个人，他的心在千里之外游荡，但人却只在这里没动。

50. 修养之所以引年[①]，国祚之所以祈天永命[②]，常人之至于圣贤，皆工夫到这里，则有此应。（《河南程氏遗书》）

〔注释〕

①引年：延年益寿。

②祈天永命：古代帝王祈求上天永久地赐予天命。

〔译文〕

修养道德之所以能延年益寿，国家之所以能够长治久安，普通人之所以能成为圣贤，都是因为功夫下到了这个程度，才有了相应的感应。

51. 忠恕所以公平。造德则自忠恕,其致则公平。(《河南程氏遗书》)

〔译文〕

忠诚宽恕是达到公正平等的方法。修养德业,就会自然做到忠诚宽恕,达到了极致就能做到公正平等。

52. 仁之道,要之只消道一公字。公只是仁之理,不可将公便唤作仁。公而以人体之,故为仁。只为公则物我兼照,故仁,所以能恕,所以能爱。恕则仁之施,爱则仁之用也。(《河南程氏遗书》)

〔译文〕

实现仁的方法,关键只需要明白一个公字。公只是仁何以能表现出来的道理,不能把公就称作仁。公心从人身上体现出来,就是仁。只因为能公就做到了自我与外物兼顾,所以能仁慈,所以能宽恕,所以能慈爱。宽恕是仁爱的结果,慈爱则是仁爱的功用。

53. 今之为学者,如登山麓。方其迤逦[①],莫不阔步,及到峻处便止。须是要刚决果敢以进。(《河南程氏遗书》)

〔注释〕

①迤(yǐ)逦(lǐ):曲折连绵的样子。

〔译文〕

现在求学的人，就好像从山脚登山，当山路曲折平缓绵延的地方，都能阔步前行，可是到了崎岖难行的地方就停下来了。这个时候必须勇敢果断地向前迈进。

54. 人谓要力行，亦只是浅近语。人既能知见，一切事皆所当为，不必待着意，才着意，便是有个私心。这一点意气，能得几时子①？（《河南程氏遗书》）

〔注释〕

①能得几时子：能到什么时候。

〔译文〕

人们常说要努力实践，也是很肤浅的话。一个人既然能够有见识，一切事情都应该去做，没必要等待刻意安排。一旦刻意安排，就是有了私心。凭着这一点意气，能够坚持到什么时候呢？

55. 知之必好之，好之必求之，求之必得之。古人此个学是终身事。果能颠沛造次必于是，岂有不得道理？（《河南程氏遗书》）

〔译文〕

理解道理必定首先是因为喜欢，喜欢就会去追求，坚持追求一定可以得到。古人把学习当作一辈子的事。真能做到在危险困顿、匆忙急迫的时候也坚持学习，哪里有不能获得真理的道理呢？

56. 古之学者一，今之学者三，异端不与焉。一曰文章之学，二曰训诂之学，三曰儒者之学。欲趋道，舍儒者之学不可。（《河南程氏遗书》）

〔译文〕

古代的学问只有一种，现在的学问却有三种，异端邪说还不包括在内。第一种是写文章的学问，第二种是注释经典的学问，第三种是儒家的学问。想要追求圣人的大道，离开儒家的学问是不可能的。

57. 问：作文害道否？曰：害也。凡为文，不专意则不工。若专意，则志局于此，又安能与天地同其大也？《书》曰："玩物丧志。"为文亦玩物也。吕与叔诗云[①]："学如元凯方成癖，文似相如始类俳。独立孔门无一事，只输颜氏得心斋。"古之学者惟务养情性，其他则不学。今为文者，专务章句悦人耳目。既务悦人，非俳优而何？曰：古者学为文否？曰：人见六经，便以谓圣人亦作文，不知圣人亦摅发胸中所蕴[②]，自成文耳。所谓"有德者必有言"也。曰：游、夏称文学，何也？曰：游、夏亦何尝秉笔学为词章也？且如："观乎天文以察时变，观乎人文以化成天下。"此岂词章之文也？（《河南程氏遗书》）

〔注释〕

①吕与叔:吕大临(1042—1090),字与叔,京兆蓝田(今陕西蓝田)人。张载、程颐弟子,著有《考古图》。

②摅(shū)发:抒发。

〔译文〕

有人问:写文章损害学道吗?回答说:损害。大凡写文章,不专心则写不好。如果专心了,心志就局限在写文章上,又怎么能够心胸与天地一样大呢?《尚书》说:"玩物丧志。"写文章也是玩物。吕大临有一首诗说:"学如元凯方成癖,文似相如始类俳。独立孔门无一事,只输颜氏得心斋。"古代的学者只专意于涵养性情,其他都不学。现在写文章的人,专意追求把文章写得很漂亮以取悦别人。既然务求取悦于人,不是艺人又是什么呢?有人问:古代的人学写文章吗?回答说:人们看见了六经,就认为圣人也写文章,不知道圣人只是抒发胸中蕴蓄,自然成文罢了。这就是"有德行的人一定有美好的言辞"。问的人又说:子游、子夏以文学见称,为什么呢?回答说:子游、子夏什么时候拿着笔学写文章呢?只不过是"观察天文以弄清四时变化,观察人文以教化天下"。这哪里是用言辞写成的文章呢?

58. 涵养须用敬,进学则在致知。(《河南程氏遗书》)

〔译文〕

涵养道德要靠恭敬,增长学问则需要学习知识。

59. 莫说道将第一等让与别人,且做第二等。才如此说,便是自弃。虽与不能居仁由义者差等不同,其自小一也。言学便以道为志,言人便以圣为志。(《河南程氏遗书》)

〔译文〕

不要说将第一等的志向让与别人,自己先去做第二等的。刚刚这么一说,就是自暴自弃。虽然和那些不能安居于仁爱、行事由义的人程度不同,但自卑却是同样的。说到为学就应该以圣人之道作为志向,说到做人就应该以成为圣人为志向。

60. 问:"必有事焉",当用敬否?曰:敬是涵养一事。"必有事焉",须用集义①。只知用敬,不知集义,却是都无事也。又问:义莫是中理否?曰:中理在事,义在心。(《河南程氏遗书》)

〔注释〕

①集义:行事合乎道义。

〔译文〕

有人问:"要做一件事情",一定要恭敬吗?回答说:敬是涵养性情方面的事,"要做一件事",行事必须合乎道义。只知恭敬,而不知行事合乎道义,就是什么事也没有做。又问:道义是不是切合事理呢?回答说:符合道的理体现在处事上,道义却存在于人的心里。

61. 问：敬、义何别？曰：敬只是持己之道，义便知有是有非。顺理而行是为义也。若只守着一个敬，不知集义，却是都无事也。且如欲为孝，不成只守着一个孝字。须是知所以孝之道，所以侍奉当如何，温清当如何①，然后能尽孝道也。(《河南程氏遗书》)

〔注释〕

①清(qìng)：清凉。

〔译文〕

问：恭敬和道义有什么区别？回答说：恭敬是自我修养的方法，道义就是明白有是有非。顺着理去做，就是道义。如果只守着一个敬字，不知道合乎道义，就是什么事也没有做。比如想尽孝，不可能只守着一个孝字。应该懂得如何尽孝的方法，比如说侍奉在父母身边应该怎么做，应该如何使父母冬天温暖、夏季凉爽，然后才能尽孝道。

62. 学者须是务实，不要近名方是。有意近名①，则为伪也。大本已失，更学何事？为名与为利，清浊虽不同，然其利心则一也。(《二程遗书》)

〔注释〕

①近名：追求名声。

〔译文〕

学者应致力于追求实际的学问,不要求名才对。刻意求名,就是虚伪。为学的根本已经丧失了,还学什么呢?追求名声与追逐利益,尽管有清高和浊俗的不同,但是追求利益的心都是一样的。

63. “回也其心三月不违仁。”只是无纤毫私意,有少私意便是不仁。(《河南程氏遗书》)

〔译文〕

“颜回的思想能够长年累月不离开仁爱”,只是因为没有丝毫的私欲,如果有一点私欲,就不是仁爱了。

64. “仁者先难而后获。”有为而作,皆先获也。古人惟知为仁而已,今人皆先获也。(《河南程氏遗书》)

〔译文〕

“仁爱的人先付出劳动,然后才有所收获。”有一定的目的再去做事,首先就会考虑怎样有所收获。古代的人只去考虑如何去做仁爱的事情,现在的人却首先考虑如何有所收获。

65. 有求为圣人之志,然后可与共学;学而善思,然后可与适道;思而有所得,则可与立;立而化之,则可与权。(《河南程氏遗书》)

〔译文〕

一个人有了追求成为圣人的志向，就可以和他共同学习了；学习中善于思考，就可以和他一起研究圣人之道了；思考又能有收获，这就可以和他一起践行道而不动摇了；坚持道而不动摇，并且融会贯通，就可以通权达变了。

66. 古之学者为己，其终至于成物；今之学者为物，其终至于丧己。（《河南程氏遗书》）

〔译文〕

古代的学者努力做好自己，最终能够使万物得以成就；现在的学者追求外物，最终丧失了自己。

67. 君子之学必日新。日新者，日进也。不日新者必日退。未有不进而不退者。惟圣人之道无所进退，以其所造者极也。（《河南程氏遗书》）

〔译文〕

君子学习一定要每天都有新收获。每天都有新收获，就是每天都有进步。不能每天进步，那必然每天都在退步，没有既不进步也不退步的。只有圣人的学问没有进退，因为他的造诣已经达到了顶峰。

68. 明道先生曰：性静者可以为学。（《河南程氏外书》）

〔译文〕

程颢说：本性宁静的人可以做学问。

69. 弘而不毅则无规矩，毅而不弘则隘陋①。（《河南程氏外书》）

〔注释〕

①隘陋：识见狭小、卑陋。

〔译文〕

志向远大而没有毅力，就没有规矩；有毅力但志向不大，就会狭隘卑陋。

70. 知性善，以忠信为本，此先立其大者。（《河南程氏外书》）

〔译文〕

知道人性的善，是以诚实守信为根本，这就是要首先树立这个大的方面。

71. 伊川先生曰：人安重①，则学坚固。（《河南程氏外书》）

〔注释〕

①安重：安详稳重。

〔译文〕

程颐说：一个人安静稳重，学问就扎实牢固。

72. “博学之，审问之，慎思之，明辨之，笃行之”，五者废其一，非学也。（《河南程氏外书》）

〔译文〕

“广博地学习，谨慎地发问，慎重地思考，清楚地辨别，扎实地实行”，这五个方面，如果废弃任何一个方面，都不是学习。

73. 张思叔请问[①]，其论或太高，伊川不答，良久曰：“累高必自下。”（《河南程氏外书》）

〔注释〕

①张思叔：张绎（1071—1108），字思叔，寿安（今河南宜阳）人。程颐弟子。

〔译文〕

张思叔向程颐询问问题，他的议论有的过于高远，程颐不回答。很久之后才说：“要想堆得很高，必须从下面一层一层开始。”

74. 明道先生曰：人之为学，忌先立标准。若循循不已[①]，自有所至矣。（《河南程氏外书》）

〔注释〕

①循循：循规蹈矩的样子。

〔译文〕

程颢说：人们求学，最忌讳先树立不切实际的目标。如果遵循学习的方法不断努力，自然会达到一定程度。

75. 尹彦明见伊川后半年①，方得《大学》《西铭》看。（《河南程氏外书》）

〔注释〕

①尹彦明：尹焞（1071—1142），字彦明，洛阳人。程颐弟子，著有《和靖集》《论语解》《孟子解》等。

〔译文〕

尹彦明跟随程颐半年后，才得以阅读《大学》《西铭》。

76. 有人说无心，伊川曰："无心便不是，只当云无私心。"（《河南程氏外书》）

〔译文〕

有人说人应该没有念头，程颐说："没有念头是不对的，只应该说没有自私的念头。"

77. 谢显道见伊川，伊川曰："近日事何如？"对曰：

"天下何思何虑?"伊川曰:"是则是有此理,贤却发得太早。"在伊川直是会锻炼得人,说了又道:"恰好著工夫也。"(《河南程氏外书》)

〔译文〕

谢良佐见程颐,程颐问:"最近情况怎么样?"回答说:"天下事思索什么又考虑什么?"程颐说:"是倒是有这个理,你却把这话说得有点太早了。"程颐实在太会锤炼人了,说了前边的话又道:"你现在正好应该在普通知识的学习上下些功夫。"

78. 谢显道云:"昔伯淳教诲,只管着他言语。"伯淳曰:"与贤说话,却似扶醉汉,救得一边,倒了一边。只怕人执着一边。"(《河南程氏外书》)

〔译文〕

谢良佐说:"过去听程颢先生教诲,我只管听他的话。"先生说:"和你说话,倒像扶醉汉,这边扶起,又倒向那边了。人就怕一说那边就执着于那一边。"

79. 横渠先生曰:"精义入神",事豫吾内,求利吾外也;"利用安身",素利吾外,致养吾内也;"穷神知化",乃养盛自至,非思勉之能强。故崇德而外,君子未或致知也。(张载《正蒙·神化》)

〔译文〕

张载说:"精熟义理,达到神妙的境界",事情未出现时胸中早已熟知这事的道理，如此就对追求外在的事物有利；“有利于外在行事，内心就安宁”，这是说一向有利于我外在的行事了，又反过来涵养了我的内心；“能够穷尽神妙的道理，懂得变化的法则”，那是内外涵养达到了德行极盛时自然会到来，不是努力就可以勉强达到的。所以除了提高自己的德行外，君子不去获取别的知识。

80. 形而后有气质之性，善反之，则天地之性存焉。故气质之性，君子有弗性者焉。（张载《正蒙·诚明》）

〔译文〕

有形体后就有了气质特性，善于恢复本性，那么天地本性就探明了。所以对于气质之性，君子并不把他看作是自己的本性。

81. 德不胜气，性命于气；德胜其气，性命于德。穷理尽性，则性天德，命天理。气之不可变者，独死生修夭而已。（张载《正蒙·诚明》）

〔译文〕

德行不能战胜气质，本性就会受气质左右；德行能够战胜气质，本性就会受德性左右。人能穷尽事理充分发挥本性，就能够将天德作为其本性，将天理作为其准则。无法改变气质的人，只剩下了生老病死、寿命长短这些事。

82. 莫非天也，阳明胜则德性用，阴浊胜则物欲行。

领恶而全好者[1]，其必由学乎？（张载《正蒙·诚明》）

〔注释〕

①领恶：去除恶行恶事。

〔译文〕

没有什么不是天生的。阳性的光明胜出，德性就占据主导地位；阴性的污浊胜出，物欲就横行。改掉恶劣的习惯，保全良好的品德，都必须通过学习才能实现。

83. 大其心，则能体天下之物；物有未体，则心为有外。世人之心，止于见闻之狭；圣人尽性，不以见闻梏其心。其视天下，无一物非我。孟子谓尽心则知性知天，以此。天大无外，故有外之心，不足以合天心。（张载《正蒙·大心》）

〔译文〕

心胸宽广，才能够体认世间的一切事物。事情没有得到体认，则你的心与物有隔，未能包容天地。世间人的心，被他的见闻局限了；圣人则能充分发扬自己的本性，从其天德良知体察万物，不被耳闻目睹束缚其心。他眼中的天下的事物，没有一件不是自己的一部分。孟子说穷尽内心，则知道人性，知道天性，就是这个道理。天广阔无垠而没有什么事物不包含在内，所以如果内心把什么事物当作外在的，就难以合于天心。

84. 仲尼绝四,自始学至成德,竭两端之教也。意,有思也;必,有待也;固,不化也;我,有方也。四者有一焉,则与天地为不相似。(张载《正蒙·中正》)

〔译文〕

孔子没有意、必、固、我四方面的毛病,从刚开始学习一直到德行形成,都是正反两端详细推敲地教导学生如此。意,是未学而先有的成见;必,就是有所凭借;固,拘泥固执就不能融会贯通;我,局限于一处。这四种毛病有一种,就与天地境界不同了。

85. 上达反天理,下达徇人欲者欤!(张载《正蒙·诚明》)

〔译文〕

上达天命就是回归天理,向下堕落就是顺从人的欲望啊!

86. 知崇,天也,形而上也。通昼夜而知,其知崇矣。知及之,而不以礼性之,非己有也。故知礼成性而道义出,如天地位而易行。(张载《正蒙·至当》)

〔译文〕

智慧崇高,是效法天道,超越于具体事物之上。完全理解昼夜的规律而展现智慧,就是智慧崇高。智慧方面达到了,但不能用礼仪约束自己的本性,还没有把礼仪当作自己的一部分。所以知道礼仪形塑本性,道义就能够产生,如同天地的位置设定了,《易》的道理就能在其中运行了。

87. 困之进人也,为德辨,为感速。孟子谓“人有德慧术智者,常存乎疢疾”以此[①]。(张载《正蒙·三十》)

〔注释〕

①疢(chèn)疾:忧患。

〔译文〕

困境能够促进人的成长,能够辨别人的德性,能够使人迅速振作。这就是孟子所说的“一个人如果有道德、有智慧、有本领、有知识,都是因为他曾经历过忧患”。

88. 言有教,动有法。昼有为,宵有得。息有养,瞬有存。(张载《正蒙·有德》)

〔译文〕

说话要遵循教诲,行动要遵循法度。白天要有所作为,晚间要有所收获。休息的时候要涵养自己,瞬息之间也要操持内心。

89. 横渠先生作《订顽》曰:乾称父,坤称母。予兹藐焉,乃混然中处。故天地之塞,吾其体;天地之帅,吾其性。民,吾同胞,物,吾与也。大君者,吾父母宗子;其大臣,宗子之家相也。尊高年,所以长其长;慈孤弱,所以幼其幼。圣,其合德;贤,其秀也。凡天下疲癃残疾[1]、惸独鳏寡[2]，皆吾兄弟之颠连无告者也[3]。于时保之，子之翼也；乐且不忧，纯乎孝者也。违曰悖德，害仁曰贼，济恶者不才，其践形惟肖者也。知化则善述其事，穷神则善继其志。不愧屋漏为无忝，存心养性为匪懈。恶旨酒，崇伯子之顾养；育英才，颍封人之锡类。不弛劳而底豫，舜其功也；无所逃而待烹，申生其恭也。体其受而归全者，参乎！勇于从而顺令者，伯奇也。富贵福泽，将厚吾生也；贫贱忧戚，庸玉汝于成也。存，吾顺事；没，吾宁也。

又作《砭愚》曰：戏言出于思也，戏动作于谋也。发于声，见乎四支，谓非己心，不明也。欲人无己疑，不能也。过言非心也，过动非诚也。失于声，谬迷其四体[4]，谓己当然，自诬也；欲他人己从，诬人也。或者谓出于心者，归咎为己戏；失于思者，自诬为己诚。不知戒其出汝者，归咎其不出汝者。长傲且遂非[5]，不智孰甚焉？（张载《正蒙·乾称》）

〔注释〕

①疲癃（lóng）：年老多病。
②惸（qióng）：没有兄弟的人。
③颠连：困顿不堪。
④谬迷：错谬迷乱。
⑤长傲且遂非：滋长骄傲，酿成过错。

〔译文〕

张载作《订顽》说：乾为父亲，坤为母亲。我这个渺小的人，处在天地的中间。所以充塞于天地之间的,是我的本体;统领天地的,是我的本性。老百姓是我的同胞,万物是我的伙伴。君主是我们的父母和嫡长子,他的大臣是嫡长子的家臣。尊重老年人是尊重我们的长辈,怜爱孤弱者,那是关怀我们的幼童。圣人是符合天地德行的人,贤者是我们当中优秀的人。凡是天下衰老多病、鳏寡孤独的人,都是我兄弟当中颠沛流离、求告无门的人。畏惧天以自保的,是亲敬天地这个父母的人;乐于天命而不忧的,是上天纯孝的儿子。乐于天命而不忧愁的,是纯粹的孝顺的人。不顺从父母叫作违背道德,戕害仁德叫作贼人。助长恶行的人,是不才的人;在形体上体现品德的人,是优秀的人。通晓天地变化的人,善于成就上天的事业,穷尽天地神妙的人,善于继承上天的意志。在人所不见的地方不做亏心事,是不辱没父母的人,保存本心、养育正性的,是勤奋不懈怠的人。讨厌美酒,大禹善于保养本性;培育英才,就像颍考叔把孝行带给了他的同类。不懈怠地勤苦事亲而使其瞑顽的父亲快乐,这是虞舜的功绩;逃不出孝道无处不在的天地之间只好等待父亲赐死,这是太子申生的恭顺。从父母那里得来的身体还要完完整整地归还给父母的,大概是曾参吧!勇于顺从父亲错误的命令的,是孝子伯奇。承受先人的恩泽而富贵,要使我们的生活富足;生活于贫贱忧愁之中,那是上天看重你要使你得到成功。人活着,就顺应天地父母去事奉他;人死了,也因为无愧于天地父母而心安理得。

张载又写了《砭愚》:开玩笑的话出于内心的思考;开玩笑的动作出于内心的谋划。从语言当中发出,体现在四肢上,如果说并非发自内心,那就是不明白的人。想要别人不怀疑自己,那是不可能的。过分的语言,说明心不在焉;过分的行为,说明不真诚。在语言方面有所错误,就会使肢体行为错乱,如果说这是本能使然,那就是欺骗自己;想要别人服从自己,那就是欺骗别人。有的人把发自内心的错误,归咎为自己在开玩笑;把缺乏考虑的错误,欺骗自己说是出于自己的本心。不知道要戒慎那些出于自己的言行,反而归罪于并不是出于自己的本心。助长傲气,最终酿成错误,没有比这个更不明智的了。

90. 将修己,必先厚重以自持。厚重知学,德乃进而不固矣。忠信进德,惟尚友而急贤。欲胜己者亲,无如改过之不吝。(张载《正蒙·乾称》)

〔译文〕

要修养自己的德行,必须先从敦厚的方面去持守自己。性格厚重又知道学习,德行就会提高而不故步自封。忠诚守信,增进德行,只有推重朋友,迫切地与贤人交游。想要与胜过自己的人交朋友,最重要的是毫不吝惜地改掉自己的错误。

91. 横渠先生谓范巽之曰[1]:吾辈不及古人,病源何在?巽之请问,先生曰:此非难悟。设此语者,盖欲学者存意之不忘,庶游心浸熟,有一日脱然如大寐之得醒耳[2]。(张载《横渠文集》)

〔注释〕

①范巽(xùn)之:范育,字巽之,邠州三水(今陕西旬邑北)人。张载弟子。

②脱然：超脱无累的样子。

〔译文〕

张载对范巽之说：我们这些人赶不上古人，病根在哪里？范巽之请张载说明，张载说：这不难理解。我提出这个问题，是想让学者对于学习圣人之道不要遗忘，内心沉浸在学习中逐渐纯熟，总有一天就会突然领悟，如同从沉睡的梦中醒来一样。

92. 未知立心，恶思多之致疑；既知所立，恶讲治之不精。讲治之思，莫非术内，虽勤而何厌？所以急于可欲者，求立吾心于不疑之地，然后若决江河以利吾往。逊此志，务时敏，厥修乃来。故虽仲尼之才之美，然且敏以求之。今持不逮之资，而欲徐徐以听其自适，非所闻也。（张载《横渠文集》）

〔译文〕

没有树立为学的志向，要避免胡思乱想而产生很多疑惑；一旦志向确立了，要避免讲习研究得不够精深。研治时的思考与前边说的胡思乱想不同，这时的思考都在圣贤道理之内，即使勤于思考又有什么满足呢？所以急于追求大道的人，要将内心建立在没有疑惑的境地，然后学习的意愿就好像江河决堤一样势不可挡，对学习的进步非常有利。平定你的心志，务要时时勤敏，学识和修养就会到来。所以即使像孔子那么优秀、那样有才能，仍要勤劳聪敏地学习以获取知识。现在以我们远不如孔子的资质，想要慢慢地自然有所成就，那是从来没有听说过的。

93. 明善为本,固执之乃立,扩充之则大,易视之则小,在人能弘而已。(张载《横渠文集》)

〔译文〕

明白善德是为人处世的根本,并且坚定地持守不失方能使善性立根,扩充才能够逐渐广大,忽视就会逐渐变小,所以关键在于人能够发扬光大。

94. 今且只将尊德性而道问学为心,日自求于学问者有所背否?于德性有所懈否?此义亦是博文约礼,下学上达。以此警策一年,安得不长?每日须求多少为益:知所亡,改得少不善,此德性上之益;读书求义理,编书须理会有所归着,勿徒写过;又多识前言往行。此学问上益也。勿使有俄顷闲度,逐日似此,三年庶几有进。(张载《论语说》)

〔译文〕

现在只把增进德性、追求学问作为你的抱负,每天检查自己在学问方面是否有所背弃?在德性方面是否有所松懈?这个道理也是孔子关于广博的学习,用礼仪来约束自己,向下学习人情事理,向上学问进步的教导。用这样的方式鞭策自己一年,学问怎么会不长进呢?每天要求必须有些收获:掌握了你原来不懂的东西,改掉了一些缺点,这是德性上的收获;读书以探求书中义理,编书须要懂得有编书的目的,不要徒劳地抄写完了事,同时又要广泛学习并记得古人的言论和行为,这就是在学问方面的进步。不要让片刻的时间白白浪费，每天坚持这样做的话，三年时间差不多就可以有很大的进步了。

95. 为天地立心，为生民立命，为去圣继绝学，为万世开太平。（《张子语录》）

〔译文〕

为人们改造客观世界确立坚实的理性基础，为百姓构建价值观，替过去的圣贤传承绝世学问，为后世开创太平的基业。

96. 载所以使学者先学礼者，只为学礼，则便除去了世俗一副当习熟缠绕。譬之延蔓之物，解缠绕即上去。苟能除去了一副当世习，便自然脱洒也。又学礼，则可以守得定。（《张子语录》）

〔译文〕

我之所以让学者先学习礼仪，只是因为学了礼，就可以去除流俗中的那一套习气的纠缠。就好像被藤蔓缠绕的植物一样，解掉这些缠绕就可以向上生长。如果能够去除流俗的那一套习气，就自然会洒脱。再就是学习了礼仪之后，才可以守得住自己的原则。

97. 须放心宽快公平以求之[①]，乃可见道。况德性自广大。《易》曰“穷神知化，德之盛也”，岂浅心可得？（张载《横渠易说・系辞下》）

〔注释〕

①宽快:宽和,舒畅。

〔译文〕

需要把内心放在宽和、公正上去追求,才可以见到圣人之道。何况德性自然而然就是广大的。《周易》说"穷尽神妙的道理,懂得变化的法则,德性就会非常的盛大"这些道理,心胸狭隘的人怎么能够了解呢?

98. 人多以老成则不肯下问,故终身不知。又为人以道义先觉处之,不可复谓有所不知,故亦不肯下问。从不肯问,遂生百端欺妄人,我宁终身不知。(张载《论语说》)

〔译文〕

人们常常自认为老练成熟,就不肯向年轻晚辈请教,所以终其一生都不知晓圣人之道。再就是这些自认为明白道义在先的人,就不再承认自己有不知道的地方,也不肯向年轻晚辈请教。因为不肯再去学习,所以就产生各种各样欺骗人的东西,自己则宁可一辈子不懂。

99. 多闻不足以尽天下之故。苟以多闻而待天下之变,则道足以酬其所尝知。若劫之不测,则遂穷矣。(张载《孟子说》)

〔译文〕

见多识广也不足以知道天下所有的事情，如果一个人凭借自己见多识广来应对天下的各种变化，那么他也只可以应对那些已经知道的事情。如果强迫去应对那些难以意料的事情，那就无能为力了。

100. 为学大益，在自求变化气质。不尔，皆为人之弊，卒无所发明，不得见圣人之奥。（《张子语录》）

〔译文〕

做学问的最大收益，在于使自己的气质得到改变。如果不这样的话，都成了人自己的障碍，学到最后都没有收获，不可能见到圣人的奥妙之处。

101. 文要密察，心要洪放。（张载《经学理窟・礼乐》）

〔译文〕

外在的表现要详细明察，但是内心却要宽宏大量。

102. 不知疑者，只是不便实作。既实作，则须有疑。有不行处，是疑也。（张载《经学理窟・气质》）

〔译文〕

学习的时候不知道疑问，只是不愿意认真去实行；如果认真去实行了，就一定会有疑问。实行不了的地方，一定会产生疑问。

103. 心大则百物皆通，心小则百物皆病。（张载《经学理窟·气质》）

〔译文〕

心胸宽广，做任何事情都会顺利通畅；心胸狭隘，任何事情都会成为行动的障碍。

104. 人虽有功，不及于学，心亦不宜忘。心苟不忘，则虽接人事，即是实行，莫非道也。心若忘之，则终身由之，只是俗事。（张载《经学理窟·义理》）

〔译文〕

一个人即使有很多的事情要去做，来不及学习圣人之道，也不应该忘掉学习的本心。只要不忘掉本心，那么在待人接物的时候，也是在实行了，这些都是道。但是如果忘掉了本心，自认为一辈子都在遵循道，实际上只是做了一些俗事而已。

105. 合内外，平物我，此见道之大端。（张载《经学理窟·义理》）

〔译文〕

将内在与外在合二为一，将外物与自我平等看待，可以说已经认识到圣人之道的主要方面了。

106. 既学而先有以功业为意者，于学便相害。既有意，必穿凿创意，作起事端也。德未成而先功业为事，是代大匠斫，稀不伤手也。（张载《经学理窟·学大原上》）

〔译文〕

开始学道就想着先去追求功业，对学习是有害的。既然心里想着建立功业，必然会牵强附会做出新奇的想法，制造问题，哗众取宠。德性未成却先去追求功业，就像替木匠运斧砍木头，很少有不伤手的。

107. 窃尝病孔、孟既没，诸儒嚣然[1]，不知反约穷源。勇于苟作，持不逮之资，而急加后世。明者一览，如见肺肝然，多见其不知量也。方且创艾其弊[2]，默养吾诚。顾所患日力不足，而未果他为也。（张载《横渠文集》）

〔注释〕

①嚣然：扰攘不宁的样子。

②创艾（yì）：畏惧，戒惧。

〔译文〕

我经常批评孔、孟去世之后，儒者们争论不休，不知道回归圣学的精要，探究儒道的源本，反而勇于随意地著述，凭借着远不及圣人的资质，急切地想留名于后世。明眼人一看，就像看透他们的肺肝一样，知道他们特别自不量力。我正要借鉴而戒除他们的弊病，默默地涵养我的诚实与真诚。只是担心时间和智力不足，更没有考虑别的事情。

108. 学未至而好语变者，必知终有患。盖变不可轻议，若骤然语变，则知操术已不正。（张载《经学理窟·义理》）

〔译文〕

学习还没有成就，就喜好讨论权变，迟早会有祸患。因为权变是不可以轻易讨论，如果忽然讨论权变，可以判断他的心术已经不端正了。

109. 凡事蔽盖不见底，只是不求益。有人不肯言其道义所得所至，不得见底，又非"于吾言无所不说"。（张载《经学理窟·义理》）

〔译文〕

做事遮遮掩掩不让人看清楚其真实想法，其实只是不愿意追求进步。有的人不肯说出他追求道义所得到的成就，不让人看到他的深浅，根本不是颜回对于孔子的话没有不喜悦的情形。

110. 耳目役于外，揽外事者[①]，其实是自堕。不肯自治[②]，只言短长，不能反躬者也。（张载《经学理窟·义理》）

〔注释〕

①揽外事：被外在的事情招引。

②自治：修养自身的德性。

〔译文〕

人的耳朵与眼睛受制于外物，被外物所吸引，其实是自甘堕落。不愿意修身，只喜欢议论别人的长短，都是因为不能反躬自省的缘故。

111. 学者大不宜志小气轻。志小则易足，易足则无由进；气轻则以未知为已知，未学者为已学。（《经学理窟·学大原下》）

〔译文〕

学道的人极不应该志向短小、心浮气躁。志向小就容易满足，容易满足就无上进的动力；心浮气躁就会把不懂的当作已经懂的，把没学过的当成学过的。

卷三　致知

〔题解〕

本卷讨论获取知识的方法。主要内容有以下三个方面：一、总论致知方法。首先要勤于思考；其次要穷尽事物的道理。二、多个角度具体阐述读书方法。如理解文字的字面意义、读书时内心要平和，才能更好领悟到书中的道理等。三、阅读各类儒家经典要注意的事项。通过本卷内容，可以窥见朱子对于读书致知的一些经验之谈，今天仍有借鉴意义。

1. 伊川先生答朱长文书曰①：心通乎道，然后能辨是非，如持权衡以较轻重，孟子所谓“知言”是也。心不通于道，而较古人之是非，犹不持权衡而酌轻重，竭其目力，劳其心智，虽使时中，亦古人所谓“亿则屡中”②，君子不贵也。(《河南程氏文集》)

〔注释〕

①朱长文(1039—1098)：字伯原，吴县(今苏州)人。著有《乐圃文集》。
②亿：通“臆”。中：正中。亿则屡中：料事总是能与实际相符。

〔译文〕

程颐给朱长文的复信中说：心与圣人之道相通，然后就能辨别是非了,就像拿着秤去称物体的轻重一样,这就是孟子所说的“能够辨析他人言辞”。如果心不与圣道相通,而去评价古人的是非,就像不拿秤而去估量物体的轻重,用尽你的眼力,辛苦你的心智,即使偶尔估量对了,也不过是古人说的“瞎猜而每每能猜中”,君子是不看重的。

2. 伊川先生答门人曰:孔孟之门,岂皆贤哲?固多众人。以众人观圣贤,弗识者多矣。惟其不敢信己而信其师,是故求而后得。今诸君于颐言,才不合,则置不复思,所以终异也。不可便放下,更且思之,致知之方也。(《河南程氏文集》)

〔译文〕

程颐回复其门人的信中说:孔孟的门徒,哪能都是贤哲?当然更多的是常人。以常人去看圣贤,不能认识的地方多。只因他们不敢相信自己而相信老师,所以能通过探索而后得圣人之义。现在诸位对我程颐的话,才有看法上的分歧,就丢下不再思考,所以最终还是不同。不可放下,而应深入去思考,这就是获取知识的方法。

3. 伊川先生答横渠先生曰:所论大概,有苦心极力之象[①],而无宽裕温厚之气。非明睿所照,而考索至此,故意屡偏而言多窒,小出入时有之。更愿完养思虑[②],涵泳义理,他日自当条畅。(《河南程氏文集》)

〔注释〕

①苦心极力：费尽心机，使出全部力量。

②完养：完备，滋养。

〔译文〕

程颐回复张载的信中说：来信所讨论的大概而言，有苦心极力追求学问的气象，却缺乏宽容温厚的气度。不是聪明睿智的明察，而考究摸索到了这个地步，所以理解多有偏失，言辞也多有窒碍不通的地方，小的差错时时出现。所以希望进一步完备地思索考虑，深入地体会义理，日后思路自会条畅的。

4. 欲知得与不得，于心气上验之。思虑有得，中心悦豫，沛然有裕者，实得也。思虑有得，心气劳耗者，实未得也，强揣度耳。尝有人言："比因学道[①]，思虑心虚。"曰：人之血气，固有虚实。疾病之来，圣贤所不免。然未闻自古圣贤因学道而致心疾者。(《河南程氏遗书》)

〔注释〕

①比：近来。

〔译文〕

要想知道是不是真有收获，可以从心力气血上得到验证。当你思考有得时，心中喜悦，心力气血充沛丰裕那是真实有得。当你思考看似有收获时，心气有很多耗损，实际并没有真实的收获，只是努力揣测而已。有人曾经说过："近来由于学习圣人之道，思虑过重而心气空虚。"我认为：人的血气，固然有虚有实。疾病的发生，即使圣贤也不可避免。但没听说过自古以来哪位圣贤因为学道而导致心病的。

5. 今日杂信鬼怪异说者，只是不先烛理[1]。若于事上一一理会，则有甚尽期？须只于学上理会。(《河南程氏遗书》)

〔注释〕

①烛理：考察事理。

〔译文〕

现在相信鬼怪邪说的人，只是因为没有事先考察事理。如果每一件事都逐一揣摩，什么时候才有一个尽头呢？只需在学习上去理会就可以了。

6. 学原于思。(《河南程氏遗书》)。

〔译文〕

学问来源于思考。

7. 所谓"日月至焉"，与"久而不息"者，所见规模虽略相似，其意味气象迥别，须心潜默识，玩索久之，庶几自得。学者不学圣人则已，欲学之须熟玩味圣人之气

象，不可只于名上理会，如此只是讲论文字。（《河南程氏遗书》）

〔译文〕

孔子所说的“或一天或一月有一次思考”，与“持久的、不停息的体察”，所观察到的学问规模虽然相似，但意味和气象确实有很大的差别，这一点需要潜心体认，久久玩索，也许能够认识到。学者不向圣人学习则已，要学就应该反复玩味圣人气度，不能只从概念语言上认识圣人，那样只是讲解与讨论文字罢了。

8. 问：忠信进德之事，固可勉强，然致知甚难。伊川先生曰：学者固当勉强，然须是知了方行得。若不知，只是觑却尧[1]，学他行事，无尧许多聪明睿智，怎生得如他动容周旋中礼？如子所言，是笃信而固守之，非固有之也。未致知，便欲诚意，是躐等也。勉强行者，安能持久？除非烛理明，自然乐循理。性本善，循理而行，是顺理事，本亦不难，但为人不知，旋安排着，便道难也。知有多少般数[2]，煞有深浅。学者须是真知，才知得是，便泰然行将去也。某年二十时，解释经义，与今无异。然思今日，觉得意味与少时自别。（《河南程氏遗书》）

〔注释〕

①觑（qù）却：窥伺，偷看。

②般数：种类，数量。

〔译文〕

有人问：忠诚守信、增进德行的事，固然可以努力去做。但要获取真知却难。程颐先生说：学者固然应当努力实行，但需要的是先知道而后才能行。如果不懂其中道理，只是看见尧，就学尧那样行事，没有尧那样的聪明睿智，怎么能像尧一样举止容仪、应酬世务全都符合礼的要求呢？像你刚才说的那样，那是笃实诚信并且牢固地守持着某一善行，这善行却不是他本身原来所固有的，没有做到获取知识明白事理，就想做到真实无妄诚实无欺，是越级而进。超越能力的勉强实行，怎么能持久呢？除非你洞彻世理，明白无碍，才会自然而然地乐于按照圣人之道去行。人性本善，顺理而行，是顺理成章的事，本来也不难。但是因为人们并不知道，刻意安排着去做，就会感觉到很困难。要知道要行的事有多少般多少种，怎么能一一安排？这里有个深浅问题。学者须是真正理解了事理，才理解得正确，就能泰然实行了。我二十岁时，解释经义，与现在没有什么不同。但想想现在，觉得其中意味与年轻时差别还是很大的。

9. 凡一物上有一理，须是穷致其理。穷理亦多端，或读书讲明义理，或论古今人物，别其是非，或应接事物，而处其当，皆穷理也。或问：格物须物物格之，还只格一物而万理皆知？曰：怎得便会贯通？若只格一物，便通众理，虽颜子亦不敢如此道。须是今日格一件，明日又格一件，积习既多，然后脱然自有贯通处。（又曰：所务于穷理者，非道尽穷了天下万物之理，又不道是穷

得一理便到，只要积累多后，自然见去。）（《河南程氏遗书》）

〔译文〕

大凡一物有一物的道理，需要深入推究其中的道理。推究事物之理的途径是多方面的：或者读书讲明义理，或者评论古今人物，判别其是非，或为人处事而能处理得当，都可穷尽事理。有人问：推究事物，是每物每事都要推究呢，还是只推究一事一物而万理皆知呢？程颐回答说：怎能推究一物就会贯通呢？如果只推究一物，就贯通众理，即使是大贤者颜回也不敢这么说。应该是今日推究一件，明日又推究一件，积累多了，然后自有豁然贯通的时候。（又说：努力穷尽义理，并不是说穷尽天下所有事物的道理，也不是说研究清楚一个道理就可以，而是要不断地积累，积累得多了，自然就会明白。）

10. “思曰睿”，思虑久后，睿自然生。若于一事上思未得，且别换一事思之，不可专守着这一事。盖人之知识，于这里蔽着，虽强思亦不通也。（《河南程氏遗书》）

〔译文〕

“思考要睿智”。思虑时间久了，睿智自然产生。如果于一事思考未有所得，暂且换另一事思考，不要只守着某一件事。因为人的认识往往在某一处有遮蔽，即使再努力去思考，依然想不通的。

11. 问：人有志于学，然知识蔽固[①]，力量不至，则如

之何？曰：只是致知。若智识明，则力量自进。（《河南程氏遗书》）

〔注释〕

①蔽固：掩盖。

〔译文〕

有人问：如果一个人有志于学习，但是知识有所遮蔽，能力也有所不足，那怎么办呢？回答说：只是要去追求知识。如果见识明达，那么能力自然会有所进步。

12. 问：观物察己，还因见物反求诸身否？曰：不必如此说。物我一理，才明彼，即晓此，此合内外之道也。又问：致知先求之四端如何？曰：求之情性，固是切于身。然一草一木皆有理，须是察。（又曰：自一身之中，至万物之理，但理会得多，相次自然豁然有觉处。）（《河南程氏遗书》）

〔译文〕

有人问：观察事物体察自己，会因为理解了事物而反过来考察自己吗？回答说：不应该这么说。事物与自己都是一个道理，明白了这个，就明白了那个，这就是将内在与外在合二为一的道理。又问：致知从探求仁、义、礼、智四端开始，可以吗？回答说：如果要探究性情，固然是切于自身了。但是一草一木都有各自道理，都要去体察。（又说：从自己一身当中，一直到天下万物的道理，如果理会得多了，依照次序自然会有突然都领悟的时候。）

13.“思曰睿”，“睿作圣”。致思如掘井，初有浑水，久后稍引动得清者出来。人思虑始皆溷浊[①]，久自明快。（《河南程氏遗书》）

〔注释〕

①溷（hùn）浊：混乱污浊。

〔译文〕

“思考要睿智”，“睿智就能成为圣人”。努力思考就好像挖井一样，刚开始挖出来只有混浊的水，再接着挖，挖得久了就会把清澈的水挖出来。人刚开始思考的时候，也都是混乱污浊的，思考得久了，自然会明白通畅起来。

14. 问：如何是近思？曰：以类而推。（《河南程氏遗书》）

〔译文〕

有人问：如何才能切近地思考？回答说：可以通过认识当前事情的规律，推知类似的道理。

15. 学者先要会疑。（《河南程氏外书》）

〔译文〕

学者先要学会怀疑。

16. 横渠先生答范巽之曰:所访物怪神奸[①],此非难语,顾语未必信耳。孟子所论"知性知天",学至于知天,则物所从出,当源源自见。知所从出,则物之当有当无,莫不心谕,亦不待语而后知。诸公所论,但守之不失,不为异端所劫,进进不已[②],则物怪不须辨,异端不必攻,不逾期年,吾道胜矣。若欲委之无穷,付之不可知,则学为疑挠,智为物昏,交来无间,卒无以自存,而溺于怪妄必矣。(张载《横渠文集》)

〔注释〕

①物怪神奸:怪异事物,能害人的鬼怪之物。

②进进:奋力前进的样子。

〔译文〕

张载给范育的复信说:来信所问物怪神奸之类的事,这不是什么难以说明的问题,只不过人们未必肯信。孟子所谓了解自己的本性,了解上天,学习达到了解上天的地步,那么事物是从哪里产生的,就会连续不断地自然认识到。学者达到了知天的地步,那么事物是如何产生的,都应能不断认识,知道了事物是如何产生的,那么某种事物应该有或没有,无不明白于心,也不需要说明才知道。诸位所谈论的理,都是持守内心而不放逸,不被异端所劫持,奋力前进而不停止,所以奇怪的事物就不需要去辨别,异端邪说也不需要去攻击,过不了一年,我们儒家的道理自然会取得胜利。如果把物怪神奸之说以不可穷究推到一边,认为是不可知的东西，那么你的为学就被疑惑阻挠，心智被外物搞得昏昏不明，疑惑与外物源源不断而来，终于会到无法自存的地步，就必定会陷入怪诞当中。

17. 子贡谓："夫子之言性与天道，不可得而闻。"既言"夫子之言"，则是居常语之矣。圣门学者以仁为己任，不以苟知为得，必以了悟为闻，因有是说。（张载《张子语录》）

〔译文〕

子贡说："孔夫子对于性与天道的言语，没法听到。"既然说到"孔子的言语"，那么就是平常所说的话。圣人门下的学者，都将仁爱作为自己的责任，并不将仅有所了解作为收获，必然将有所了悟作为真正的听闻，所以才会有这样的说法。

18. 义理之学，亦须深沉方有造①，非浅易轻浮之可得也。（张载《经学理窟·义理》）

〔注释〕

①有造：有成就。

〔译文〕

义理这门学问，需要沉潜下来研究才能有所成就，不是简单肤浅地学一下就可以得到的。

19. 学不能推究事理，只是心粗。至如颜子未至于圣人处，犹是心粗。（张载《经学理窟·义理》）

〔译文〕

学习如果不能够推究事物的道理，只是因为比较粗心，至于颜回之所以还没有达到圣人的境界，也是因为比较粗心。

20. 博学于文者，只要得“习坎心亨”①。盖人经历险阻艰难，然后其心亨通。（张载《经学理窟·学大原下》）

〔注释〕

①习坎：险阻重重。

〔译文〕

广博地学习文化知识的人，只有经历重重坎坷，内心才能通达。因为一个人经历了人世间的艰难险阻，然后他的心胸才会通透。

21. 义理有疑，则濯去旧见，以来新意。心中有所开，即便札记，不思则还塞之矣。更须得朋友之助，一日间朋友论著，则一日间意思差别，须日日如此讲论，久则自觉进也。（张载《经学理窟·学大原下》）

〔译文〕

学习中对义理有疑问，就应该清除头脑中旧有的见解，以接纳新的意思。心中有所开悟，随即记下，不继续思考，思路就又蔽塞了。还需要得到朋友的帮助,与朋友讨论一天,这一天的认识就会有所不同。天天如此讨论,时间一长自然就感觉到进步了。

22. 凡致思到说不得处,始复审思明辨,乃为善学也。若告子则到说不得处遂已,更不复求。(张载《孟子说》)

〔译文〕

如果思考问题到了不可言说的境地,就应该更加谨慎地思考,明晰地辨别,这才是善于学习。比如告子,到不可言说的地方就停止了,就不再去探寻了。

23. 伊川先生曰:凡看文字,先须晓其文义,然后可求其意。未有文义不晓而见意者也。(《河南程氏遗书》)

〔译文〕

程颐说:大凡阅读文字,首先应该理解字面意义,然后才能够领会其中的深层意思。没有字面意思都不理解,就能够领会文字的深层意思的。

24. 学者要自得。六经浩渺,乍来难尽晓。且见得路径后,各自立得一个门庭,归而求之可矣。(《河南程氏遗书》)

〔译文〕

学者要自己有所收获。儒家六经浩如烟海，刚开始学习是很难全部了解的。如果掌握学习的路径之后，就可以自己确立一个读书方法，按照这个方法去寻求就可以了。

25. 凡解文字，但易其心，自见理。理只是人理，甚分明，如一条平坦底道路。《诗》曰“周道如砥，其直如矢”，此之谓也。或曰：圣人之言，恐不可浅近看他。曰：圣人之言，自有近处，自有深远处。如近处怎生强要凿教深远得？扬子曰：“圣人之言远如天，贤人之言近如地。”颐与改之曰：“圣人之言，其远如天，其近如地。”（《河南程氏遗书》）

〔译文〕

大凡理解文字，只要内心平易些，自然能看出其中道理。理不过是关于人的道理，很明白，就像一条平坦的道路。《诗经》说“大路平如磨刀石，直得就像箭杆子”，说的就是这个意思。有人说：圣人的言语，恐怕不能用浅近的眼光看。程颐回答说：圣人的话，自有浅近的地方，自有深远的地方。如果是浅近的地方，怎么又要穿凿得深远难懂呢？扬雄说：“圣人之言高远得如同天空一样，贤人之言浅近得像大地一样。”我给他改成了：“圣人的语言，高远得像天空一样，浅近得如大地一样。”

26. 学者不泥文义者，又全背却远去。理会文义者，又滞泥不通。如子濯孺子为将之事，孟子只取其不背师之意，人须就上边理会事君之道如何也。又如万章问舜完廪浚井事，孟子只答他大意，人须要理会浚井如何出得来？完廪又怎生下得来？若此之学，徒费心力。（《河南程氏遗书》）

〔译文〕

不拘泥于文章字句的学者，又完全背离文义，相去太远。领会文字的大意，却又拘泥于文字表面而不通达。比如《孟子》书中谈到子濯孺子做将领的事，孟子只取庾公之斯不愿背叛其师的意思，有的人却硬是要在这上面去考虑他的事君之道怎么样，如此就互相矛盾而讲不通了。又比如《孟子》书中万章问舜修仓房和淘井的事，孟子只回答他大意，有的人却硬是要去推测舜淘井被掩在井里是怎么出来了呢？抽去了梯子仓房烧起来他又是怎么下得来呢？如果这样去学，那是徒费心力。

27. 凡观书不可以相类泥其义，不尔，则字字相梗。当观其文势上下之意，如“充实之谓美”与《诗》之美不同。（《河南程氏遗书》）

〔译文〕

大凡看书，不要拘泥于书中类似的文字，不然的话，每一个字都无法理解得通。应当从文章上下文的气势来考察其中的意思。比如孟子所讲的“充实之谓美”的“美”，与《毛诗》所讲的“美”就是不同的。

28. 问：莹中[①]尝爱文中子[②]："或问学《易》，子曰：'终日乾乾可也。'"此语最尽。文王所以圣，亦只是个不已。先生曰："凡说经义，如只管节节推上去，可知是尽。夫终日乾乾，未尽得《易》。据此一句，只做得九三使。若谓乾乾是不已，不已又是道。渐渐推去，自然是尽。只是理不如此。"(《河南程氏遗书》)

〔注释〕

①莹中：陈瓘（1057—1124），字莹中，南剑州沙县（今福建沙县）人。程颐门人，著有《了斋易说》等。

②文中子：王通（584—617），字仲淹，号文中子。隋朝名儒。

〔译文〕

有人问：陈莹中喜欢文中子的一句话："有人问怎样学习《周易》，文中子说：'只需要做到每日自强不息就可以了。'"这话最能尽理。周文王之所以成为圣人，也只是努力不已。程颐回答说：大凡解说经义，如只管一节一节推究上去，当然是会穷尽的。终日努力不懈，不能穷尽《易》理。据这一句，只能当它是《乾》卦九三爻。如果说乾乾是永不止息，永不止息又是道，渐渐地推开去，自然是会穷尽《易》理的。只是理原本并不是这样推究的。

29. "子在川上曰：逝者如斯夫。"言道之体如此，这里须是自见得。张绎曰[①]：此便是无穷。先生曰：固是

道无穷。然怎生一个“无穷”便道了得他？（《河南程氏遗书》）

〔注释〕

①张绎（1071—1108）：字思叔，河南寿安（今宜阳）。程颐晚年弟子。

〔译文〕

“孔子站在河边说：时光的流逝就像这悠悠流水！”形容道体也是这样，这里应是学者自己去体会。张绎说：这就是无穷的意思。程颐说：固然是无穷，但怎么能用“无穷”二字就把其中的义理都说尽了呢？

30. 今人不会读书，如“诵《诗》三百，授之以政，不达；使之四方，不能专对。虽多，亦奚以为？”须是未读《诗》时，不达于政，不能专对。既读《诗》后，便达于政，能专对四方，始是读《诗》。“人而不为《周南》《召南》，其犹正墙面”，须是未读《诗》时如面墙，到读了后便不面墙，方是有验。大抵读书只此便是法。如读《论语》，旧时未读是这个人，及读了后来，又只是这个人，便是不曾读也。（《河南程氏遗书》）

〔译文〕

现在的人不会读书，就像孔子说的：“熟读《诗经》三百篇，交给他政务，办不好；叫他出使别国，不能独立地应对。纵然读得再多，又有什么用？”应该在没有读《诗经》时，不通达政事，不能单独出使。读了《诗经》以后，就应该能通政事，能应付对外交涉才是。再如孔子说“读书人不去研究《周南》和《召南》中的修身齐家的道理，那就像面对墙壁站立着，眼不见物，寸步难行吧。”应该是未读《诗经》时像对墙站立，到读了以后便不是对墙站立，才能有所体会。大体上读书都应该采用类似的办法。如读《论语》，过去未读时是这个人，及读过了以后，仍然是这么个人，那就等于没读过。

31. 凡看文字，如“七年”“一世”“百年”之事，皆当思其如何作为，乃有益。(《河南程氏遗书》)

〔译文〕

大凡阅读文字，比如《论语》中“七年”“一世”“百年”这些地方，都应仔细思考如何有所作为才能做到，才会有所收益。

32. 凡解经不同，无害，但紧要处不可不同尔。(《河南程氏外书》)

〔译文〕

大凡解释经文，解说不同并没有什么妨害，但关键之处的解释不可以不相同。

33. 焞初到，问为学之方。先生曰：公要知为学须是读书。书不必多看，要知其约。多看而不知其约，书肆耳。颐缘少时读书贪多，如今多忘了。须是将圣人言

语玩味,入心记着,然后力去行之,自有所得。(《河南程氏外书》)

〔译文〕

尹焞刚到程颐门下学习的时候,询问学习的方法。程颐说:你要明白为学就应该读书。书不必读得太多,但要明白书中的要领;多看书而不知道其中的要领,那就只是一个卖书的书铺而已。因为我年轻的时候读书贪多,现在很多都忘了。应该仔细地去玩味圣人的言语,记在心里,然后努力去实行,自然会有所收获。

34. 初学入德之门,无如《大学》,其他莫如《语》《孟》。(《河南程氏遗书》)

〔译文〕

初学进入修养德行的门径,《大学》最为重要,其他书《论语》和《孟子》最为重要。

35. 学者先须读《论》《孟》。穷得《论》《孟》,自有要约处,以此观他经,甚省力。《论》《孟》如丈尺权衡相似,以此去量度事物,自然见得长短轻重。(《河南程氏遗书》)

〔译文〕

学者先应该读《论语》《孟子》。读透了《论语》《孟子》,自然有一个要领,拿它去看别的经书就很省力了。《论语》《孟子》

就像尺、秤一样，用它去度量事物，自然能见出长短轻重。

36. 读《论语》者，但将诸弟子问处，便作己问，将圣人答处，便作今日耳闻，自然有得。若能于《论》《孟》中深求玩味，将来涵养成甚生气质！（《河南程氏遗书》）

〔译文〕

读《论语》时，只要把众弟子问的地方，就当作自己在提问，将圣人的回答，当作今天亲耳听到的，自然就有收获。如果能在《论语》《孟子》中深入玩味，将会涵养成什么样的气质啊！

37. 凡看《语》《孟》，且须熟玩味，将圣人之言语切己，不可只作一场话说。人只看得此二书切己，终身尽多也。（《河南程氏遗书》）

〔译文〕

大凡阅读《论语》与《孟子》，需要仔细玩味，将圣人的语言放在自己身上体会，不可只当作是一场对话。人们只要能够把这两本书放在自己身上有所体会，一辈子的收益是非常多的。

38.《论语》有读了后全无事者，有读了后其中得一两句喜者，有读了后知好之者，有读了后不知手之舞之、足之蹈之者。（《河南程氏遗书》）

〔译文〕

阅读《论语》，有的人读了以后好像什么事也没有发生，有的人读了以后因为其中一两句感到非常开心，有的人读了以后理解了并且喜欢，还有的人读了以后会开心得情不自禁地手舞足蹈起来。

39. 学者当以《论语》《孟子》为本。《论语》《孟子》既治，则六经可不治而明矣。读书者当观圣人所以作经之意，与圣人所以用心，与圣人所以至圣人，而吾之所以未至者，所以未得者。句句而求之，昼诵而味之，中夜而思之，平其心，易其气，阙其疑，则圣人之意见矣。（《河南程氏遗书》）

〔译文〕

学者应以《论语》《孟子》作为学习的根本。《论语》《孟子》搞清楚了，那么儒家的六经不用研究也都明白了。读书人应当体察圣人创作经书的初衷，和圣人具体的想法，以及圣人之所以成为圣人，而我之所以没有达到圣人的境界，没有得到圣人之道的原因。一句一句仔细地去探求，白天诵读并认真地去玩味，然后半夜里仔细地去思考，用心公平，态度冷静，遇到疑问暂且先保留，那么圣人的意思就会显现出来。

40. 读《论语》《孟子》而不知道，所谓"虽多，亦奚以为"。（《河南程氏遗书》）

〔译文〕

阅读《论语》和《孟子》却不理解圣人之道，就是人们常说的

“即使读了很多，又有什么用呢”？

41.《论语》《孟子》只剩读着便自意足[①]，学者须是玩味。若以语言解着，意便不足。某始作此二书文字，既而思之又似剩。只有些先儒错会处，却待与整理过。(《河南程氏外书》)

〔注释〕

①只剩读着：只去阅读本文。

〔译文〕

《论语》和《孟子》这两本书只去理解本文，文中的意义便会自己显现出来，学者需要仔细地玩味；如果只从文字上来解说，其中的意思就不充足了。我刚开始做了这两本书的文字训释，后来又思考，觉得自己的解释也是多余。只是有些前代儒者理解错误的地方，却需要我把它们整理出来。

42. 问：“且将《语》《孟》紧要处看如何？”伊川曰：“固是好，然若有得，终不浃洽[①]。盖吾道非如释氏，一见了便从空寂去。”(《河南程氏遗书》)

〔注释〕

①浃洽：贯通，透彻。

〔译文〕

有人问：只对《论语》《孟子》书中紧要的地方进行研究行不

行？程颐说：这当然好，但这样虽然有所收获，终究还是不能够融会贯通。我们儒家之道并不像佛教那样，一旦有所领会，就说证悟到空寂的境界了。

43. “兴于《诗》”者，吟咏性情，涵畅[1]道德之中而歆动之[2]，有“吾与点”之气象。（又曰：“兴于《诗》”，是兴起人善意，汪洋浩大，皆是此意。）（《河南程氏外书》）

〔注释〕

①涵畅：滋润化育使发扬。

②歆动：欣喜动心。

〔译文〕

“从《诗经》当中有所兴起”，吟咏性情，在其中的道德中涵养，而感到喜悦感动，就会有孔子所说的“我赞赏曾点”那样的气象。（又说：从《诗经》当中有所兴起，是兴起人的善良的意志，意义广阔浩大，大概都是这方面的意思。）

44. 谢显道云：明道先生善言《诗》，他又浑不曾章解句释，但优游玩味[1]，吟哦上下，便使人有得处。“瞻彼日月，悠悠我思。道之云远，曷云能来？”思之切矣。终曰：“百尔君子，不知德性。不忮不求[2]，何用不臧！”归于正也。又曰：伯淳尝谈《诗》，并不下一字训诂，有时只转却一两字，点掇地念过[3]，便教人省悟。又曰：古人所以贵亲炙之也。（《河南程氏外书》）

〔注释〕

①优游：闲暇自得的样子。

②忮(zhì)：忌恨。

③点掇(duō)地念过：选取一两个字强调一下念诵过去。

〔译文〕

谢显道说：程颢先生善于讲《诗经》，但他又几乎不曾一章一句解释，只是从容地玩味，上下吟诵，就让人领会了。“远望着太阳和月亮，心中的思念悠悠。相隔的道路太遥远，怎样才能回到我的身旁？”思念多么迫切呀。结束时说：“你们这些君子呀，不懂道德和修养。只要不忌恨又不贪求，走到哪里不顺当？”最后又归于正。又说：程颢先生常常谈《诗经》，但并不作一个字的训释，有时只替换一两个字，指点一下读过，就能让人醒悟。又说：这就是古人为什么特别看重亲承教诲的原因。

45. 明道先生曰：学者不可以不看《诗》，看《诗》便使人长一格价。(《河南程氏外书》)

〔译文〕

程颢说：学者不可以不读《诗经》，读了《诗经》以后，能够使人的品位提高一个档次。

46. “不以文害辞。”文，文字之文，举一字则是文，成句是辞。《诗》为解一字不行，却迁就他说，如“有周不显”，自是作文当如此。(《河南程氏外书》)

〔译文〕

“不要拘泥于文字而阻碍对整个语句的深入理解”，“文”，就是文字的“文”，单举一个字就是“文”，一个完整句子才是“辞”。《诗经》中，如果就一个字解释不通，就用其他的意思来迁就，比如“有周不显”。写文章的时候自然应当是这样。

47. 看《书》须要见二帝三王之道。如二《典》，即求尧所以治民、舜所以事君。（《河南程氏遗书》）

〔译文〕

在阅读《尚书》的时候，要体会二帝三王治理天下的法则，比如阅读《尧典》《舜典》，就要去探索尧是如何治理民众，舜是如何事奉君主的。

48.《中庸》之书，是孔门传授，成于子思、孟子。其书虽是杂记，更不分精粗，一衮说了①。今人语道，多说高便遗却卑，说本便遗却末。（《河南程氏遗书》）

〔注释〕

①一衮（gǔn）：指混杂在一起。

〔译文〕

《中庸》这本书来源于孔门传授，最终成书于子思、孟子。这本书记录的内容虽然很庞杂，也没有精致、粗略内容的区分，只是一股脑都说了出来。现在的人讨论圣人之道，大多数讨论高深的地方，就把浅近的地方遗弃了；讨论根本的地方，就把细节的东西给丢弃了。

49. 伊川先生《易传序》曰：易，变易也，随时变易以从道也。其为书也，广大悉备，将以顺性命之理，通幽明之故，尽事物之情，而示开物成务之道也。圣人之忧患后世，可谓至矣。去古虽远，遗经尚存。然而前儒失意以传言，后学诵言而忘味。自秦而下，盖无传矣。予生千载之后，悼斯文之湮晦，将俾后人沿流而求源，此《传》所以作也。

"《易》有圣人之道四焉：以言者尚其辞，以动者尚其变，以制器者尚其象，以卜筮者尚其占。"吉凶消长之理，进退存亡之道备于辞。推辞考卦，可以知变，象与占在其中矣。"君子居则观其象而玩其辞，动则观其变而玩其占。"得于辞，不达其意者有矣，未有不得于辞而能通其意者也。至微者理也，至著者象也。体用一源，显微无间。观会通以行其典礼，则辞无所不备。故善学者求言必自近。易于近者，非知言者也。予所传者辞也，由辞以得意，则在乎人焉。(《河南程氏文集》)

〔译文〕

程颐的《周易程氏传序》中说：《周易》的"易"，是变化的意思，是随时变化以符合道。《周易》这部书，内容广博深远，包含了天、地、人所有的道理，以此顺应上天性命之理，以阐明昼夜、死生、光明与黑暗的缘故，充分描述形容天下万物，以开启天下智慧，成就天下事业。圣人为后世忧虑，在此书中可以看出已达到极致了。今天离开著作《易》的时代虽然已经久远，但圣人留下的这部经书还流传着。只是前代儒者弄不懂它的含义，仅仅把言辞传授了下来，后代的学者诵读了书的文字而没有读出其中的真谛。从秦代以来，《周易》中的圣道就失传了。我生在圣人千年之后，伤悼他的本义被淹没不明，因而想使后人能够通过文字追寻圣人之意的本源，这就是我写作《周易程氏传》的目的。

"《周易》中包含有圣人使用的方法四项：用来议论时，崇尚《易》的言辞；用来行动时，崇尚《易》的变化；用来制造器具时，崇尚《易》的卦象；用来卜筮时，崇尚《易》的占断。"天道吉凶消长的道理，人事进退存亡的道理，都包含在卦辞里边。推敲卦辞考察卦义，就可以了解吉凶消长、进退存亡的变化，这样卦象和占断也就包括在其中了。"君子平时就观察《周易》的卦象，反复玩味其卦辞，到临事行动时就观察卦爻的变化，玩味凶吉的占断。"理解言辞而不能明白其含义的人有，但从来没有不懂言辞却能通达其含义的。最为隐微难以认识和说明的是理，最为显著可见的是外在的形象。然而作为本体的理和作为功用的象在根源上本是一体的，在呈现于外的象和隐微不见的理是混然无间的。能够观察到万物会通的地方，进而遵循普遍的规则，在这些方面，言辞已经非常完备了。所以善于学习的人，探究言语必从切近的言辞开始。认为切近的言辞是非常容易的，根本不明白言语。我所传达的只是言辞，能否通过言辞得到其中的意义，就在于学者自己了。

50. 伊川先生答张闳中书曰:《易传》未传,自量精力未衰,尚觊有少进尔。来书云:"《易》之义本起于数。"谓义起于数,则非也。有理而后有象,有象而后有数。《易》因象以明理,由象而知数。得其义,则象数在其中矣。(理无形也,故因象以明理。理既见乎辞矣,则可由辞以观象。故曰:得其义,则象数在其中矣。)必欲穷象之隐微,尽数之毫忽,乃寻流逐末,术家之所尚,非儒者之所务也。(《河南程氏文集》)

〔译文〕

程颐在答张闳中的信中说:我作的《周易程氏传》还没有传授给人,因为自己感到精力没有衰退,还希望再加修订有所提高。你来信中说:"《周易》的义本产生于数。"说义产生于数则不对。有了理然后才有象,有了象然后才有数。《周易》是通过卦象说明卦理,读者则从卦象明白其数。所以理解了卦义,那么象和数也都在其中了。(道理是没有形象的,所以通过象才能阐明道理。道理显现在言辞上,那么就可以通过言辞来观察象。所以说:明白了其中的义,象与数就在其中了。)如果一定要去深入探究卦象的隐微,考究其象到难以说明的程度,那只是舍本逐末,这是术数家所崇尚的,而不是儒者应做的事。

51. 知时识势,学《易》之大方也。(《周易程氏传》)

〔译文〕

把握时机与趋势，是学习《周易》最好的方法。

52.《大畜》初二，乾体刚健而不足以进，四五阴柔而能止。时之盛衰，势之强弱，学《易》者所宜深识也。(《周易程氏传》)

〔译文〕

《大畜》卦的初九、九二爻，下卦乾卦刚坚强健，却难以上进，是因为上面的六四、六五两个阴爻在那里阻碍。时机的兴盛与衰落，趋势的增强与削弱，学习《周易》的人应该深入思考。

53. 诸卦二五，虽不当位①，多以中为美②；三四虽当位，或以不中为过。中常重于正也。盖中则不违于正，正不必中也。天下之理，莫善于中，于九二、六五可见。(《周易程氏传》)

〔注释〕

①当位：《周易》卦中阳爻处阳位、阴爻在阴位，为当位，为正。反之则不当位，不正。

②中：《周易》每卦第二爻、第五爻分别处在下卦与上卦的中间。

〔译文〕

各卦的第二爻、第五爻，即使阴爻、阳爻不当位，也大多数会以处中为吉，第三、四爻阴爻、阳爻处在正当的位置上，有时也会因为不得中而有所过失。所以“中”常常比“正”更重要。主要是因为“中”不会违背“正”，“正”却不一定能得“中”。天下的法则，没有比“中”更好的了，可以从一些卦的九二和六五看出来。

54. 问：胡先生解九四作太子[①]，恐不是卦义。先生云：亦不妨，只看如何用。当储贰则作储贰使。九四近君，便作储贰亦不害，但不要拘一。若执一事，则三百八十四爻，只作得三百八十四件事便休也。（《河南程氏遗书》）

〔注释〕

①胡先生：胡瑗（993—1059），字翼之，称“安定先生”。著有《周易口义》《洪范口义》。

〔译文〕

有人问：胡瑗解释《乾》卦，将九四爻释为太子，这恐怕不是卦义本身。程颐说：说是太子也无妨，只是看怎么使用。如果占卜的人处在太子的位置上，可以当作太子解。九四一爻的位置离象征君主的九五爻较近，就当是太子也没有妨碍。但不要拘泥于一种事物。如果一爻就固执地认为指一种事物，那么《周易》三百八十四爻就只象征三百八十四件事也就完了。

55. 看《易》且要知时。凡六爻，人人有用，圣人自有圣人用，贤人自有贤人用，众人自有众人用，学者自有学者用,君有君用,臣有臣用,无所不通。因问:《坤》卦是臣之事,人君有用处否?先生曰:是何无用?如“厚德载物”,人君安可不用?(《河南程氏遗书》)

〔译文〕

读《周易》的人要懂得因时而异的道理。每卦只有六爻,但人人都有自己的运用。圣人自有圣人的用法,贤人自有贤人的用法,普通人自有普通人的用法,学者自有学者的用法,君有君的用法,臣有臣的用法,其用是无所不适不通的。于是有人问:《坤》卦是说的臣下的事,君主有用处吗?程颐说:这怎么无用?如《坤》卦说的“厚德载物”敦厚自己的德行以承载万物,人君怎么能无用?

56.《易》中只是言反复往来上下。(《河南程氏遗书》)

〔译文〕

《周易》中只是讨论反复、往来、上下的道理。

57. 作《易》,自天地幽明至于昆虫草木微物,无不合。(《河南程氏外书》)

〔译文〕

圣人作的《周易》,自天地间有形或无形的事物,到昆虫草木等各种微小的事物,没有一件不符合其中的义理。

58. 今时人看《易》,皆不识得《易》是何物,只就上穿凿。若念得不熟,与就上添一德亦觉多,就上减一德亦不觉少。譬如不识此兀子①,若减一只脚,亦不知是少,若添一只,亦不知是多。若识则自添减不得也。(《河南程氏外书》)

〔注释〕

①兀子:矮凳。

〔译文〕

今天的人学习《周易》,都不知道《周易》是个什么东西,只在文字中牵强解说。如果读得不熟,给他在上边添一种意思也不觉得多,减去一个意思也不觉得少。譬如不识这个矮凳,如果减去一只脚,也不知道少了,添上一只,也不知是多。如果认得,那自然知道不能添减。

59. 游定夫问伊川"阴阳不测之谓神"①。伊川曰:"贤是疑了问,是拣难底问?"(《河南程氏外书》)

〔注释〕

①游定夫(1053—1123):指游酢,号广平,世称"廌山先生",建州建阳(今属福建)人。程(颢、颐)的四大弟子之一。

〔译文〕

游酢问程颐什么是"阴阳运作不可测度就是神妙"?程颐

回答说："你是有疑问了以后才问的呢？还是专门挑难懂的来发问呢？"

60. 伊川以《易传》示门人曰：只说得七分，后人更须自体究。（《河南程氏外书》）

〔译文〕

程颐把他写的《周易程氏传》给弟子们看，说：我这部书只把《周易》的道理讲了七分，剩下的内容还需要你们自己去体会研究。

61. 伊川先生《春秋传序》曰：天之生民，必有出类之才起而君长之。治之而争夺息，导之而生养遂，教之而伦理明，然后人道立，天道成，地道平。二帝而上，圣贤世出，随时有作，顺乎风气之宜，不先天以开人，各因时而立政。暨乎三王迭兴，三重既备[①]，子丑寅之建正[②]，忠质文之更尚，人道备矣，天运周矣。圣王既不复作，有天下者，虽欲仿古之迹，亦私意妄为而已。事之谬，秦至以建亥为正[③]；道之悖，汉专以智力持世，岂复知先王之道也？

夫子当周之末，以圣人不复作也，顺天应时之治不复有也，于是作《春秋》，为百王不易之大法。所谓"考诸三王而不谬，建诸天地而不悖，质诸鬼神而无疑，百世以俟圣人而不惑"者也。先儒之传曰："游、夏不能赞一辞。”辞不待赞也，言不能与于斯耳。斯道也，惟颜子尝闻之矣。“行夏之时，乘殷之辂，服周之冕，乐则《韶》舞”，此其准的也。后世以史视《春秋》，谓褒善贬恶而已，至于经世之大法，则不知也。

《春秋》大义数十，其义虽大，炳如日星，乃易见也；惟其微辞隐义，时措从宜者④，为难知也。或抑或纵，或与或夺，或进或退，或微或显，而得乎义理之安，文质之中，宽猛之宜，是非之公，乃制事之权衡，揆道之模范也⑤。夫观百物然后识化工之神，聚众材然后知作室之用，于一事一义而欲窥圣人之用心，非上智不能也。

故学《春秋》者，必优游涵泳，默识心通，然后能造其微也。后王知《春秋》之义，则虽德非禹、汤，尚可以法三代之治。自秦而下，其学不传。予悼夫圣人之志不明于后世也，故作《传》以明之，俾后之人通其文而求其义，得其意而法其用，则三代可复也。是《传》也，虽未能极圣人之蕴奥，庶几学者得其门而入矣。（《河南程氏文集》）

〔**注释**〕

①三重：指夏、商、周三王之礼。

②子丑寅之建正：据说夏以寅月（农历正月）为正月，殷以丑月（农历十二月）为正月，周以子月（农历十一月）为正月。传说天开于子，地辟于丑，人生于寅，所以夏、商、周三代，建寅、建丑、建子，分别是人正、地正、天正，象征分别得天、地、人三才之正。

③“事之谬”二句：秦以亥月（十月）为正月，不得天、地、人三才之正，

所以是错谬的。

④时措从宜：指因时制宜。

⑤揆（kuí）道：道理，准则。

〔译文〕

程颐《春秋传序》说：天生育万民，一定要由出类拔萃的英才当他们的君主。管理他们平息各种争夺，引导他们使生息养育得以进行，教化他们使他们懂得人伦道德法则，然后人与人之间的原则建立了，天的法则确定了，地的法则实行了。尧、舜二帝以前，圣贤每世都出现，顺应时代有所作为，顺应适宜的风俗，时机未成熟的时候不开导人民，每个人都按照时节去处理政务。等到夏禹、商汤、周文王三王接连兴起的时候，三王之礼已经完备了，或者以子，或者以丑，或者以寅作为一年的起首，或崇尚忠诚，或崇尚质朴，或崇尚文采，人世间的法则完备了，天的运行也就周全了。圣人不再出现，那么拥有天下的人，虽然想要模仿古代圣王的行迹，但也都是按照自己私意妄为而已。事情的错谬，到了秦代以亥月为一年的起首；大道的悖乱，到汉代专用智术统治天下，哪里还懂得先王治世的大道呢？

孔子出生在周末，他考虑到圣人不会再出现，顺应天时的治理也不会再有了，于是写了《春秋》这本书，作为后代帝王治理天下不可更改的根本准则。就像《中庸》上所讲的："考察夏、商、周三代圣王的治理之道，没有错谬；建立天地的法则，没有违背；用鬼神的隐蔽之道来验证，没有可疑；在后世百代实行一直到圣人再次出现，没有疑惑。"先代的儒者说："子游、子夏这些人都不敢对其中的一个词语进行修改。"言辞不需要他们修改，说的是他们没有能力参与这件事情。这其中的道理，只有颜回曾经亲耳听说过。“使用夏代的历法，乘坐商代的车子，戴着周朝的帽子，音乐用舜时的《韶舞》。”这是孔子定的标准。后代的人把《春秋》看作一本史书，认为其中体现的只不过是褒奖善行、贬斥恶行而已，对于其中治理国事的基本法则完全不了解。

《春秋》中包含的根本道理有几十条，都非常重要，像日月星辰一样璀璨，所以也非常容易明白。只有那些微妙的言辞、隐晦的意义、合适的时机、适宜的做法是非常难以认识的。其中有的贬低，有的放任，有的赞扬，有的抨击，有的鼓励，有的打击，有的隐微，有的明显，但都符合义理准确、文字恰当、批评适宜、是非公正等要求，都是用来衡量事物的标准、把握道义的规范。只有观察万物，然后认识自然造化的神妙，聚集众多的原材料，然后才知道各种材料在造房子当中的用处，在一件事情、一个道理上，就想明白圣人的用心，除非大智之人，否则是不能做到的。

所以想要学《春秋》的人，一定要从容不迫，深入体会，默默记住并且内心明白，然后才能了解其中的微妙大义。后代的圣王，知道了《春秋》的大义，虽然德行达不到与大禹、商汤一样，但是也可以效法三代的政治。自秦代以后，这种学问就不再流传。我为圣人的意愿不被后代所了解而悲伤，所以作《春秋传》加以阐明，以使后代的人能够通晓其文字、明白其义理，获得其大旨，取法其功用，这样三代的圣明政治就可以重现了。这部《春秋传》，虽然不能穷尽圣人思想中蕴含的深奥义理，但是学者或许可以通过此书找到入门的办法。

62.《诗》《书》载道之文，《春秋》圣人之用。《诗》《书》如药方，《春秋》如用药治病。圣人之用，全在此书，所谓“不如载之行事深切著明”者也。有重叠言者，如征伐、盟会之类。盖欲成书，势须如此，不可事事各求异义。但一字有异，或上下文异，则义须别。（《河南程氏遗书》）

〔译文〕

《诗经》《尚书》是承载圣人之道的文字，《春秋》是圣人之道的具体应用。《诗经》《尚书》就像看病的方子一样，而《春秋》就像用药来治病。圣人之道的应用，全在《春秋》里，也就是“不如通过具体事件来阐明更加深刻而显明”。其中有近义词重叠使用的，比如征伐、盟会之类。想要写成一本书，势必也要如此，不能每一件事物都使用不同的含义。如果有一字不同，或者上下文有不同，那么具体的意义应该就不同了。

63. 五经之有《春秋》，犹法律之有断例也。律令唯言其法，至于断例，则始见其法之用也。（《河南程氏遗书》）

〔译文〕

五经之中有《春秋》，就像法律中有断案的案例一样。法律条文只是讨论法律问题，至于如何断案，只有看到这些案例才能够知道法律如何应用。

64. 学《春秋》亦善，一句是一事，是非便见于此，此亦穷理之要。然他经岂不可以穷理？但他经论其义，

《春秋》因其行事，是非较著，故穷理为要。尝语学者且先读《论语》《孟子》，更读一经，然后看《春秋》。先识得个义理，方可看《春秋》。《春秋》以何为准？无如中庸。欲知中庸，无如权。须是时而为中，若以手足胼胝①、闭户不出二者之间取中，便不是中。若当手足胼胝，则于此为中；当闭户不出，则于此为中。权之为言，秤锤之义也。何物为权？义也，时也。只是说得到义，义以上更难说，在人自看如何。（《河南程氏遗书》）

〔注释〕

①手足胼(pián)胝(zhī)：手脚因长期劳动摩擦而生的厚茧。形容长期辛勤地在外从事劳作。

〔译文〕

学习《春秋》也很好，一句话就是一件事，是非也可从中看出来，这也是穷尽道理的关键。可是其他的经书难道就不能穷尽道理了？别的经书主要讨论义理，《春秋》则侧重于讲述历史事迹，是非的评判比较明显，所以对于穷尽道理很关键。我曾经告诉学生们要先读《论语》《孟子》，再读一本经书，然后就可以看《春秋》了。先把握儒家的义理，才可以来看《春秋》。《春秋》以什么作为准则呢？是以中庸作为准则。需要明白中庸是什么，就像需要知道权衡一样。需要因时而处于中庸之道，如果长期在外辛勤地做事与闭门不出二者之间取中，就并不是中。如果应当长期在外辛勤地做事就长期在外辛勤地做事，那么这就是中；如果应当闭门不出就闭门不出，那么这也就是中。所谓的权衡，就是秤砣的意思。什么是权衡呢？就是道义，就是时机。只是说到道义就可以，道义以上就很难说了，这需要人自己去领悟。

65.《春秋》传为案，经为断。（又云：某年二十时看《春秋》，黄聱隅问某如何看①，某答曰："以传考经之事迹，以经别传之真伪。"）（《河南程氏遗书》）

〔注释〕

①黄聱（áo）隅：黄晞（？—1057），字景微，号聱隅子，建安（今福建建瓯）人。

〔译文〕

《春秋》，传文好比案例，经文好比断语。（程颐又说：我二十岁的时候，看《春秋》，黄聱隅曾经问我如何看。我回答道：用传文来考察经文的事迹，用经文来验证传文的真假。）

66. 凡读史，不徒要记事迹，须要识其治乱安危、兴废存亡之理。且如读《高帝纪》，便须识得汉家四百年终始治乱当如何，是亦学也。（《河南程氏遗书》）

〔译文〕

大凡阅读史书，不要只记住其中的史实，还要认识到其中治理与混乱、安宁与危亡、兴盛与衰落、存在与灭亡的规律。比如阅读《高帝本纪》，就要认识到汉代四百年来，从头至尾治理与混乱是什么原因，这才是学习。

67. 先生每读史到一半，便掩卷思量，料其成败，然后却看。有不合处，又更精思。其间多有幸而成，不幸而败。今人只见成者便以为是，败者便以为非，不知成者煞有不是[①]，败者煞有是底。（《河南程氏遗书》）

〔注释〕

①煞有：的确有。

〔译文〕

程颐读史每读到一半的时候，经常合上书本来思考，推测史事后来成功与失败走向，然后再接着看。如果推测的结果与历史事实有不符合的地方，就再进一步深入思考。其中有侥幸成功的，也有不幸失败的。现在的人看到成功了就以为是对的，看见失败了就以为是不对的，不知道其中成功者也有很多不对的，失败者也有不少是正确的。

68. 读史须见圣贤所存治乱之机，贤人君子出处进退，便是格物。（《河南程氏遗书》）

〔译文〕

读历史书，要看到圣贤治理混乱局面的时机，贤人和君子如何出仕与退隐，这就是研究事物的道理。

69. 元祐中[①]，客有见伊川者，几案间无他书，惟印行《唐鉴》一部[②]。先生曰："近方见此书。三代以后，无

此议论。”(《河南程氏外书》)

〔注释〕

①元祐:北宋哲宗年号,1086 年至 1094 年。

②《唐鉴》:北宋史学家范祖禹所著编年体史书,共十二卷。

〔译文〕

元祐年间,有人拜见程颐。看到他桌子上没有别的书,只有一部范祖禹的《唐鉴》。程颐说:最近刚看到有这本书,三代以来没有见过这么好的史论。

70. 横渠先生曰:《序卦》不可谓非圣人之缊[①]。今欲安置一物,犹求审处,况圣人之于《易》?其间虽无极至精义,大概皆有意思。观圣人之书,须遍布细密如是。大匠岂以一斧可知哉?(张载《横渠易说》)

〔注释〕

①缊(yùn):通“蕴”。深奥之处。

〔译文〕

张载说:《周易·序卦》不能说没有体现圣人的意蕴。现在想要安排一个事物的位置,尚应谨慎处理,何况是圣人对于《周易》呢。《序卦》中虽然说没有极致的精深义理,大致说来还是有深意的。所以看圣人的书,需要非常认真仔细才可以。就像要了解技艺高超的工匠,仅凭他砍一斧子怎么能够全面了解呢!

71. 天官之职，须襟怀洪大方看得。盖其规模至大，若不得此心，欲事事上致曲穷究①，凑合此心，如是之大，必不能得也。释氏锱铢天地，可谓至大，然不尝为大，则为事不得。若畀之一钱②，则必乱矣。又曰：太宰之职难看，盖无许大心胸包罗，记得此，复忘彼。其混混天下之事，当如捕龙蛇，搏虎豹，用心力看方可。其他五官便易看，止一职也。（张载《经学理窟·周礼》）

〔注释〕

①致曲穷究：详尽地深入研究。

②畀（bì）：给予。

〔译文〕

要理解《周礼》中天官的职责，需要宏大的胸襟才能够看得明白。因为它的规模大，如果没有这样的胸襟，想对每件事情都进行细致考察的话，集聚此心，如此广大，也一定不能读懂。佛教认为在微尘中还有天地，可以说是非常大了，然而也不是很大，因为他们做不了任何事情。如果给他钱币一样大的事情，他们就会混乱而不知道该怎么做了。又说：太宰这个职位，不容易看明白。如果没有如此广大的心胸，容纳一切，就会记得这一件事，却忘记另一件事情。天下的事情混乱复杂，就好像捕获龙蛇、和虎豹搏斗一样，要用很大的心力去看，才能够明白。其他的五种官职，却比较容易看，因为每一种只有一种职责。

72. 古人能知《诗》者惟孟子，为其以意逆志也。夫诗人之志至平易,不必为艰险求之。今以艰险求《诗》,则已丧其本心,何由见诗人之志?(诗人之性情温厚,平易老成,本平地上道着言语。今须以崎岖求之,先其心已狭隘了,则无由见得。诗人之情本乐易[①],只为时事拂着他乐易之性,故以诗道其志。)(张载《经学理窟·诗书》)

〔注释〕

①乐易:和蔼平易。

〔译文〕

古人中能够理解《诗经》的只有孟子,因为只有孟子能够"自己去揣测作者的原意"。诗人的意志非常平易,不应用艰深的方法去探求。现在的人用艰深的方法去求取《诗经》的意思,从一开始就已经失去了《诗经》的本意,怎么能够了解到诗人的意志呢?(诗人的情绪非常温厚、平易、老成,就像站在平地上说话一样。现在却要通过崎岖的山路来找寻,自己的心就先狭隘了,因此就没有办法获得。诗人的性情本来是愉快而平易的,只因他所遭遇的事情触动了他愉快而平易的本性,所以用诗歌来抒发自己的意志。)

73.《尚书》难看,盖难得胸臆如此之大。只欲解义,则无难也。(张载《经学理窟·诗书》)

〔译文〕

《尚书》这本书很难读懂,因为很难有如此广阔的心胸。如果只是想理解其中的文义，却并不困难。

74. 读书少，则无由考校得义精。盖书以维持此心，一时放下，则一时德性有懈。读书则此心常在，不读书则终看义理不见。（张载《经学理窟·义理》）

〔译文〕

如果读书比较少的话，就没有办法把义理考察得非常精细。因为读书可以用来守持内心，一时把书本放下，一时在修养德性方面就有所松懈。读书可以长久持守此心，不读书的话，终究看不明白义理。

75. 书须成诵。精思多在夜中，或静坐得之。不记则思不起，但通贯得大原后，书亦易记。所以观书者，释己之疑，明己之未达，每见每知新益，则学进矣。于不疑处有疑，方是进矣。（张载《经学理窟·义理》）

〔译文〕

读书要尽量背诵。精深的思考多出现在夜里，或者静坐的时候。如果不记得的话，精深的思考就不会出现。只要能够贯通书中的基本思想以后，书也容易背了。所以看书，能够打消自己的疑问，明白自己还没明白的地方，每一次阅读都能够获得新的体会，这样学问就有进步了。能够在没有疑问的地方产生疑问，才是有了进步。

76. 六经须循环理会，义理尽无穷。待自家长得一格，则又见得别。（张载《经学理窟·义理》）

〔译文〕

儒家的六经需要不断反复领会，其中的义理无穷无尽。等到自己的水平提高了，那么所获得的见解又会不一样。

77. 如《中庸》文字辈，直须句句理会过，使其言互相发明。（张载《经学理窟·学大原下》）

〔译文〕

像《中庸》这样的文字，应该一句一句地仔细体会，这样才能使其前后文字相互参照。

78.《春秋》之书，在古无有，乃仲尼所自作，惟孟子能知之。非理明义精，殆未可学。先儒未及此而治之，故其说多凿。（张载《横渠文集》）

〔译文〕

《春秋》这本书，古代没有，是孔子自己写的，只有孟子能够理解。如果不是特别精通儒家大道，大概是无法学懂《春秋》的。前代的儒者没有达到这样的水平就去研究它，所以他们的解释大多穿凿附会。

卷四　存养

〔题解〕

本卷主要讨论如何存心养性。首先要做到恭敬。其次就是要做到内心有数，有主心骨。就是要心思专注在具体的事情上。要专注就要做到心无邪念、防范邪念。最后就要虚静。本卷还专门就如何恭敬提出了一些注意事项，如不要间断、不急、不刻意等。

1. 或问"圣可学乎？"濂溪先生曰："可。""有要乎？"曰："有。""请问焉。"曰："一为要。一者无欲也。无欲则静虚动直，静虚则明，明则通；动直则公，公则溥①。明通公溥，庶矣乎！"（周敦颐《通书·圣学》）

〔注释〕

①溥（pǔ）：广大。

〔译文〕

有人问："圣人可以学习吗？"周敦颐说："可以。"又问："有要领吗？"回答说："有。""要领是什么？"回答："就是一。一就是无欲。无欲就能心中静虚，行动时正直，静虚则明而无疑，明而无疑就通达；正直就公正，公正就不偏不倚。明智、通达、无私、无偏，差不多就是圣人了。”

2. 伊川先生曰：阳始生甚微，安静而后能长。故《复》之象曰：“先王以至日闭关①。”（《周易程氏传》）

〔注释〕

①至日：冬至日或夏至日。

〔译文〕

程颐说：《复》卦的一阳在下面刚出现，还很微弱，只有安静才能成长。所以《复》卦的象辞说：“古代圣王在冬至这一天关闭城门，让民众休养生息。”

3. 动息节宣①，以养生也；饮食衣服，以养形也；威仪行义，以养德也；推己及物，以养人也。（《周易程氏传》）

〔注释〕

①节宣：节制言语。

〔译文〕

动静之间要适宜，言语谨慎，用以养生；饮食衣服，用来保养形体；容貌举止庄严，行为正确，用来涵养德行；推己及物，可以惠及他人。

4.“慎言语”以养其德,“节饮食”以养其体。事之至近而所系至大者,莫过于言语饮食也。(《周易程氏传》)

〔译文〕

慎言语以存养自己的德行,节饮食以保养自己的身体。事情中与自身最切近而关系又最大的,没有超过言语和饮食的。

5.“震惊百里,不丧匕鬯”[①]。临大震惧,能安而不自失者,惟诚敬而已,此处震之道也。(《周易程氏传》)

〔注释〕

①匕:古代勺、匙之类的取食用具。鬯(chàng):古代祭祀、宴饮用的香酒。

〔译文〕

“雷霆震惊百里,勺子里的酒一点没洒出来。”面临巨大的震惧,能够安定而不受影响,只有保持真诚与恭敬,才是处理巨大威震的方法。

6. 人之所以不能安其止者,动于欲也。欲牵于前而求其止,不可得也。故《艮》之道,当“艮其背”,所见者在前,而背乃背之,是所不见也。止于所不见,则无欲以乱其心，而止乃安。“不获其身”，不见其身也，谓忘我也，无我则止矣。不能无我，无可止之道。“行其庭，不见其人”，庭除之间至近也[①]，在背则虽至近不见，谓不交于物也。外物不接，内欲不萌，如是而止，乃得止之道，于止为“无咎”也。（《周易程氏传》）

〔注释〕

①庭除：大厅前台阶下的院子。

〔译文〕

人之所以不能安于自我处境的原因，是被欲望引动。欲望在前边牵动着却想要安处，是不可能的。所以《艮》卦的道理是，当人注意“集中凝止在背后”时，所见的东西在前边，而背却在背后，是看不见的。精神凝止在看不见的地方，就不会被欲望扰乱内心，就可以在止息处安宁了。“不获其身”，就是看不见自己的身体，是忘我的意思，无我无私无欲就能安处了。不能无我，就没有安处的方法。“行其庭，不见其人”，庭院台阶之间是很近的，但在人的背后纵使再近也看不见，这是说内心不与外物相交。外面不接触事物，内心不萌发欲念，这样保持静止，才是止的正确方法，如果能够安处，也就没有祸患了。

7. 明道先生曰：若不能存养[①]，只是说话。（《河南程氏遗书》）

〔注释〕

①存养：存心养性，意为保持人的本心，扩充人的善性。

〔译文〕

程颢说：如果不能够存心养性，那么古代圣贤的千言万语也就只是一般言辞而已。

8. 圣贤千言万语，只是欲人将已放之心，约之使反复入身来，自能寻向上去，下学而上达也。(《河南程氏遗书》)

〔译文〕

古代圣贤说的千言万语，只是要人把已经丢失的心找回来，约束起来，重新回到自己身体的本来位置，这样就可以自己朝着向上的方向进步了，也就是“向下学习人情事理以向上认识自然法则”的意思。

9. 李籲问[①]：每常遇事，即能知操存之意[②]。无事时，如何存养得熟？曰：古之人，耳之于乐，目之于礼，左右起居，盘盂几杖，有铭有戒，动息皆有所养。今皆废此，独有理义之养心耳[③]。但存此涵养意，久则自熟矣。“敬以直内”，是涵养意。(《河南程氏遗书》)

〔注释〕

①李籲(yù，？—1088)：字端伯，洛阳缑氏(今河南偃师)人。二程门人。

②操存：执持心志而不丧失。

③理义之养心：正理和义行使内心感到愉悦。

〔译文〕

李籲问：平常遇事的时候，就能够明白操持存养内心的方法。没事的时候，怎样存养内心使之纯熟呢？程颢回答说：古人耳朵经常听到符合礼仪的音乐，眼睛经常看到符合礼仪的行为，生活起居中，盘子上、钵盂上、茶几上、手杖上，都刻上铭文或告诫，时时提醒自己，这样动止起居都能涵养心性。现在这些都没有了，就只有用正理与义行来涵养心性了。只要还有涵养心性的意愿，时间久了自然就会很熟练。《周易》"用敬来使内心正直"，就是涵养的意思。

10. 吕与叔尝言[①]，患思虑多，不能驱除。曰：此正如破屋中御寇，东面一人来未逐得，西面又一人至矣，左右前后，驱逐不暇。盖其四面空疏，盗固易入，无缘作得主定[②]。又如虚器入水，水自然入。若以一器实之以水，置之水中，水何能入来？盖中有主则实，实则外患不能入，自然无事。（《河南程氏遗书》）

〔注释〕

①吕与叔：吕大临（1042—1090），字与叔，旅居京兆蓝田（今属陕西）。张载、程颐弟子。

②无缘作得主定：没有办法做出决定。

〔译文〕

吕大临曾经说，因为私心杂念多而感到苦恼，不知道怎样才能够去除。回答说：这正如在破屋中抵御贼寇，东边一个盗贼来了还没赶出去，西面又有一个来了。前后左右，很多盗贼，根本驱赶不及。原因是四面墙都空虚，盗贼当然容易进来，没有办法使屋内安定。又比如在空的器皿中倒水，水自然就进去了。如果拿一个器皿装满了水，把它放到水中，水怎么能进去？人胸中有主就充实，心中充实了，外界不好的东西就不能进入，自然也就无事。

11. 邢和叔言[①]：吾曹常须爱养精力，精力稍不足则倦，所临事皆勉强而无诚意[②]。接宾客语言尚可见，况临大事乎？（《河南程氏遗书》）

〔注释〕

①邢和叔（1041—1111）：邢恕，字和叔，郑州原武（今河南原阳西）人。早年曾从二程学。

②临事：遇事或处事。

〔译文〕

邢和叔说：我们应该恒久爱护保养自己的精力，精力稍微不足就会感到疲倦，处理事情的时候就会感到吃力而显得没有诚意。接待宾客时的话语就很容易体现出来，何况处理更大的事情呢？

12. 明道先生曰：学者全体此心，学虽未尽，若事物之来，不可不应，但随分限应之[①]，虽不中不远矣。（《河

南程氏遗书》)

〔**注释**〕

①分限:本分,天分。

〔**译文**〕

程颢说:学者如能充分体察自己的内心,即便学习还没有成就,当遇到事情不得不应对的时候,只按照自己应当承担的本分来应对,即使不一定合适,也差得不是太多。

13.“居处恭,执事敬,与人忠”,此是彻上彻下语。圣人元无二语。(《河南程氏遗书》)

〔**译文**〕

“平日的仪容举止谦恭,做事谨慎,与人相处忠诚”,这三方面是贯通上下的话。孔子所讲的道理原本就没有另外的说法。

14. 伊川先生曰:学者须敬守此心,不可急迫,当栽培深厚,涵泳于其间,然后可以自得。但急迫求之,只是私己,终不足以达道。(《河南程氏遗书》)

〔**译文**〕

程颐说:学者应该恭敬地持守内心,不可太过着急,应当打好深厚的基础,深入领会,然后才会有心得。如果迫不及待,就只是出于一己之私,终究不能够达到圣人之道。

15. 明道先生曰："思无邪"，"毋不敬"，只此二句，循而行之，安得有差？有差者，皆由不敬不正也。（《河南程氏遗书》）

〔译文〕

程颢说："思想上不要有邪念"，"行为上不得不恭敬"，只是这两句话，遵循着去行动，怎么会出现偏差呢？如果有偏差，都是因为还不够恭敬、不够端正。

16. 今学者敬而不见得，又不安者，只是心生，亦是太以敬来做事得重，此"恭而无礼则劳"也。恭者，私为恭之恭也。礼者，非体之礼，是自然底道理也。只恭而不为自然底道理，故不自在也，须是恭而安。今容貌必端，言语必正者，非是道独善其身，要人道如何，只是天理合如此，本无私意，只是个循理而已。（《河南程氏遗书》）

〔译文〕

现在的学者恭敬去做但没有收获，内心有所不安，只是敬心还不纯熟，也是因为太刻意于恭敬做事了，这就是孔子所说的"只注重容貌态度的恭谨，却不知礼，就不免劳倦"。这里说的"恭"，是自己心里想在别人面前表现得很恭谨而去恭谨的，这里说的"礼"，不是指鞠躬作揖之类的礼节动作，而是自然应该如此的道理。只有恭敬的行为，而没有体现出自然而然生发出的精神，所以就会矫揉造作，应该做到恭敬并且内心坦然才可以。现在要做到容貌态度一定要端庄，一言一语一定要端庄，不是说要以此完善自身，让人感觉你如何端正，只是天理自然应该这样做，本来没有私意，只是按照天理行事而已。

17. 今志于义理而心不安乐者何也？此则正是剩一个“助之长”。虽则心操之则存，舍之则亡，然而持之太甚，便是“必有事焉”而正之也。亦须且恁去，如此者只是德孤。“德不孤，必有邻”。到德盛后，自无窒碍，左右逢其原也。(《河南程氏遗书》)

〔译文〕

如今有志于学习儒家义理的人内心却不安宁快乐，原因何在呢？这是因为太过急于求成了。虽然内心“操持就存在，放弃就会失去”，但是持守得太过了，就是对“一定要发生的事情”事先有所预期了。应该不带预期，只是那样去做，这么做的缺点就是德行比较孤单。孔子说过：“德行不会孤单，一定会有其他德行做伴”，等到德行修养完备后，自然会互相贯通而无窒碍，就能左右逢源了。

18. 敬而无失，便是“喜怒哀乐未发谓之中”。敬不可谓中，但敬而无失，即所以中也。(《河南程氏遗书》)

〔译文〕

恭敬而不间断，就是“喜怒哀乐没有表现出来就是‘中’”。恭敬不可以称为“中”，但是恭敬而不间断就是“中”的状态。

19. 司马子微尝作《坐忘论》[1],是所谓"坐驰"也。(《河南程氏遗书》)

〔注释〕

①司马子微:司马承祯(639—735),字子微,法号道隐,自号"白云子",河内温县(今河南温县)人。唐代道士,著有《坐忘论》等。

〔译文〕

司马子微曾撰写《坐忘论》,主旨论述端坐而物我两忘的境界,但实情却是形体端坐而杂念飞驰。

20. 伯淳昔在长安仓中闲坐,见长廊柱,以意数之,已尚不疑。再数之,不合。不免令人一一声言数之,乃与初数者无差。则知越着心把捉,越不定。(《河南程氏遗书》)

〔译文〕

有一次程颢在长安粮仓闲坐,看见长廊有很多柱子,心下默默数过,自己并不怀疑数得准不准。又数了一遍,与第一次数字不合。于是请人一个一个读着数了一遍,结果与他第一次数的一样。这就说明人越用心去把握,就越把握不定。

21. 人心作主不定,正如一个翻车流转动摇,无须臾停。所感万端,若不做一个主,怎生奈何?张天祺昔尝言[1]:“自约数年,自上着床,便不得思量事。”不思量事后,须强把他这心来制缚,亦须寄寓在一个形象,皆非自然。君实自谓[2]:“吾得术矣,只管念一个中字。”此又为中所系缚。且中亦何形象?有人胸中常若有两人焉,欲为善,如有恶以为之间;欲为不善,又若有羞恶之心者。本无二人,此正交战之验也。持其志,使气不能乱。此大可验。要之圣贤必不害心疾。(《河南程氏遗书》)

〔注释〕

①张天祺:张戬(1030—1076),字天祺,张载之弟。

②司马光(1019—1086),字君实,陕州夏县(今山西夏县)人。北宋史学家,编有《资治通鉴》。

〔译文〕

人的内心没有主宰而动摇不定,正如一个不停转动的水车,水不断推动叶片旋转,没有片刻的停留。心对外物的感应千头万绪,如果没有一个主宰,怎么能行?张天祺曾说:“这些年来,我与自己约定,上床后,就不再考虑事情。”不考虑事情后,得制约束缚内心,也需要借助于一个外在事物,并不是自然而然的。司马君实也说:“我找到了一个方法,就是脑子里只管念一个‘中’字。”这又是被“中”这个字所束缚了,况且“中”的形象又是什么样的呢?有些人内心经常好像有两个人,一个人想要做善事,但是恶人又要从中作梗;想要做坏事,又像有羞恶之心不允许他做。实际上根本没有两个人,这是善恶的意念在交战的表现。如果守持你的心志,使心所感之气不能扰乱你的心。心乱与否可以验证你能否守志。总之,圣贤是一定没有心意动摇毛病的。

22. 明道先生曰:某写字时甚敬,非是要字好,只此是学。(《河南程氏遗书》)

〔译文〕

程颢说:我写字的时候充满了恭敬,并不是为了把字写得漂亮,只是这个恭敬本身就是学习。

23. 伊川先生曰:圣人不记事,所以常记得。今人忘事,以其记事。不能记事,处事不精,皆出于养之不完固。(《河南程氏遗书》)

〔译文〕

程颐说:圣人不刻意记住事情,所以常常什么都记得;现在的人经常忘记事情,是因为刻意去记住事情。不能记住事情,做事不够仔细,都是因为涵养得不够完备牢固。

24. 明道先生在澶州日,修桥少一长梁,曾博求之民间。后因出入,见林木之佳者,必起计度之心。因语以戒学者:"心不可有一事。"(《河南程氏遗书》)

〔译文〕

程颢在澶州的时候,修桥缺少一根长梁,曾向民间广泛搜求而没有获得。后来因为有事外出，在路上一旦看到长得好的树木，就不由自主地想丈量一下看看是否可以做长梁。于是就告诫学者说：心里不可以常常装着一件事。

25. 伊川先生曰：入道莫如敬。未有能致知而不在敬者。今人主心不定，视心如寇贼而不可制，不是事累心，乃是心累事。当知天下无一物是合少得者，不可恶也。（《河南程氏遗书》）

〔译文〕

程颐说：学习圣人之道最重要的是比持敬。从来没有能够致知明理而心不存于敬。现在的人心中没有一个主宰而不安定，把心看作像贼寇一样严加防范而又不可制伏，这不是外事牵累了你的心，却是你的心牵累了外事。应该懂得天下没有任何事物是应该缺少的，所以不能讨厌外事。

26. 人只有一个天理，却不能存得，更做甚人也？（《河南程氏遗书》）

〔译文〕

人只有仁义之心这样一个天理，如果不能够保持，还能是人吗？

27. 人多思虑，不能自宁，只是做他心主不定。要作得心主定，惟是止于事，“为人君止于仁”之类。如舜之诛四凶，四凶已作恶，舜从而诛之，舜何与焉？人不止于事，只是揽他事，不能使物各付物。物各付物，则是役物。为物所役，则是役于物。有物必有则，须是止于事。(《河南程氏遗书》)

〔译文〕

人思虑多，不能安宁，只是他心中没有主宰。要使心中有个定主，只有把心思限定在应考虑的事上，就像《大学》上说的“作为君主只在于为仁”那样。如舜诛四凶，四凶自己作恶，舜因而流放了他们，这和舜有什么关系？人不能把思虑限定在他应做的事情上，只是兜揽别的事，就不能一件事一件事分别按它自身的事理去对待。一件事一件事按其自身的当然对待了，就是人心役使外物。如果被外物驱使，就是心役于外物。有一事物必然有一事物的道理，应该使人心限定在应做的事上。

28. 不能动人，只是诚不至。于事厌倦，皆是无诚处。(《河南程氏遗书》)

〔译文〕

与人交往时不能感动别人，只因为诚意还不到。对于要做的事感到厌倦，都是因为没有真诚。

29. 静后见万物自然皆有春意。(《河南程氏遗书》)

〔译文〕

内心宁静以后才能看到一切事物自然而然都充满了春天的

气象。

30. 孔子言仁，只说“出门如见大宾，使民如承大祭”。看其气象，便须心广体胖，动容周旋中礼自然，惟慎独便是守之之法。圣人修己以敬，以安百姓，笃恭而天下平。惟上下一于恭敬，则天地自位，万物自育，气无不和，四灵何有不至①？此“体信达顺”之道，聪明睿智皆由是出，以此事天飨帝②。(《河南程氏遗书》)

〔注释〕

①四灵：麟、凤、龟、龙四种灵兽。

②飨(xiǎng)帝：祭祀天帝。

〔译文〕

孔子讨论仁，只是说到“外出办事恭敬得就像去接待贵宾，使唤百姓恭敬得就如承办盛大的祭典”。看其气度，就该是心宽体胖，平时举止容仪、接人待物无不符合礼仪自然，只有慎独才是守持这谨敬的方法。圣人用恭敬的方法修养自己，用恭敬的态度来安定百姓，通过笃实与恭敬使天下得以太平。只有处在上位的人与处在下位的人都非常恭敬，世界上的一切事物才会自然处在它原本的位置上，万物都会自然地生养长育，各类气的运行自然没有不和谐的地方，麟、凤、龟、龙这四种象征天下太平的灵兽又怎么能不应时显现呢？这就是体现诚信、达到和顺的方法，一个人的聪明与睿智都是从恭敬当中产生的，并且也只有用恭敬的态度才能侍奉上天与祭祀天帝。

31. 存养熟后，泰然行将去，便有进。（《河南程氏遗书》）

〔译文〕

存养心性娴熟后，对事情泰然处之，就会有进步。

32. 不愧屋漏[1]，则心安而体舒。（《河南程氏遗书》）

〔注释〕

①屋漏：古代室内西北隅施设小帐，安藏神主，为人所不见的地方称作“屋漏”。

〔译文〕

在人所不见的暗屋子里也不做愧对内心的事，就可以内心安宁、身体舒坦。

33. 心要在腔子里。（《河南程氏遗书》）

〔译文〕

心要安放在自己的胸膛里。

34. 只外面有些隙罅，便走了。（《河南程氏遗书》）

〔译文〕

如果外面有一些缝隙，心便会从缝隙中走失了。

35. 人心常要活，则周流无穷，而不滞于一隅。（《河南程氏遗书》）

〔译文〕

人心经常灵活自如，就可以到处流动没有穷尽，就不会只是停滞在一个地方。

36. 明道先生曰："天地设位，而《易》行乎其中"，只是敬也。敬则无间断。（《河南程氏遗书》）

〔译文〕

程颢说："天地的地位确定了，《易》的道理就在其中运行"，只是恭敬而已。能够恭敬，这样的运行就不会有间断。

37. "毋不敬"，可以对越上帝①。（《河南程氏遗书》）

〔注释〕

①对越：指帝王祭祀天地神灵。

〔译文〕

"内心没有任何不恭敬"，就可以祭祀天帝。

38. 敬胜百邪。（《河南程氏遗书》）

〔译文〕

恭敬可以战胜一切邪恶。

39.“敬以直内，义以方外”，仁也。若以敬直内，则便不直矣。“必有事焉，而勿正”，则直也。(《河南程氏遗书》)

〔译文〕

“以敬谨的态度保持内心正直，以正义作为外在的行为准则”，这就是仁。如果说用敬把内心搞正直，那是有意去使它直，本身就不直了。要像孟子说的“要修养内心而不要有一个预先的期盼”，让内心在涵养中自然而直，就是正直。

40. 涵养吾一。(《河南程氏遗书》)

〔译文〕

要涵养我本来唯一的内心。

41.“子在川上曰：逝者如斯夫！不舍昼夜。”自汉以来，儒者皆不识此义。此见圣人之心，纯亦不已也。纯亦不已，天德也。有天德便可语王道，其要只有慎独。(《河南程氏遗书》)

〔译文〕

“孔子在河边感叹道：人生世事的变换就像这流水一样，日夜不停。”这话从汉代以来，儒者都不懂其中含义。从这句话就可以看出，圣人之心，与天道一样，是纯一的，又是流转不已的。纯一而又流转不已，是上天的德行。有了这天德才能谈论以仁义统治天下的王道，其关键在于独处时也要谨慎。

42.“不有躬，无攸利”，不立己，后虽向好事，犹为化物，不得以天下万物挠己。己立后，自能了当得天下万物。（《河南程氏遗书》）

〔译文〕

“丧失了自身，没有任何好处”，人不自立，心无主，尽管后来是向好的方面去做，也不是自心做主，而是为外物所引，这仍然是人为物所化，不免被天下万物挠乱其心。人如自立以后，心有主宰而后应事，自然能处理天下万事。

43. 伊川先生曰：学者患心虑纷乱，不能宁静，此则天下公病。学者只要立个头，此上头尽有商量。（《河南程氏遗书》）

〔译文〕

程颐说：学者们的主要祸患就是思虑纷飞，念头杂乱，得不到片刻宁静，这是天下人的通病。学者只要安定自己的内心，立足于此才能大有作为。

44. 闲邪则诚自存，不是外面捉一个诚将来存着。

今人外面役役于不善，于不善中寻个善来存着，如此则岂有入善之理？只是闲邪则诚自存。故孟子言性善皆由内出。只为诚便存，闲邪更着甚工夫？但惟是动容貌，整思虑，则自然生敬。敬只是主一也，主一则既不之东，又不之西，如是则只是中；既不之此，又不之彼，如是则只是内。存此则自然天理明。学者须是将"敬以直内"涵养此意。直内是本。（尹彦明曰[1]：敬有甚形影？只收敛身心便是主一。且如人到神祠中致敬时，其心收敛，更着不得毫发事，非主一而何？）（《河南程氏遗书》）

〔注释〕

①尹彦明：尹焞（1071—1142），字彦明，号和靖，洛阳人。程颐晚年弟子。

〔译文〕

防范邪念，真诚就自然存在了，不是从外面捉一个真诚来放在心里。现在的人在外面忙忙碌碌地干坏事，却在坏事当中找一个善事来放在心里，这样哪里有向善的道理？只要防范邪念，真诚就自然存在了。所以孟子说本性的善良都是从内心生发出来的。只因真诚在内心存在了，防范邪念还需要费什么工夫吗？只剩下外面整齐容貌，内心齐一思虑，如此自然就产生了谨敬之心。恭敬只是专一，专一就是既不到东边去，也不到西边去，只是这样在中间；既不到这里去，也不到那里去，只是这样在里面。这样持守内心，天地的根本法则自然就能够明白。学者必须用"保持恭敬，于是内心正直"的方法来涵养这个道理。内心正直是根本。(尹彦明说:恭敬有什么形象吗?只是将身心收敛起来就是专一。比如人到祠堂去表达敬意的时候,收敛内心,一丝一毫杂乱的想法都不敢有,这不是专一又是什么呢?)

45. 闲邪则固一矣。然主一则不消言闲邪。有以一为难见,不可下工夫,如何?一者无他,只是整齐严肃,则心便一。一则自是无非僻之干①。此意但涵养久之,则天理自然明。(《河南程氏遗书》)

〔注释〕

①非僻:邪恶。

〔译文〕

防范邪念可以使思虑更加专一。如果思虑能够专一,就不必再防范邪念了。有的人以为专一难以达到,于是不愿意下功夫,怎么办呢?专一并没有什么特别之处,只要端正态度,严肃认真,心就自然专一了。专一就是没有邪恶念头的干扰。依照这个道理,内心涵养的时间久了,那么天理自然也就了然于心了。

46. 有言:"未感时,知何所寓?"曰:"操则存,舍则亡,出入无时,莫知其乡,更怎生寻所寓?只是有操而已。操之之道,敬以直内也。"(《河南程氏遗书》)

〔译文〕

有人说:"没有接触事物时,知道心寄寓在哪里呢?"回答说:“守持着它,就存在,舍弃它,就亡失;出出进进没有一定时候,也不知它去向何处。又怎么去找它寄寓的地方呢?只是要操持它不使亡失而已。操持心的办法,就是《周易》上说的保持恭敬以使内心正直。”

47. 敬则自虚静,不可把虚静唤做敬。(《河南程氏遗书》)

〔译文〕

一个人恭敬则内心自然能够达到恬淡清静,但不可以把内心的恬淡寂静看作是恭敬。

48. 学者先务,固在心志。然有谓欲屏去闻见知思,则是“绝圣弃智”。有欲屏去思虑,患其纷乱,则须坐禅入定。如明鉴在此,万物毕照,是鉴之常,难为使之不照?人心不能不交感万物,难为使之不思虑?若欲免此,惟是心有主。如何为主?敬而已矣。有主则虚,虚谓邪不能入。无主则实,实谓物来夺之。大凡人心不可二用,用于一事,则他事更不能入者,事为之主也。事为之主,尚无思虑纷扰之患,若主于敬,又焉有此患乎?所谓敬者,主一之谓敬。所谓一者,无适之谓一。且欲涵泳主一之义,不一则二三矣。至于不敢欺,不敢慢,尚不愧于屋漏,皆是敬之事也。(《河南程氏遗书》)

〔译文〕

学者首先要做的事情，是持守心志。但有人说想要摒弃见闻知识思虑，那就成了老庄的“绝圣弃智”。有的人想要通过摒除心中思虑，厌恶纷乱思虑的扰乱，所以主张要打坐进入禅定的状态。好比明亮的镜子在前，映照出一切外物，这是镜子的本来状态，很难使镜子不去映照；类似的，人心不可能不感应万物，所以也很难使内心不去思虑。如果想要思虑不纷乱，只有让心中有主宰。如何让心中有主宰呢？只要恭敬就可以了。心中有了主宰，那么内心就会空虚，空虚之后，邪恶就难以进入。内心如果没有主宰，内心就充满了杂念，充满了杂念，那么事物就会来夺取。一般来讲，人心不能三心二意，同时做几件事情，如果专注在一件事情上，那么就没有办法做其他的事情，这就是一件事情成为心的主宰。一件事情成为内心的主宰，就不会有思虑纷乱的忧虑。如果内心能够专注在恭敬上，又怎么会有思虑纷乱的忧虑呢？所谓的敬，专主于一就叫作敬。所谓的一，心不放逸就叫作一。学者要涵泳于主一之义，不能主一就会三心二意。至于不敢欺妄，不敢怠慢，即使在人们看不到的地方也要光明磊落，都属于敬慎之事。

49. 严威俨恪①，非敬之道，但致敬须自此入。(《河南程氏遗书》)

〔注释〕

①俨恪(kè)：庄严恭敬。

〔译文〕

外表严肃庄重，并不是达到恭敬的方法，但要达到内心的恭敬却是应当从这里做起。

50.“舜孳孳为善①。”若未接物，如何为善？只是主于敬，便是为善也。以此观之，圣人之道，不是但嘿然无言②。（《河南程氏遗书》）

〔注释〕

①孳(zī)孳：勤勉不怠。

②嘿(mò)：同“默”，不说话。

〔译文〕

“舜孜孜不倦地做善事。”如果这时还没有与外事相接，他怎么做善事呢？其实只要内心主于敬谨，就是做善事了。从这点上看，圣人之道，不仅仅是默而无言的。

51. 问：人之燕居，形体怠惰，心不慢可否？曰：安有箕踞而心不慢者①？昔吕与叔六月中来缑氏②，闲居中某尝窥之，必见其俨然危坐，可谓敦笃矣。学者须恭敬，但不可令拘迫，拘迫则难久。（《河南程氏遗书》）

〔注释〕

①箕踞：席地而坐，随意伸开两腿，像簸箕形，是一种傲慢不敬的

行为。

②缑(gōu)氏:古代县名,今属河南偃师。

〔译文〕

有人问:人在闲居的时候,身体懒散,但内心不怠慢,可以吗?程颐说:哪里有伸着两条腿坐着内心却不怠慢的呢?过去吕大临在炎热的六月来到缑氏,闲居中我曾悄悄看他,每次都见他庄重地端端正正地坐着,可称得上是厚实笃诚了。学者应该恭敬,但不能太拘谨了,拘谨了就不能持久。

52. 思虑虽多,果出于正,亦无害否?曰:且如在宗庙则主敬,朝廷主庄,军旅主严,此是也。如发不以时,纷然无度,虽正亦邪。(《河南程氏遗书》)

〔译文〕

人的思虑即使很多,如果完全出于正确,也没有什么妨害吗?程颐说:就比方说在宗庙里就应主于敬,在朝廷上就应庄重,在军队中就主于严肃,这些都是对的。如果你的思虑不是适时而发,又纷乱得毫无法度,那么纵然是正确的念头也是邪念。

53. 苏季明问[①]:"喜怒哀乐未发之前求中,可否?"曰:"不可。既思于喜怒哀乐未发之前求之,又却是思也。既思即是已发,(思与喜怒哀乐一般。)才发便谓之和,不可谓之中也。"又问:"吕学士言当求于喜怒哀乐未发之前[②],如何?"曰:"若言存养于喜怒哀乐未发之前，则可；若言求中于喜怒哀乐未发之前，则不可。”又问：“学者于喜怒哀乐发时，固当勉强裁抑；于未发之前，当如何用功？”曰：“于喜怒哀乐未发之前，更怎生求？只平日涵养便是。涵养久，则喜怒哀乐发自中节。”

曰：“当中之时，耳无闻，目无见否？”曰：“虽耳无闻，目无见，然见闻之理在始得。贤且说静时如何？”曰：“谓之无物则不可，然自有知觉处。”曰：“既有知觉，却是动也，怎生言静？人说‘《复》其见天地之心’，皆以谓至静能见天地之心，非也。《复》之卦下面一画，便是动也，安得谓之静？”或曰：“莫是于动上求静否？”曰：“固是，然最难。释氏多言定，圣人便言止。如‘为人君止于仁，为人臣止于敬’之类是也。《易》之《艮》言止之义曰：‘艮其止，止其所也。’人多不能止，盖人万物皆备，遇事时各因其心之所重者更互而出，才见得这事重，便有这事出。若能物各付物，便自不出来也。”

或曰：“先生于喜怒哀乐未发之前，下动字，下静字？”曰：“谓之静则可，然静中须有物始得，这里便是难处。学者莫若且先理会得敬，能敬则知此矣。”或曰：“敬何以用功？”曰：“莫若主一。”季明曰：“昞尝患思虑不定，或思一事未了，他事如麻又生，如何？”曰：“不可，此不诚之本也。须是习，习能专一时便好。不拘思虑与应事，皆要求一。”（《河南程氏遗书》）

〔注释〕

①苏季明:苏昞(生卒年不详),字季明,武功(今陕西武功)人。张载、二程门人。

②吕学士:指吕大临。

〔译文〕

苏季明问:喜怒哀乐还没有表现出来的时候,寻求"中"的道理,可以吗?回答说:不可以。因为你一旦思考要在喜怒哀乐没有表现出来之前寻求,就又是思考了。既然思考了,就是已经表现出来了,(思虑与喜怒哀乐都是一样的。)才表现出来,就只能称之为"和",而不能称之为"中"了。又问:吕大临说应当在喜怒哀乐未表现出来之前探求,怎么样呢?回答说:如果说在喜怒哀乐没有表现出来之前运用存心养性的功夫,这是可以的。但是如果说在喜怒哀乐没有表现出来之前寻求"中",则是不可以的。又问:学者在喜怒哀乐表现出来的时候,固然要努力去取舍抑制,那么当喜怒哀乐没有表现出来时,应该如何下功夫呢?回答说:喜怒哀乐没有表现出来之前,你怎么能够寻求?只是平日涵养就是了。涵养的时间久了,喜怒哀乐表现出来自然会合乎节度。

问:当"中"的时候,耳朵没有听闻,眼睛没有看见,对吗?回答说:虽然耳朵没有听闻,眼睛没有看见,然而听闻和看见的道理已经有了。您且说说宁静的时候如何呢?回答说:当作什么都没有,是不可以的,然而自然有知觉的地方。问:既然有知觉,就已经是运动了,怎么能说是静止呢?人们所说"《复》,能够看到天地之心",都认为彻底静止,才能够见到天地的本心,这是不对的。《复》卦下面第一爻是阳爻，就是已经运动了，怎么能说是静止的呢？又问：难道是要在运动上来求静止吗？回答说：当然是这样，但是很难。佛教经常讨论"定"，圣人却只是说"止"。比如说"做人君的应该止于仁爱，做臣下的应该止于恭敬"这一类。《周易》的《艮》卦，谈到"止"的意义说："艮就是指停止，停止在它应该停止的地方。"人们往往不能够停止。在人身上，万物都具备了，遇到事情的时候，事情就会根据其内心所重视的程度不断涌现出来。一旦重视这件事情，这件事情便出现了。如果能够将事物按照它们本来应该所处的地方处置，事物自然不会出现。

有人问：在喜怒哀乐没有表现出来之前，您认为是运动的，还是静止的呢？回答说：说静止是可以的，但是静止当中要有东西才行，这里就是难理解的地方。学者不如先仔细琢磨如何做到恭敬，能够恭敬就明白这个道理了。又问：怎么在恭敬上下功夫呢？回答说：没有比专一更重要的了。苏昞说：我常担心自己的思虑不安定，有时候一件事情还没思考完，其他事情就如同乱麻一样产生了，怎么办呢？回答说：不可以这样，这是不能真诚的根本原因所在。要反复练习，能够做到专一的时候就可以了。无论是思考还是处事，都应该求得专一。

54. 人于梦寐间，亦可以卜自家所学之浅深。如梦寐颠倒，即是心志不定、操存不固。（《河南程氏遗书》）

〔译文〕

一个人在自己的梦中，也可以衡量学问的深浅。比如梦多而杂乱，就是说明心志还不稳定，对心的持守还不牢固。

55. 问：人心所系着之事果善，夜梦见之，莫不害否？曰：虽是善事，心亦是动。凡事有朕兆入梦者却无害，舍此皆是妄动。人心须要定，使他思时方思乃是。今人都由心。曰：心谁使之？曰：以心使心则可。人心自由，便放去也。（《河南程氏遗书》）

〔译文〕

有人问：人心中念念不忘的事确实是善事，夜里梦到这些事，没有什么危害吗？程颐说：纵然是善事，也是心动了。凡事有预兆而入梦的没有害处，其他的几种梦都是心思妄动。人心应该安定，只有命令心思考的时候去思考才是对的。今天的人却都放任自己的心去乱想。又问：心不由心，心是谁指使呢？程颐：以心来指使心就可以了。人听由心自行去想，就会放逸而失去了。

56.“持其志，无暴其气”，内外交相养也。（《河南程氏遗书》）

〔译文〕

“要持守心志，不要妄动意气”，就是从内部与外部两方面同时来涵养。

57. 问：“‘出辞气’，莫是于言语上用工夫否？”曰：

“须是养乎中，自然言语顺理。若是慎言语，不妄发，此却可着力。”（《河南程氏遗书》）

〔译文〕

有人问：“要注重言辞语气”，难道是说要在言语方面下功夫？回答说：应该涵养内心，言语自然而然就符合道理。如果要在言语方面谨慎，不胡言乱语，倒是可以下力气。

58. 先生谓绎曰①：吾受气甚薄，三十而浸盛②，四十五十而后完。今生七十二年矣，校其筋骨，于盛年无损也。绎曰：先生岂以受气之薄，而厚为保生邪？夫子默然，曰：吾以忘生徇欲为深耻③。（《河南程氏遗书》）

〔注释〕

①绎：张绎（1071—1108），字思叔。程颐晚年弟子。

②浸盛：逐渐旺盛。

③忘生徇欲：不顾性命，追求欲望。

〔译文〕

程颐对张绎说：我先天禀气很薄，到三十岁上才渐至气血强盛，到四五十岁才完备。今年七十二了，看看我这筋骨，和盛年相比还没有减弱。张绎说：先生您莫不是因为先天禀气薄，因而注重养生吗？程颐默然，然后说：我认为不顾性命地一味纵欲是大耻。

59. 大率把捉不定，皆是不仁。（《河南程氏外书》）

〔译文〕

大致说来，把持不住内心，都是不仁爱。

60. 伊川先生曰：致知在所养，养知莫过于“寡欲”二字。（《河南程氏外书》）

〔译文〕

程颐说：获得知识关键在于要涵养什么，涵养知识没有什么比“节制欲望”更为重要的了。

61. 心定者其言重以舒，不定者其言轻以疾。（《河南程氏外书》）

〔译文〕

内心安定的人，说话的时候稳重而舒缓；内心不安定的人，说话轻佻急躁。

62. 明道先生曰：人有四百四病①，皆不由自家，则是心须教由自家。（《河南程氏外书》）

〔注释〕

①四百四病：佛教对所有疾病的总称。

〔译文〕

程颢说：人的身体会出现各种各样的疾病，都由不得自己，那么这个内心必须由自己做主。

63. 谢显道从明道先生于扶沟。明道一日谓之曰：尔辈在此相从，只是学颢言语，故其学心口不相应，盍若行之？请问焉，曰：且静坐。伊川每见人静坐，便叹其善学。（《河南程氏外书》）

〔译文〕

谢显道跟随程颢在扶沟学习。有一天程颢对他说：你们在这里跟着我，只是学了些我的言语，所以你们的学问心口不能相应，不如去实行。谢显道问怎么做，程颢说：且去静坐吧。程颐每次看见他人静坐，就赞叹这人善学。

64. 横渠先生曰：始学之要，当知“三月不违”与“日月至焉”，内外宾主之辨，使心意勉勉循循而不能已[①]，过此几非在我者。（张载《横渠文集》）

〔注释〕

①勉勉：力行不倦的样子。

〔译文〕

张载说：刚开始学习的时候，关键就在于要知道“三个月都不违背仁”及“或一日或一月会想起仁”之间的内外、宾主的分别。使心意勤奋努力而坚持不懈，做到长久都不违背之后，功夫就不由自主地开始进步了。

65. 心清时少，乱时常多。其清时视明听聪，四体不待羁束而自然恭谨。其乱时反是。如此何也？盖用心未熟，客虑多而常心少也，习俗之心未去，而实心未完也。人又要得刚，太柔则入于不立。亦有人生无喜怒者，则又要得刚，刚则守得定不回，进道勇敢。载则比他人自是勇处多。（张载《经学理窟》）

〔译文〕

人心清静的时候少，纷乱的时候多。心清时耳聪目明，四肢不需要约束就自然恭谨。心乱的时候恰好相反。这是什么原因呢？因为涵养其心还不纯熟，纷乱的杂念多而恒常之心少，习俗之心没能除去，义理之心未能完备。人又需要刚强，太柔弱就会站不住脚。也有人主张无喜无怒，这样人需要刚强，刚强则能坚定不移，精进于道时就勇猛敢为。我张载比别人就是勇猛的时候多。

66. 戏谑不惟害事，志亦为气所流。不戏谑，亦是持气之一端。（张载《经学理窟》）

〔译文〕

开玩笑不仅会妨碍做事，心志也会被意气所冲动。不开玩笑也是控制意气冲动的一个方面。

67. 正心之始，当以己心为严师。凡所动作，则知所惧。如此一二年，守得牢固，则自然心正矣。（张载

《经学理窟》)

〔译文〕

内心端正的开始，应当把自己的心当作要求严格的老师。任何行为举止，都害怕被老师批评。这样努力持守一二年，心持守得牢固之后，内心自然就端正了。

68. 定，然后始有光明。若常移易不定，何求光明？《易》大抵以艮为止，止乃光明。故《大学》定而至于能虑，人心多则无由光明[1]。(张载《横渠易说·大畜》)

〔注释〕

①人心多：念头纷乱杂多，思虑不定。

〔译文〕

内心定止以后才会有光明。如果常常游移不定，哪来光明？《周易》上大抵把《艮》卦的意思解释为止，止就是光明。所以《大学》里主张要由定而渐渐达到能思考。人心繁杂就不能达到光明的境界。

69. "动静不失其时，其道光明。"学者必时其动静，则其道乃不蔽昧而明白。今人从学之久，不见进长，正以莫识动静，见他人扰扰，非关已事，而所修亦废。由圣学观之，冥冥悠悠[1]，以是终身，谓之光明可乎？(张载《横渠易说·艮》)

〔注释〕

①冥冥:昏暗的样子。

〔译文〕

“动静都不失时机,君子之道就光明灿烂。”学道的人一定要顺应时机把握自己的动静,君子之道才能不被蔽塞而光明灿烂。现在的人从师学道很久,不见长进,正是由于不明白动静之机,看见别人忙忙乱乱的,本来与自己无关,也跟着动起来,结果自己所进修的道也荒废了。用圣人之学来看这些人,浑浑噩噩地虚度一生,说他们光明可以吗?

70. 敦笃虚静者仁之本。不轻妄则是敦厚也,无所系阂昏塞则是虚静也①。此难以顿悟。苟知之,须久于道实体之,方知其味。夫仁亦在乎熟之而已。(张载《孟子说》)

〔注释〕

①系阂:束缚,阻碍。

〔译文〕

敦厚虚静是仁的根本。不轻率任意行动就是敦厚,心灵没有隔阂和蔽塞就是虚静。这一点难以一下子悟解。如果要理解,需要长期对道有切实的体验,才能体会其中之味。仁也在于不断地体会达到的成熟的状态而已。

卷五　克治

〔题解〕

本卷的主要内容是围绕“克己复礼”的具体内容展开的，即视、听、言、动都要谨慎，不符合礼仪要求的，就不要去看、不要去听、不要去说、不要去做。特别首先要做到惩忿窒欲。改掉容易愤怒的毛病很困难，只有去除私欲，才能平息愤怒。其次要改过迁善。一旦内心升起不善的念头，就要察觉，一旦察觉，就要立即改正。

1. 濂溪先生曰：君子乾乾不息于诚①，然必惩忿窒欲②，迁善改过而后至。《乾》之用其善是，《损》《益》之大莫是过，圣人之旨深哉！“吉凶悔吝生乎动”。噫，吉一而已，动可不慎乎！（周敦颐《通书·乾损益动》）

〔注释〕

①不息于诚：至诚没有停息的时候。

②惩忿窒欲：遏止愤怒，窒塞情欲。

〔译文〕

周敦颐说：君子只有戒除愤怒、断绝欲念、改正错误、努力向善、勤勉不息，才能达到诚的境界。《乾》卦的功用，好处就在强调要勤奋不息。《损》《益》的大道理也没有比遏止愤怒、断绝欲望、改正错误、努力向善更重要的了。圣人的思想深邃呀！《周易·系辞下》说："吉凶悔吝生于行动。"唉，四种结果只有一种是吉利的，行动怎么能够不谨慎呢！

2. 濂溪先生曰：孟子曰"养心莫善于寡欲"，予谓养心不止于寡而存耳。盖寡焉以至于无，无则诚立明通。诚立，贤也；明通，圣也。（周敦颐《周子全书》）

〔译文〕

周敦颐说：孟子说"修养心性没有比寡欲更好的了"，我认为修养心性不能停留在寡欲并使内心不迷失，应不断减少欲望，一直到没有私欲的境界才可以，没有欲望才能做到真诚与明智通达。做到真诚无妄，就是贤人；做到明智通达，就是圣人。

3. 伊川先生曰：颜渊问克己复礼之目，夫子曰："非礼勿视，非礼勿听，非礼勿言，非礼勿动。"四者身之用也，由乎中而应乎外，制于外所以养其中也。颜渊请事斯语，所以进于圣人。后之学圣人者，宜服膺而勿失也[①]。因箴以自警。

《视箴》曰：心兮本虚，应物无迹；操之有要，视为之则。蔽交于前，其中则迁；制之于外，以安其内。克己复礼，久而诚矣。

《听箴》曰：人有秉彝[②]，本乎天性；知诱物化，遂亡其正。卓彼先觉,知止有定;闲邪存诚[3],非礼勿听。

《言箴》曰:人心之动,因言以宣;发禁躁妄,内斯静专。矧是枢机[4],兴戎出好;吉凶荣辱,惟其所召。伤易则诞,伤烦则支;己肆物忤,出悖来违。非法不道,钦哉训辞!

《动箴》曰:哲人知几[5],诚之于思;志士厉行,守之于为。顺理则裕,从欲惟危;造次克念[6],战兢自持;习与性成,圣贤同归。(《河南程氏文集》)

〔注释〕

①服膺(yīng):记在心中,不会忘记。

②秉彝:人心所持守的常道。

③闲:防止,限制。

④矧(shěn):何况,况且。

⑤知几:能看出事物发生变化的征兆。

⑥造次:匆忙,仓促。

〔译文〕

程颐说:颜渊问克己复礼的具体内容,孔子说:"非礼勿视,非礼勿听,非礼勿言,非礼勿动。"视、听、言、动这四个方面都是人身体的作用,都受制于人内心而体现在外。人身的功用,都由人内心的支配而与外在事物相互感应,而约束视、听、言、动这些外在行为的,又是存养心性的方法。颜渊请求实行孔子这些话,所以他已经接近于圣人。后代学圣人的人,也应该牢记心中而不忘。所以我作了四箴来自我提醒。

《视箴》说：人心原本是空虚的，感应外物不留踪迹。操持内心有要领，亲眼所见是准则。眼睛受到蒙蔽，内心就会随之变化。从外在进行制约，内心就会安宁。克制自己复归礼仪，时间久了定能真诚。

《听箴》说：人天生就具备应该持守的常道，来自人的本性。在外物的引诱之下而随物迁化，就失去了本来的正确。那些卓越的先觉的圣人们，知道停止才能够安定。防范邪念，守住内心的真诚，不符合礼仪的就不去听。

《言箴》说：人心中思虑之动，通过言语表达；语言出口要禁绝轻狂与虚谬的话，内心才能静定而主一。何况言语乃是做人的关键，它能使人和好，也能挑动战争。自身的吉凶荣辱，也都由语言招致。轻易出口的话近于荒诞，啰唆烦琐的话近于虚伪，自己说话放肆了就会冲撞别人，自己说了悖理的话就会有人来跟你过不去。不合礼法的话不说，可敬可佩呀先哲的垂训！

《动箴》说：明哲的人知道事情发展变化的征兆，思虑的时候非常真诚。有志向的人砥砺操行，在做事情的时候坚持自己的原则。顺应法则则能够安全有余，放纵欲望则只有危险。仓促匆忙的时候要控制自己的欲念，谨慎小心，坚持原则。习惯能够养成人的本性，修养完善就能与圣贤一样。

4.《复》之初九曰："不远复，无祇悔[①]，元吉。"《传》曰：阳，君子之道，故复为反善之义。初，复之最先者也，是不远而复也。失而后有复，不失则何复之有？惟失之不远而复，则不至于悔，大善而吉也。颜子无形显之过，夫子谓其庶几，乃"无祇悔"也。过既未形而改，何悔之有？既未能“不勉而中”，所谓不欲逾矩，是有过也。然其明而刚，故一有不善，未尝不知；既知，未尝不遽改[②]，故不至于悔，乃“不远复”也。学问之道无他，惟其知不善则速改以从善也。（《河南程氏易传》）

〔注释〕

①祇（qí）悔：大悔。

②遽（jù）：赶紧，疾速。

〔译文〕

《周易·复》卦的初九爻辞说：“走得不远又返回，没有大的悔恨，大吉。”《周易程氏传》说：《复》卦初九这一阳爻，阳代表君子之道，所以这复就是返回善道的意思。它是初爻，是阳之复生在最前的，是走得不远就回来了。世上的事必先有失然后有复，不失去哪里有复？只因为失去得不远就回来了，就不至于有悔恨，所以大善而吉也。颜回没有表现成实际行为的过失，孔子说他品德修养已经差不多了，就是“没有大的悔恨”。过错既然还没有形成就改了，会有什么悔恨呢？既然未能做到不用努力就从容中道，也就是孔子说的从心所欲不超越规矩，那他还是有过错。但他智明而行刚，所以一有不善，就立即发现；已经发现，就立即改正，所以不至于有悔恨，这就是“走得不远返回”啊。学问之道没有别的，只是知道自己有不善就迅速改正以回到善路上来。

5.《晋》之上九：“晋其角，维用伐邑，厉吉，无咎，贞吝。"《传》曰：人之自治，刚极则守道愈固，进极则迁善愈速。如上九者，以之自治，则虽伤于厉，而吉且无咎也。严厉非安和之道，而于自治则有功也。虽自治有功，然非中和之德，故于贞正之道为可吝也。(《周易程氏传》)

〔译文〕

《周易·晋》卦上九爻辞说："这一爻处《晋》卦的上方，像卦的角而为刚，只有用来讨伐不服的城邑，这是化危厉为吉而至无咎。但严格来说，仍属于羞吝。"《周易程氏传》说：人的自我修治，刚到极点则守道就更加坚固，进到极点向善就更为迅速。像上九这一爻，用这种精神自我修治，虽然伤于过分严厉，但还是吉祥无害的。严厉不符安定、中和之道，但用于自我修养则有功效。尽管自我修养有效，但不是中和之道，严格来说仍是有遗憾的。

6.《损》者，损过而就中，损浮末而就本实也。天下之害，无不由末之胜也。峻宇雕墙，本于宫室；酒池肉林，本于饮食；淫酷残忍，本于刑罚；穷兵黩武，本于征讨。凡人欲之过者，皆本于奉养。其流之远，则为害矣。先王制其本者，天理也；后人流于末者，人欲也。《损》之义，损人欲以复天理而已。(《周易程氏传》)

〔译文〕

《损》卦就是减损过度而趋向中正，减损虚浮的枝末而接近根本的真实。对天下有害的事情，都是因为枝末占据了上风。

高峻的楼宇、彩绘的墙壁,本原于房屋;用池子装酒、挂肉如树林,本源于饮食;滥用酷刑、残忍无道,本源于刑罚;随意使用武力、不断发动战争,本源于征讨。大凡人过度的欲望,其源本都出于正常的奉养,因为末流远离了根本,所以才成为祸害。先王制礼作乐,本于天理;后人流为枝末而失其根本,都是因为人欲。《损》卦的意义,就在于减损人欲而恢复天理。

7. 夫人心正意诚,乃能极中正之道,而充实光辉。若心有所比①,以义之不可而决之,虽行于外不失其中正之义,可以无咎,然于中道未得为光大也。盖人心一有所欲,则离道矣。故《夬》之九五曰:"苋陆夬夬②,中行无咎。"而《象》曰:"中行无咎,中未光也。"夫子于此,示人之意深矣。(《周易程氏传》)

〔注释〕

①比:偏私,不端正。

②苋(xiàn)陆夬(guài)夬:苋陆,一种柔脆的草。夬夬,果决的样子。

〔译文〕

人能做到心正意诚,才能行于至中至正之道,内心德行充实而光辉显扬于外。如果内心有所偏私,只是由于道义不允许才与之决裂,虽然外在行为并不失于中正的道义,可以没有妨碍,但是对于中正之道没有起到弘扬光大的作用。因为人心一有所欲,就偏离大道了。所以《夬》卦的九五爻辞说:"如斩断柔脆的苋陆草一样,刚毅果断地清除小人,居中行正,没有过错。"而

《象》辞却说："虽然中道而行无害，但内心不算光明。"孔子在这里要告诉人的道理太深刻了。

8. 方说而止[①]，《节》之义也。（《周易程氏传》）

〔注释〕

①说：同"悦"。

〔译文〕

当愉悦的时候懂得适可而止，就是《节》卦的意义。

9.《节》之九二，不正之节也。以刚中正为节，如惩忿窒欲，损过抑有余是也。不正之节，如啬节于用，懦节于行是也。（《周易程氏传》）

〔译文〕

《节》卦的九二爻，是不正之节，不当节制而节制。以刚中正为节，即应当节制而节制的，如制止愤怒，堵塞贪欲，损省过分、抑制盈余的都是如此。不正之节，如吝啬的节省用度、懦弱的节制行为都是这样。

10. 人而无克伐怨欲，惟仁者能之。有之而能制其情不行焉，斯亦难能也，谓之仁则未可也。此原宪之问，夫子答以知其为难，而不知其为仁。此圣人开示之深也。（《程氏经说》）

〔译文〕

人能做到无好胜、自夸、怨恨、贪心这些毛病，只有仁德的人才能做到。有这些毛病而能制约着自己不去这么做，也算是难能可贵的了，但说这就是仁则不可。这是原宪的提问，孔子回答他说：可以说是难能可贵的了，若说是仁，我不能同意。这是孔子启示后学的深刻之处。

11. 明道先生曰：义理与客气常胜①，只看消长分数多少②，为君子小人之别。义理所得渐多，则自然知得客气消散得渐少，消尽者是大贤。(《河南程氏遗书》)

〔注释〕

①客气：外来的邪气。

②消长分数：减少与增加的比例。

〔译文〕

程颢说：人身上义理与外来邪气互相争斗常常互有胜负，只看双方消长比例的多少，来区分君子和小人。义理所得渐多，则自然能清楚自己身上的邪气而加以控制，邪气消散得渐渐减少，邪气消尽的人就是大贤。

12. 或谓：人莫不知和柔宽缓，然临事则反至于暴厉。曰：只是志不胜气，气反动其心也。(《河南程氏遗书》)

〔译文〕

有人说：人都知道待人应该温和与宽容的，但遇到事情时又常常表现得暴躁、严厉。回答说：这只是心志不能够战胜意气，反而让意气动摇了心志。

13. 人不能祛思虑，只是吝。吝，故无浩然之气[①]。（《河南程氏遗书》）

〔注释〕

①浩然之气：指正大刚正的精神。

〔译文〕

一个人不能够排除私心杂念，只是因为贪婪鄙俗，贪婪鄙俗就不可能有正大刚正的精神力量。

14. 治怒为难，治惧亦难。克己可以治怒，明理可以治惧。（《河南程氏遗书》）

〔译文〕

改掉生气的毛病很难，改掉害怕的毛病也很难。克制自己可以改掉生气的毛病，明察事理可以改掉害怕的毛病。

15. 尧夫解“他山之石，可以攻玉”[①]：玉者温润之物，若将两块玉来相磨，必磨不成，须是得他个粗砺底

物，方磨得出。譬如君子与小人处，为小人侵陵，则修省畏避，动心忍性，增益预防，如此便道理出来。（《河南程氏遗书》）

〔注释〕

①尧夫：邵雍（1012—1077），字尧夫，号“安乐先生”，相州林县（今河南林州）人。北宋著名理学家、易学家，著有《皇极经世》《观物内外篇》《伊川击壤集》等。

〔译文〕

邵雍解释“他山之石，可以攻玉”这句话说：玉是温和细润的东西，如果拿两块玉相磨，必然磨不成，需要有一个粗砺的东西，才能磨出玉来。这就好比君子与小人相处，被小人欺凌，就能修治反省自身回避小人，可以震动他的心意，坚韧他的性情，增加他的能力，预防发生祸患。这样一来，事理也就在君子身上体现出来了。

16. 目畏尖物，此事不得放过，便与克下[1]。室中率置尖物，须以理胜他，尖必不刺人也，何畏之有？（《河南程氏遗书》）

〔注释〕

①克下：制伏，克制。

〔译文〕

眼睛看到尖锐的东西就很害怕，这种恐惧不应随随便便就被忽视，应该努力克服。房间里都放上尖锐的东西，需要用道理战胜它，尖锐的东西不是必然要刺人，为什么要害怕呢？

17. 明道先生曰：责上责下而中自恕己，岂可任职分？（《河南程氏遗书》）

〔译文〕

程颢说：一个人对上埋怨他的领导，对下责备下属，但是在中间对自己却非常宽容，这样的人怎么能胜任职责呢？

18. “舍己从人”最为难事。己者，我之所有，虽痛舍之，犹惧守己者固而从人者轻也。（《河南程氏遗书》）

〔译文〕

“舍弃自己，听从别人”，这是非常难以做到的事情。自己，就是我所有的全部，虽然忍痛割爱要舍弃，但是仍然担心持守自己会很顽固，听从别人还是会很轻微。

19. 九德最好①。（《河南程氏遗书》）

〔注释〕

①九德：指宽宏而严肃、温和而卓立、谨慎而庄重、整治而认真、和顺而坚毅、正直而温和、宏大而简约、刚正而敦厚、强大而善良九种德行。

〔译文〕

《尚书》提及的九种德行是最好的。

20. 饥食渴饮,冬裘夏葛,若致些私吝心在,便是废天职[①]。(《河南程氏遗书》)

〔注释〕

①天职:四时运行与万物生长等。

〔译文〕

饿了就要吃饭,渴了就要饮水,冬天要穿皮衣,夏天要穿粗布,如果夹杂一些私心在其中,就背离了天性。

21. 猎,自谓今无此好。周茂叔曰:"何言之易也?但此心潜隐未发,一日萌动,复如前矣。"后十二年,因见,果知未。(一本注云:明道先生年十六七时好田猎。十二年暮归,在田野间见田猎者,不觉有喜心。)(《河南程氏遗书》)

〔译文〕

程颢曾说:打猎,我自认为现在已经没有这个嗜好了。周敦颐听了说:"你说得多么简单呀!只是这种意念潜隐着没有暴露出来,有朝一日萌动了,就又和以前一样嗜好了。"十二年后由于见到打猎的,不觉有喜好之心,方能说明未能断除这种嗜好。(有一个本子注解道:程颢十六七岁的时候喜欢打猎。十二年之后有一天晚上回家,在田间看到有打猎的人,情不自禁有一种很喜欢的心理。)

22. 伊川先生曰:大抵人有身,便有自私之理,宜其与道难一。(《河南程氏遗书》)

〔译文〕

程颐说:大致说来,只要人有了自身需求,就会有自私的现象,他与大道融为一体十分困难也就很正常了。

23. 罪己责躬不可无,然亦不当长留在心胸为悔。(《河南程氏遗书》)

〔译文〕

犯了过错,能够引咎自责、反躬自省是不可缺少的,但也不应该把对自己的责备变成悔恨一直留在心中。

24. 所欲不必沉溺,只有所向便是欲。(《河南程氏遗书》)

〔译文〕

喜欢某个东西不一定要沉迷其中才算是欲望,只要对某个东西有了向往,就是欲望了。

25. 明道先生曰：子路亦百世之师。（人告之以有过则喜。）（《河南程氏遗书》）

〔译文〕

程颢说：子路也有值得后世学习的地方。（别人指出子路所犯的错误，他就会感到很开心。）

26. “人语言紧急，莫是气不定否？”曰：“此亦当习，习到自然缓时，便是气质变也。学至气质变，方是有功。”（《河南程氏遗书》）

〔译文〕

一个人说话语速很快，是不是他的气质不稳定呢？程颐回答说：这也应该不断地练习，练习到说话自然而然很舒缓的时候，气质就会发生变化。学习到气质发生变化的时候，才算有成效。

27. 问：不迁怒，不贰过，何也？《语录》有怒甲不迁乙之说，是否？伊川先生曰：是。曰：若此则甚易，何待颜子而后能？曰：只被说得粗了，诸君便道易，此莫是最难[①]，须是理会得因何不迁怒。如舜之诛四凶，怒在四凶，舜何与焉？盖因是人有可怒之事而怒之，圣人之心本无怒也。譬如明镜，好物来时便见是好，恶物来时便见是恶，镜何尝有好恶也？世之人固有怒于室而色于市。且如怒一人，对那人说话，能无怒色否？有能怒一人而不怒别人者，能忍得如此，已是煞知义理。若圣人因物而未尝有怒，此莫是甚难。君子役物，小人役于物。今见有可喜可怒之事，自家着一分陪奉他，此亦劳矣。圣人之心如止水。(《河南程氏遗书》)

〔注释〕

①莫是：或许是。

〔译文〕

有人问：不迁怒别人，不犯同样的错，这是什么意思？《语录》当中提到说：对甲生气不迁怒到乙身上，这种说法对不对呢？程颐说：对。又问：如果这样，那做起来就很容易，哪里非要颜回这样的大贤才能做到呢？程颐说：那只是因为说得太粗略了，诸位便认为容易，这恐怕是最难的了，应该领会颜回因为什么不迁怒。比如舜诛灭四凶，怒的根源在四凶，和舜有什么关系？这是由于人有可怒的事才对他发怒，圣人心中原本是没有怒的，圣人之心就好比一面明镜，好的事物来了就照见好，恶的东西来了就照见恶，镜子本身何曾有好和恶呢？世上确实有人在家里生了气，跑到闹市上给别人脸色看。就好像对一个人生气，对别的人说话能做到没有生气的脸色吗？能够做到对一个人生气，但是不迁怒于别人的人，能够像这样忍住愤怒，已经是特别能明白义理了。像圣人那样因为事物本身值得生气，但是内心并不是真的有怒气，这恐怕是最困难的。君子能够役使外物，小人则被外物所役使。如果现在遇到可以喜欢可以愤怒的事情，自己也用一分喜怒去奉陪，这也太劳累了。圣人的心情就像静止的水一样凝然不动。

28. 人之视最先，非礼而视，则所谓开目便错了。次听、次言、次动，有先后之序。人能克己，则心广体胖，仰不愧，俯不怍，其乐可知。有息则馁矣。（《河南程氏外书》）

〔译文〕

人总是最先用眼睛看东西，如果非礼而视，那就是所谓的一睁眼就错了。其次是听闻，其次是言说，其次是行为，这些都是有先后顺序的。一个人如果能够克制自己的私欲，就可以心情愉快，外貌安泰，抬起头来无愧于天，低下头去无愧于人，其中的快乐可想而知。一旦停止克制自己的私欲，人就气馁了。

29. 圣人责己感也处多，责人应也处少。（《河南程氏外书》）

〔译文〕

圣人要求自己感动别人的地方比较多，要求别人回应自己的地方比较少。

30. 谢子与伊川先生别一年，往见之，伊川曰：相别一年，做得甚工夫？谢曰：也只去个矜字。曰：何故？曰：子细检点得来，病痛尽在这里。若按伏得这个罪

过[1]，方有向进处。伊川点头，因语在坐同志者曰：此人为学，切问近思者也。（《河南程氏外书》）

〔注释〕

①按伏：抑制。

〔译文〕

谢良佐与程颐分别一年后，去见程颐。程颐问：相别一年，在什么方面下功夫呢？谢良佐说：也只是去掉一个"矜"字。程颐问：为什么如此？回答说：仔细检查起来，一切病根，都在这"矜"字里。如果能纠正这个错误，避免了"矜"带来的罪过，而后学问才有精进。程颐点头，于是告诉在座的同学之人说：这人为学，能恳切地发问并就眼前的问题思考。

31. 思叔诟詈仆夫[1]，伊川曰："何不动心忍性？"思叔惭谢。（《河南程氏外书》）

〔注释〕

①詈（lì）：责骂。

〔译文〕

张绎辱骂马夫，程颐说：为什么不因为马夫的错误而造成的困难增强自己的心志，使自己的性格更加坚韧呢？张绎感到惭愧并且认错。

32. 见贤便思齐,有为者亦若是;见不贤而内自省,盖莫不在己。(《河南程氏外书》)

〔译文〕

见到贤德的人就想着要像他一样有贤德,有作为的人就是这样的;看到不贤德的人就自我反省,因为没有什么不应该反省自己。

33. 横渠先生曰:湛一气之本①,攻取气之欲,口腹于饮食,鼻口于臭味,皆攻取之性也。知德者属厌而已②,不以嗜欲累其心,不以小害大、末丧本焉尔。(张载《正蒙 · 诚明》)

〔注释〕

①湛一:清澈纯一。

②属厌而已:适可而止,无贪心。

〔译文〕

张载说:清净纯粹是气的本体,取得外物是气的欲望,口腹对于饮食,口鼻对于气味和滋味,都是感受外物之性的表现。那些明白大德的人对于外物,不过适足而已,不让过分的嗜欲牵累其本善之心。本心是根本,是大端,嗜欲是末端,是细节,他们不会因小害大,不会因末节丧失根本。

34. 纤恶必除,善斯成性矣;察恶未尽,虽善必粗

矣。(张载《正蒙·诚明》)

〔译文〕

哪怕微小的邪恶也要务必清除,善良的本性才能逐渐养成;察觉到邪恶的行为不能完全清除,虽然有善良的言行,必然很粗糙。

35. 恶不仁,故不善未尝不知。徒好仁而不恶不仁,则习不察,行不著,是故徒善未必尽义,徒是未必尽仁。好仁而恶不仁,然后尽仁义之道。(张载《正蒙·中正》)

〔译文〕

厌恶不仁的东西,不善的事情才能完全被察觉。仅仅爱好仁德而不厌恶不仁,那么就是习惯了却不察觉,行动了却不明白,所以仅仅是善,未必能完全符合义,仅仅是做正确的事,未必就是完全的仁。爱好仁德而又厌恶不仁,然后才能实践仁义之道。

36. 责己者,当知无天下国家皆非之理。故学至于不尤人,学之至也。(张载《正蒙·中正》)

〔译文〕

严于律己的人,应当知道没有天下国家都不对的道理,所以学习达到不怨天尤人的地步,才是学习的最高境界。

37. 有潜心于道,忽忽为他虑引去者,此气也。旧习缠绕,未能脱洒,毕竟无益,但乐于旧习耳。古人欲得朋友与琴瑟简编,常使心在于此。惟圣人知朋友之取益为多,故乐得朋友之来。(张载《论语说》)

〔译文〕

有人潜心于圣人之道,忽然就被其他的私心杂念牵引而去,是因为被习气所牵动了。旧的习气缠绕着他,无法摆脱束缚,毕竟没有好处,只是陶醉在旧的习气里。因此古人想要得到朋友与琴瑟、书册,经常把自己的心放在这上面。因为圣人知道从朋友那里得益很多,所以乐于有朋友来。

38. 矫轻警惰①。(张载《经学理窟》)

〔注释〕

①轻:随便,不庄重。

〔译文〕

矫正轻率,警惕懒惰。

39. "仁之难成久矣!人人失其所好。"盖人人有利欲之心,与学正相背驰;故学者要寡欲。(张载《经学理窟》)

〔译文〕

“仁爱之德难成历来如此，每个人都失去了喜好仁德的天性”，这是因为每个人都有私利欲望之心，与圣人之学正好背道而驰，所以学道的人要减少自己的欲望。

40. 君子不必避他人之言，以为太柔太弱。至于瞻视亦有节，视有上下，视高则气高，视下则心柔，故视国君者，不离绅带之中①。学者先须去其客气；其为人刚行，终不肯进，“堂堂乎张也，难与并为仁矣”。盖目者人之所常用，且心常托之，视之上下，且试之，己之敬傲，必见于视。所以欲下其视者，欲柔其心也。柔其心，则听言敬且信。

人之有朋友，不为燕安，所以辅佐其仁。今之朋友，择其善柔以相与，拍肩执袂以为气合②，一言不合，怒气相加。朋友之际，欲其相下不倦，故于朋友之间主其敬者，日相亲与，得效最速。仲尼尝曰：“吾见其居于位也，与先生并行也，非求益者，欲速成者。”则学者先须温柔，温柔则可以进学。《诗》曰：“温温恭人③，惟德之基。”盖其所益之多。（张载《经学理窟》）

〔注释〕

①绅带：古时士大夫束腰的大带。

②执袂（mèi）：拉住衣袖，形容亲密。

③恭人：宽厚谦恭的人。

〔译文〕

君子不必回避别人对自己的议论,如果回避就太温柔、太软弱。对于眼睛向哪里看,也是要有节度的:视线有高有低,如果视线高就显得心气高傲,视线低就显得内心柔和。所以面对国君的时候,视线不能离开绅带的中线。学者们应该先去除外来的邪气。一个人为人刚强,终究不会有所进步。这就是“高大威严的子张,很难和他一起增进仁德”。所以眼睛是人们经常使用的,而内心真情实感经常通过眼睛表现出来。视线的高低可以测试出人心,可以自己去尝试,自己的恭敬或傲慢,都可以从视线高低当中体现出来。所以想要放低视线,一定要使内心变得柔和。内心柔和,那么听别人说话就会恭敬而且诚信。

人们有朋友,不是为了在一起玩乐,而是要相互辅佐成就仁德。现在的朋友,都是选择和善温柔的人在一起相处,拍着肩膀,拉着袖子,表示意气相投,可是如果一句话说不到一块,就会生对方的气。朋友之间,应该相互谦让不懈怠,所以朋友之间,根本精神在于恭敬,每天亲密无间,相互辅佐成就仁德的效果也就最快。孔子曾经说:“我看到那个童子坐在不该坐的位置上,和长辈并肩行走,这不是追求有所收获,而是追求的速成。”所以学者首先应当温柔,温柔才能够增进学问。《诗经》说:“温和恭敬的人,才能品德根基深厚。”温柔所获得的好处是很多的。

41. 世学不讲①,男女从幼便骄惰坏了,到长益凶狠。只为未尝为子弟之事,则于其亲已有物我,不肯屈下。病根常在,又随所居而长,至死只依旧。为子弟,则不能安洒扫应对;在朋友,则不能下朋友;有官长,则不能下官长;为宰相,则不能下天下之贤。甚则至于徇私意,义理都丧,也只为病根不去,随所居所接而长。人须一事事消了病,则义理常胜。(张载《经学理窟》)

〔注释〕

①世学:指家学。

〔译文〕

家学不传,男孩和女孩就从小被娇惯坏了,长大以后就会残忍狠毒。只因他们没有做过孩子们应该做的事情,对于他们的亲人就有了你与我的分别,不肯委屈自己。这种毛病的根源一直都在,伴随着他们长大,到死也依旧如此。有了这个毛病,他们还是孩子的时候,就不可能安心做打扫卫生、应酬对答的事情;与朋友相处的时候,就不可能会谦让朋友;做官的时候,就不可能会尊敬上司;做宰相的时候,就不可能会礼敬天下贤能之人。严重的甚至徇私舞弊,丧失义理,也主要是因为长期养成的病根没有去除,并随着他们的为人处事、待人接物而发展。人应该在所有的事情上完全消除自己的毛病,那么义理才能永久地战胜私欲。

卷六　家道

〔题解〕

本卷主要探讨孝顺父母以及夫妇、兄弟、主仆关系相关内容，阐述了每个角色该尽的职责。并进而讨论孝悌与穷理尽性相统一的道理，突出了孝悌的重要作用。

1. 伊川先生曰：弟子之职，力有余则学文，不修其职而学，非为己之学也。（《河南程氏经说》）

〔译文〕

程颐说：年轻人的本分，在做好自己的本职工作后还有精力的话，再去学习文献典籍，没有做好本分就去学习，就不是成就自己德行的学习。

2. 孟子曰："事亲若曾子可也。"未尝以曾子之孝为有余也。盖子之身，所能为者，皆所当为也。（《周易程氏传》）

〔译文〕

孟子说："侍奉父母像曾子那样就可以了。"孟子并没有认为曾子对父母的孝敬过度了。凡是作为儿子能做的，都应当去做。

3.“干母之蛊，不可贞。”子之于母，当以柔巽辅导之[①]，使得于义。不顾而致败蛊[②]，则子之罪也。从容将顺[③]，岂无道乎？若伸己刚阳之道，遽然矫拂则伤恩[④]，所害大矣，亦安能入乎？在乎屈己下意[⑤]，巽顺相承，使之身正事治而已。刚阳之臣事柔弱之君，义亦相近。（《周易程氏传》）

〔注释〕

①巽：卑顺。

②败蛊（gǔ）：失败的事。

③将顺：顺势助长、促成。

④矫拂：拂逆，违背。

⑤下意：虚心和顺。

〔译文〕

“干母之蛊，不可贞。”儿子对于母亲，应以柔顺来引导、开导她，使她得以合于义理。如果因儿子不顺柔而致事情败坏，那是儿子的罪过。如果从容地顺承着做，怎么会没有办法做成事？如果儿子按照自己的阳刚的气质，骤然违背母亲，就会伤害母子感情，后果很严重，又怎么能够劝说母亲呢？关键在于委屈自己、虚心和顺，用柔顺的原则承奉母亲，使她慢慢感悟，最终能做到身正，事情也办好了。气质刚强的臣下对于柔弱的君王，道理也与此类似。

4.《蛊》之九三，以阳处刚而不中，刚之过也，故小有悔。然在《巽》体，不为无顺。顺，事亲之本也。又居得正，故无大咎，然有小悔。已非善事亲也。（《周易程氏传》）

〔译文〕

《蛊》卦九三爻，阳爻处在阳刚位却没有处在中正的位置，过分刚强，因此会有过失。但它的下一卦是《巽》，九三爻处于巽体中，有巽的柔顺。顺，是事亲的根本。它又居正位，所以没有大灾祸，但有小的过失。既然过分地刚，已经算不得善于侍奉父母了。

5. 正伦理，笃恩义，《家人》之道也。（《周易程氏传》）

〔译文〕

端正各类人伦规范，加深亲人间的感情，就是《家人》卦蕴含的道理。

6. 人之处家，在骨肉父子之间，大率以情胜礼，以恩夺义，惟刚立之人，则能不以私爱失其正理，故《家人》卦大要以刚为善。（《周易程氏传》）

〔译文〕

与家人相处，骨肉父子间，大多会将亲情放在礼法之上，以恩爱取代义理。只有刚正特立的人，才能不因私而失公正的原则，所以《家人》卦大致上以刚为善。

7.《家人》上九爻辞，谓治家当有威严，而夫子又复戒云，当先严其身也。威严不先行于己，则人怨而不服。(《周易程氏传》)

〔译文〕

《家人》上九爻说管理一个家要威严。孔子又告诫说，应当首先严格要求自己，修身立德。如果使人敬畏的庄严气势不首先在自己身上施行，那么别人就会抱怨而不服从。

8.《归妹》九二，守其幽贞[①]，未失夫妇常正之道。世人以媟狎为常[②]，故以贞静为变常，不知乃常久之道也。(《周易程氏传》)

〔注释〕

①幽贞：指高洁坚贞的节操。

②媟(xiè)狎(xiá)：不庄重。

〔译文〕

《归妹》九二爻说的是坚守高洁忠贞的节操，没有丧失夫妻间正当的法则。普通人常把亲密无间当作夫妻间理所当然的状态，因此认为坚贞纯洁的相敬如宾为不寻常，但是不知道这才是夫妻长久相处的正道。

9. 世人多慎于择婿,而忽于择妇。其实婿易见,妇难知,所系甚重,岂可忽哉?(《河南程氏遗书》)

〔译文〕

世人大多在选择女婿的时候小心谨慎,而选择媳妇的时候疏忽大意。实际上女婿的品德比较容易衡量,媳妇却难以了解。妇人的品德关系重大,怎么可以疏忽呢!

10. 人无父母,生日当倍悲痛,更安忍置酒张乐以为乐?若具庆者①,可矣。(《河南程氏遗书》)

〔注释〕

①具庆:谓父母俱存。

〔译文〕

父母过世以后,自己生日的那一天,应该因为思念父母比平日更加悲伤,怎么忍心摆酒奏乐来寻欢作乐呢?如果父母还健在,欢庆一下自己生日则是可以的。

11. 问:《行状》云:"尽性至命,必本于孝悌。"不识孝悌何以能尽性至命也?曰:后人便将性命别作一般事说了。性命孝悌,只是一统底事,就孝悌中便可尽性至命。如洒扫应对与尽性至命,亦是一统底事,无有本末,无有精粗,却被后来人言性命者①,别作一般高远说。故举孝悌,是于人切近者言之。然今时非无孝悌之人,

而不能尽性至命者，由之而不知也。（《河南程氏遗书》）

〔注释〕

①性命：中国古代哲学范畴，指万物的禀赋。

〔译文〕

有人问：《明道先生行状》说他“穷尽本性直至认识天命，根本在于孝敬父母、友爱兄弟。”不知道孝敬父母、友爱兄弟，怎么能穷尽本性直到认识天命？程颐回答说：后世的人都把性命当成另一回事说了。性命和孝悌，本来是一回事，尽到了孝悌就能穷尽本性直到认识天命。如弟子洒扫庭院、酬答宾客与穷尽本性直到认识天命，也是一回事，没有本末，不分精粗，却被后来谈论性命的人，把本性与天命作为一种高超的理论去说了。所以程颢他举出了孝悌，这是就人的切近处来谈论性命。然而现在并非没有孝悌的人，但他们不能穷尽本性直至认识天命，是由于只是走着这个路却不明白这个理。

12. 问：第五伦视其子之疾与兄子之疾不同[①]，自谓之私，如何？曰：不待安寝与不安寝[②]，只不起与十起，便是私也。父子之爱本是公，才着些心做，便是私也。又问：视己之子与兄之子有间否？曰：圣人立法，曰：“兄弟之子犹子也。”又问：天性自有轻重，疑若有间然。曰：只为今人以私心看了。孔子曰：“父子之道，天性也。”此只就孝上说，故言父子天性，若君臣、兄弟、宾主、朋友之类,亦岂不是天性?只为今人小看,却不推其本所由来故尔。己之子与兄之子所争几何[3]?是同出于父者也。只为兄弟异形,故以兄弟为手足。人多以异形故,亲己之子异于兄弟之子,甚不是也。又问:孔子以公冶长不及南容[4],故以兄之子妻南容,以己之子妻公冶长[5],何也?曰:此亦以己之私心看圣人也。凡人避嫌者,皆内不足也。圣人至公,何更避嫌?凡嫁女各量其才而求配,或兄之子不甚美,必择其相称者为之配;己之子美,必择其才美者为之配。岂更避嫌耶?若孔子事,或是年不相若,或时有先后,皆不可知。以孔子为避嫌,则大不是。如避嫌事,贤者且不为,况圣人乎?(《河南程氏遗书》)

〔注释〕

①第五伦:生卒不详,名伦,字伯鱼,京兆长陵(陕西咸阳)人。东汉时期儒士。

②不待:不愿意。

③争:相差。

④南容:姬姓,孟孙氏,名括,字子容,春秋时鲁国人。孔子弟子。

⑤公冶长:复姓公冶,名苌,字子长,春秋时鲁国人。孔子弟子。

〔译文〕

有人问:第五伦对待儿子的病与对其兄之子不一样,他自己说这是私心,该如何看待?回答说:没有安寝与不能安寝,不起床与起十次,这就是私心。父子之爱本是公,一刻意去做,就是自私。又问：对待自己的孩子和对待兄长的孩子应有差别吗？回答说：圣人立下的规则说：兄弟之子如同自己的儿子。又问：从天性说自己的孩子与兄弟的孩子有轻重的不同，似乎应该有差别？回答说：这只是因为今人用私心来看这天性。孔子说："父子之间的亲爱，是出于天性。"这只是就孝这一个方面说的，所以说父子遵循的法则属天性，至于君臣、兄弟、宾主、朋友之类，难道不也是天性吗？只因为现在的人用狭隘的眼光看，不推究其原本的由来才成这种看法。自己的儿子与兄长之子，差别能有多大呢？都是出于父亲。因为兄弟的形体不同，所以把兄弟比作手足。人们经常因为形体不同，就爱自己的儿子与爱兄弟之子不同，这是非常不对的。又问：孔子认为公冶长不如南宫适，所以把兄长的女儿嫁给南宫适，把自己的女儿嫁给公冶长，为什么呢？回答说：这也是人们拿自己的私心去看圣人了。凡是人要避嫌，都是由于心虚。圣人达到了大公无私的境界，哪里还用避嫌？大致上嫁女儿都是按她的资质而择配，或许兄长的女儿不太美，一定要选择那些相称的做她的配偶；自己的女儿美，一定选那些才能优秀的做她的配偶，难道还需要避嫌吗？至于说到孔子的事，或许是年龄不相当，或者是时间有先后，都是说不清的。认为孔子是出于避嫌才这么做的，那就非常不对了。像避嫌这类事情，贤能的人都不去做，何况是圣人呢？

13. 问："孀妇，于理似不可取，如何？"曰："然。凡取以配身也[①]。若取失节者以配身[②]，是己失节也。"又问："或有孤孀贫穷无托者，可再嫁否？"曰："只是后世怕寒饿死，故有是说。然饿死事极小，失节事极大。"

(《河南程氏遗书》)

〔注释〕

①取:同“娶”。

②失节:指女子失去贞操。

〔译文〕

有人问:按道理似乎不能娶寡妇,是这样吗?回答说:是的。凡是娶妻,是给自己找匹配的人。如果迎娶失去节操的女人,自己也就失去节操了。又问:比如有孤单的寡妇,贫穷无依无靠,可不可以改嫁呢?回答说:这是后代有些人为害怕冻死或饿死找借口,所以才有了可以改嫁这套说辞。其实饿死微不足道,但是再嫁而失去节操则极为严重。

14. 病卧于床,委之庸医,比之不慈不孝。事亲者,亦不可不知医。(《河南程氏外书》)

〔译文〕

父母亲卧病在床,把他们交到庸医手上,与不慈爱、不孝敬差不多。所以奉养父母就必须掌握一点医学常识。

15. 程子葬父,使周恭叔[①]主客[②]。客欲酒,恭叔以告,先生曰:“勿陷人于恶。”(《河南程氏外书》)

〔注释〕

①周恭叔:周行己(生卒年不详),字恭叔,号浮沚,永嘉(今浙江温

州）人。

②主客：接待宾客。

〔译文〕

程颐安葬父亲，请周行己接待宾客。有客人想要饮酒，周行己告诉程颐。程颐说：不要让别人陷入违背礼仪的过错中。

16. 买乳婢，多不得已，或不能自乳，必使人。然食己子而杀人之子，非道。必不得已，用二乳食三子，足备他虞①，或乳母病且死，则不为害，又不为己子杀人之子，但有所费。若不幸致误其子，害孰大焉！（《河南程氏外书》）

〔注释〕

①虞：忧虑，忧患。

〔译文〕

购买乳母大多是迫不得已，比如不能给孩子哺乳，必须请别人代为哺乳。然而如果为了给自己的孩子哺乳，害死了别人的孩子，就不符合道义了。出于迫不得已，可以用两个乳母哺乳三个孩子，这样能以防万一。如果其中一个乳母生病了或者死亡，就不会有大的妨碍，而且也不至于为了自己的孩子害死别人家的孩子，只是花费要多一些。可是如果不幸害死了别人家的孩子，这与花费多相比，哪一种害处更大呢？

17. 先公太中讳珦[1],字伯温。前后五得任子,以均诸父子孙。嫁遣孤女,必尽其力。所得俸钱,分赡亲戚之贫者。伯母刘氏寡居,公奉养甚至。其女之夫死,公迎从女兄以归,教养其子,均于子侄。既而之兄之女又寡,公惧女兄之悲思,又取甥女以归嫁之。时小官禄薄,克己为义,人以为难。公慈恕而刚断,平居与幼贱处,惟恐有伤其意。至于犯义理,则不假也[2]。左右使令之人,无日不察其饥饱寒燠[3]。娶侯氏。侯夫人事舅姑以孝谨称,与先公相待如宾客,先公赖其内助,礼敬尤至,而夫人谦顺自牧[4],虽小事未尝专,必禀而后行。仁恕宽厚,抚爱诸庶,不异己出。从叔幼孤,夫人存视[5],常均己子。治家有法,不严而整。不喜笞扑奴婢。视小臧获如儿女[6],诸子或加呵责,必戒之曰:"贵贱虽殊,人则一也。汝如是大时,能为此事否?"先公凡有所怒,必为之宽解,唯诸儿有过,则不掩也,常曰:"子之所以不肖者,由母蔽其过,而父不知也。"夫人男子六人,所存惟二,其爱慈可谓至矣,然于教之之道,不少假也。才数岁,行而或踣[7],家人走前扶抱,恐其惊啼,夫人未尝不呵责曰:"汝若安徐,宁至踣乎!"饮食常置之坐侧。尝食絮羹[8],皆叱止之,曰:"幼求称欲,长当何如?"虽使令辈,不得以恶言骂人,非性然也,教之使然也。与人争忿,虽直不右,曰:"患其不能屈,不患其不能伸。"及稍长,常使从善师友游,虽居贫,或欲延客,则喜而为之具。

夫人七八岁时诵古诗曰:“女子不夜出,夜出秉明烛。”自是日暮则不复出房阁。既长好文,而不为辞章,见世妇女以文章笔札传于人者,则深以为非。(《河南程氏文集》)

〔注释〕

①先公太中:指二程父亲程珦(1006—1090)。

②假:宽容,宽饶。

③寒燠(yù):冷热。燠,暖,热。

④自牧:自我修养。

⑤存视:照顾。

⑥臧获:奴婢。

⑦踣(bó):向前扑倒。

⑧絮羹:加盐、梅于羹中以调味。

〔译文〕

程颐说:先父太中大夫名叫程珦,字伯温。他前后五次得到朝廷给儿子官职的待遇,都把机会让给了我伯父、叔父的子孙们。送嫁我伯父、叔父们留下的孤女,一定尽自己的力量置妆。他拿到的俸钱,要分给亲戚中贫穷的。伯母刘氏寡居,他奉养非常周全。她女儿的丈夫死了,先父把这位堂姐接回家,教养堂姐的孩子,和自己子侄们一样。不久这位堂姐的女儿又守了寡,先父怕他堂姐悲哀思念,又把这位外甥女接回来再嫁了人。当时他官小俸禄也少,能够克制自己、奉行道义,人们都认为非常难得。先父不仅宽厚仁慈,并且做事刚毅果断,平时与晚辈或贫贱者相处,生怕不慎伤害了他们的感情。至于谁做了有违义理的事，则不予宽容。身边使唤的人，每天都要关怀他们的饥饱寒温。娶侯氏。侯夫人事奉公婆以孝敬谨慎著称，与先父相敬如宾，先父依靠她的内助，对她非常恭敬，而侯夫人也能以谦卑顺从来要求自己，即使是小事也不自作主张，一定都先禀告先父以后才去做。她仁厚宽容，抚爱庶子，和自己亲生的一样。我的堂叔幼孤，夫人细心照顾，与自己的孩子一样。她治家有法，不严厉却整肃。不喜欢责打奴婢。对待小奴婢就像儿女一样，孩子们谁要呵斥小奴婢，她一定要告诫说："人的贵贱虽然不同，但同样都是人。你像这么大的时候，能做这样的事吗？"先父有什么事发怒，她一定要劝解，只有儿子们有了过错，则不自护，她常常说："孩子之所以不成器，是由于做母亲的隐瞒他们的过错，使父亲不了解呀。"夫人有六个儿子，但存活的只有两人，她对仅存的儿子的爱可以说无以复加了，但她在教子方面，一点也不宽容。刚刚几岁，走路有时还会跌倒，家里人前去抱扶，恐怕孩子受惊啼哭，夫人她总是呵责说："你要是安稳慢走，哪至于跌倒！"吃饭时常让孩子坐在自己身边。如果挑食或把汤味调浓，都会被斥责阻止，说："小时候就追求满足口腹之欲，长大以后将会怎么样？"即使是使唤的人，也不许以恶语辱骂他们。所以我们兄弟一生对于饮食衣服没有什么挑剔，不会恶语骂人，这并非出于天性，是母亲教育养成的。孩子和人争吵，即使孩子有理，她也不替孩子说话，她说："担心的是孩子长大不能屈己，不用担心他们不能伸张。"等到孩子稍大一点，常常让其跟好的老师学习。即使在贫困中，有时孩子想请客，她就高高兴兴地替孩子准备。夫人七八岁时读古诗，有两句说："女子不夜出，夜出秉明烛。"从此以后一到日暮就不再出闺房。长大以后喜爱文学，但从不写文章，看到社会上女性以文章或者书画传给别人看的，就很以为不然。

18. 横渠先生尝曰：事亲奉祭，岂可使人为之？（吕大临《横渠先生行状》）

〔译文〕

张载说：侍奉双亲，祭奠父母，怎么可以请别人代替自己去做呢？

19. 舜之事亲有不悦者，为父顽母嚚[①]，不近人情。若中人之性[②]，其爱恶略无害理，姑必顺之。亲之故旧，所喜者当极力招致，以悦其亲。凡于父母宾客之奉，必极力营办，亦不计家之有无[③]，然为养又须使不知其勉强劳苦，苟使见其为而不易，则亦不安矣。（张载《记说》）

〔注释〕

①嚚（yín）：暴虐。

②中人：中等资质的人。

③有无：指家计的富裕或贫穷。

〔译文〕

大舜竭力侍奉父母，但是父母仍然不开心，是因为他的父亲愚蠢，母亲暴虐，是不合乎人情。如果你的父母亲是普通人，他们的爱好只要没有违背道义，就一定要顺从他们。父母喜欢交往的老朋友们，都要尽力邀请来，让父母开心。对父母以及所邀请的客人的招待，一定要尽力去操办，不要考虑家里是富裕还是贫穷。但是奉养父母，又不能让父母知道你的竭尽全力、操劳辛苦，如果让他们看到你的辛苦，他们可能就会不安心了。

20.《斯干》诗言："兄及弟矣，式相好矣①，无相犹矣。"言兄弟宜相好，不要相学。犹，似也。人情大抵患在施之不见报则辍②，故恩不能终。不要相学，己施之而已。（张载《诗说》）

〔注释〕

①式：发语词。

②施：给予，施恩。

〔译文〕

《诗经》的《斯干》说："兄及弟矣，式相好矣，无相犹矣。"说的是兄弟应该彼此亲密，不要仿效对方不友好的行为。犹，类似的意思。人们常常犯这样的毛病：我以好对他，他不以好报我，于是就断绝对他的友好，所以恩情不能保持始终。不要效仿彼此不好的行为，只管付出自己的关爱就是了。

21."人不为《周南》《召南》，其犹正墙面而立。"常深思此言，诚是。不从此行，甚隔着事，向前推不去。盖至亲至近，莫甚于此，故须从此始。（张载《诗说》）

〔译文〕

《论语》说："人如果不去做《诗经》的《周南》《召南》所言的修身齐家，就好像面对墙壁站立一样，什么都看不到，哪儿都去不了。"我常深入思考这句话，确实如此啊。如果不从这里去做，就会有很多障碍，事情无法推进。最为亲近、最为切近的，以修身齐家最重要，所以要从修身齐家开始。

22. 婢仆始至者，本怀勉勉敬心[①]。若到所提掇更谨则加谨[②]，慢则弃其本心，便习以性成。故仕者入治朝则德日进，入乱朝则德日退，只观在上者有可学无可学尔。（张载《经学理窟》）

〔注释〕

①勉勉：力行不倦的样子。

②提掇（duō）：提起，振作。

〔译文〕

仆人刚来的时候，都会怀着勤勉谨敬的想法，如果主人提醒指点得更加谨严，仆人就会更加谨慎；如果主人放松要求，仆人就会放弃最初的想法，时间长了就养成消极怠工的习惯。从政当官也是如此，在政治清明的朝廷，德行就会日益进步；在政治混乱的朝廷，德行就会一天天退步，只需要观察处在上位的人是否追求上进。

卷七　出处

〔题解〕

本卷主要考察义利，强调义的重要性，指出了利的根本；天命，指出如何才能知天命；进取，指出怎么样的进取才是适当的；追随，指出要注意的事项；自守，强调持守节操，不同流合污；安贫，突出其功用和做法；科举，指出不能改变学习圣人之道的志向。从这七大方面研究如何处世。

1. 伊川先生曰：贤者在下，岂可自进以求于君？苟自求之，必无能信用之理。古人之所以必待人君致敬尽礼而后往者，非欲自为尊大，盖其尊德乐道之心不如是，不足与有为也。（《周易程氏传》）

〔译文〕

程颐说：贤者处在下位，怎能自荐求君主给他职位呢？如果自己去求他，肯定没有让国君信任重用的道理。古人之所以一定要等到国君致敬尽礼后才接受官职，并不是妄自尊大，而是因为国君如果没有表达出这样的尊重德性与乐于行道的愿望，就不能够与臣下一起有所作为。

2. 君子之需时也[①]，安静自守。志虽有须[②]，而恬然若将终身焉，乃能用常也。虽不进而志动者，不能安其常也。(《周易程氏传》)

〔注释〕

①需时：等待时机。

②须：迟缓。

〔译文〕

君子等待时机时，一定安静自守。心志上虽然在等待时机以有所推迟，但心情平淡像是要永远自守下去，这样才能不失其常。虽然没有进取的动作但心志在动的人，就不能安于平常。

3.《比》：“吉，原筮，元永贞，无咎。”《传》曰：人相亲比[①]，必有其道。苟非其道，则有悔咎。故必推原占决其可比者而比之[②]，所比得元永贞，则无咎。元谓有君长之道；永谓可以常久；贞谓得正道。上之比下，必有此三者；下之从上，必求此三者。(《周易程氏传》)

〔注释〕

①亲比：亲近依附。

②原占：推究占卜的结果。

〔译文〕

《比》卦说：“吉，推究一下占筮的结果，如果具备元、永、贞三者，就不会有灾祸。”《周易程氏传》说：人与人相亲相附，一定要讲原则。如果违背原则去亲近，就会有祸患和灾难。因此一定要推究一下占筮的结果，判断那些可以亲近的人而去依靠，所依靠的具备元、永、贞三德，就没有灾祸。元是说这人具有君长之道，永是说亲近可以长久，贞是说得行正道。在上位的人使在下的人亲近自己，一定要有元、永、贞三德；在下的人去跟随在上的人，一定要求在上的人具备这三德，才不会有灾难。

4.《履》之初九曰：“素履，往无咎。”《传》曰：夫人不能自安于贫贱之素，则其进也，乃贪躁而动，求去乎贫贱耳，非欲有为也。既得其进，骄溢必矣，故往则有咎。贤者则安履其素，其处也乐，其进也将有为也，故得其进，则有为而无不善。若欲贵之心与行道之心交战于中，岂能安履其素乎？（《周易程氏传》）

〔译文〕

《履》的初九爻辞说：“按平常的行走方式，前往没有灾难。”《周易程氏传》说：人如果不能安于贫贱，那么他追求官位，就是贪心浮躁而动，只是想改变贫贱的地位，并不是想要有所作为。那么一旦他得到官位，就会骄傲自满，所以这样的任职会带来灾难。贤者则安于现状，处在贫贱时安乐，他做官是想有所作为，所以贤人一旦获得官位就能有作为而无恶行。如果追求显贵之心与行道之心在胸中交战，又怎能够安于现状？

5. 大人于否之时，守其正节，不杂乱于小人之群

类，身虽否而道之亨也，故曰："大人否，亨。"不以道而身亨，乃道否也。（《周易程氏传》）

〔译文〕

君子在时运不济的时候，仍然坚守正直的节操，不混杂在小人的群类中，虽然自身时运不济，但是道义通达顺利。所以说："君子时运不济，道义却可以通达。"用违反正道的手段而使自身显达，道义的施行则变得艰难。

6. 人之所随，得正则远邪，从非则失是，无两从之理。《随》之六二，苟系初则失五矣，故《象》曰："弗兼与也。"所以戒人从正当专一也。（《周易程氏传》）

〔译文〕

选择要追随的人的时候，选择正直的人，就会远离邪恶的人，跟从错误的人，就会失去正确的人，没有两全其美的道理。《随》的六二爻，如果系于初九爻，就会失去九五爻，所以《象》辞说："两者不可能兼得。"这就是告诫人们，在追随正道时应专一。

7. 君子所贵，世俗所羞；世俗所贵，君子所贱。故曰："贲其趾，舍车而徒。"（《周易程氏传》）

〔译文〕

君子所重现的，世俗却认为羞耻；世俗所重视的，君子却轻视它。所以《贲》卦的初九爻辞说："装饰脚趾头，丢弃车子徒步走。"

8.《蛊》之上九曰："不事王侯，高尚其事。"《象》曰："不事王侯，志可则也。"《传》曰：士之自高尚，亦非一道；有怀抱其德，不偶于时，而高洁自守者；有知止足之道，退而自保者；有量能度分[①]，安于不求知者；有清介自守，不屑天下之事，独洁其身者。所处虽有得失小大之殊，皆自高尚其事者也。《象》所谓"志可则"者，进退合道者也。(《周易程氏传》)

〔注释〕

①量能度分：衡量才能，估计才分。

〔译文〕

《蛊》卦的上九爻辞说："不事奉王侯，高尚自己的行为。"《象》辞说："不事王侯，他的志向值得效法。"《周易程氏传》说：士人自求高尚，不是只有一种方式：有怀抱高尚的道德，而没有遇到适合他施展抱负的时代，就暂以高洁自守；有的知止知足，功成身退，明哲保身；有的衡量自己的能力与才分大小，自安于贫贱而不求显达；有的人作风清廉，守持正道，瞧不起为天下各种繁杂世俗的事情而忙碌，独自持守廉洁的德行。他们处身虽有得失，所见有大小的不同，但都属于追求高尚行为的方式。《象》辞讲的"他们的志向值得效法"，就是指他们进退都合于道啊。

9.《遁》者阴之始长，君子知微，故当深戒。而圣人之意，未便遽已也，故有“与时行，小利贞”之教。圣贤之于天下，虽知道之将废，岂肯坐视其乱而不救？必区区致力于未极之间[①]，强此之衰，艰彼之进，图其暂安。苟得为之，孔孟之所屑为也，王允[②]、谢安之于汉晋是也。(《周易程氏传》)

〔**注释**〕

①区区：辛苦殷勤的样子。

②王允(137—192)：字子师，太原祁县(今山西祁县)人。东汉末年大臣。

〔**译文**〕

《遁》卦是阴气初长的时候，君子明察秋毫，知事情向坏的方向发展的微小征兆，所以应该引以为戒。但圣人之意，并不是要马上停止他的作为，所以《遁》卦《彖》辞有“把握时机行动，有微小的和谐贞正”的教导。圣贤对于天下形势，尽管知道圣人之道将要崩坏，但他岂肯毫无行动地看着衰乱发生而不去救助呢？一定尽其全力在世道还没有崩坏的时候，努力挽救这样衰微的形势，艰难地维持事情的运行，以图使天下获得暂时的安宁。如果能够做，孔子、孟子都肯去做，王允之在汉末、谢安之在晋代就是这样啊。

10.《明夷》初九，事未显而处甚艰，非见几之明不

能也，如是则世俗孰不疑怪？然君子不以世俗之见怪而迟疑其行也。若俟众人尽识，则伤已及而不能去矣。(《周易程氏传》)

〔译文〕

《明夷》初九爻，事还处在刚刚萌芽状态，处境非常艰难，如果没有见微知著的明智是无法察觉的。此时君子远祸而去，这样世俗之人怎能不感到疑惑与奇怪呢？但是君子不因为世俗之人觉得奇怪就犹豫而不行动。如果等到普通人都理解的时候，那么伤害已经降临，无法避免了。

11.《晋》之初六，在下而始进，岂遽能深见信于上？苟上未见信，则当安中自守，雍容宽裕，无急于求上之信也。苟欲信之心切，非汲汲以失其守[①]，则悻悻以伤于义矣[②]，故曰："晋如摧如，贞吉，罔孚，裕，无咎。"然圣人又恐后之人不达宽裕之义，居位者废职失守以为裕，故特云"初六裕则无咎"者，始进未受命当职任故也。若有官守，不信于上而失其职，一日不可居也。然事非一概，久速唯时，亦容有为之兆者。(《周易程氏传》)

〔注释〕

①汲汲：心情急切的样子。

②悻(xìng)悻：愤恨难平的样子。

〔译文〕

《晋》卦初六爻，位居最下，比喻人刚获得职位，怎么能一下子就被在上者深信呢？如果在上的人还不信任你，就应当安处内心，持守自己的本分，处于一种悠然宽容的状态，不要急于求得在上位的人的信任。如果你想求得信任的心迫切，不是匆匆地失去你的操守，就是因愤恨而伤于义理，所以初六的爻辞说："无论是上进还是退却，都是吉利的。尚未得到信任，从容不迫，没有灾害。"但是圣人又担心后人不理解宽裕的含义，担心那些居有官位的人也废弃职守去追求宽裕不迫，所以在《象》辞中又着意强调初六说的"裕无咎"，是就刚入仕还没有接受任命担当职责的人说的。如果你有了官职，不能取信于上就会失其职，一天也熬不过去的。但事情不可一概而论，不论快速还是迟缓，都要根据实际情况而定，也可能是能够有所作为的征兆。

12. 不正而合，未有久而不离者也。合以正道，自无终睽之理。故贤者顺理而安行，智者知几而固守。(《周易程氏传》)

〔译文〕

不合道义的结合，没有能持久不分的；以正道合作，则自然没有最终相背离的道理。所以贤达的人顺应自然法则而安行无事，聪明的人能提前察觉到微小的征兆而坚守正确的原则。

13. 君子当困穷之时，既尽其防虑之道而不得免，则命也。当推致其命以遂其志。知命之当然也，则穷塞祸患不以动其心，行吾义而已。苟不知命，则恐惧于险难，陨获于穷戹[①]，所守亡矣，安能遂其为善之志乎？

(《周易程氏传》)

〔注释〕

①陨获:困迫失志的样子。

〔译文〕

君子落魄的时候,尽力去避免仍然不能免于落魄,那是命中注定的。那么就应该顺应天命以便实现自己的志向。明白了天命之当然,那么任何困难险阻与祸患都不能动摇其心志,只要实行自己的道义就可以了。如果不明天命,就会在困难面前退缩,就会在穷困面前丧失志气、失去自己的节操,又怎么能实现为善的志向呢?

14. 寒士之妻,弱国之臣,各安其正而已。苟择势而从,则恶之大者,不容于世矣。(《周易程氏传》)

〔译文〕

贫苦读书人的妻子,弱国的臣子,都应各安自己的正道。如果选择权势显赫的男人或者富强的国家去追随,那就是最大的邪恶,会为世间所不容。

15.《井》之九三,渫治而不见食[①],乃人有才智而不见用,以不得行为忧恻也。盖刚而不中,故切于施为,异乎"用之则行,舍之则藏"者矣。(《周易程氏传》)

〔注释〕

①渫(xiè):清除污秽。

〔译文〕

《井》卦九三爻,水澄清了人们却不饮用,比喻人有才智却不被任用,因为才能得不到施展而感到悲伤。这一爻刚而不得中,所以急切地要有所作为,也就不同于孔子说的“你用我我就出来做事,你不用我我就藏身自爱”的话。

16.《革》之六二,中正则无偏蔽,文明则尽事理,应上则得权势,体顺则无违悖,时可矣,位得矣,才足矣,处《革》之至善者也。必待上下之信,故“己日乃革之也”。如二之才德,当进行其道,则吉而无咎也。不进则失可为之时,为有咎也。(《周易程氏传》)

〔译文〕

《革》卦的六二爻,处于适中正当就没有偏颇,文采彰明就可以穷尽事理,与在上位的九五爻相应就可以得到权势,体性柔顺就不会有悖逆的事情发生。时机正好,权位也有,才德又足,因此说它处在《革》卦最好的位置。但一定要等待上下都信从了才能变革,所以说“到了己日才变革”。像六二爻这样的才德,应该积极地推行正道,这样方才吉利而无祸害。如果不去进取而失去大有作为的时机,那就会有祸患发生。

17.《鼎》之“有实”，乃人之有才业也，当慎所趋向。不慎所往，则亦陷于非义，故曰：“鼎有实，慎所之也。”（《周易程氏传》）

〔译文〕

鼎中装有实物，比喻人有才能，应谨慎决定自己的去向。不慎重决定自己所趋所向，就有可能会陷入不义。所以《鼎》卦九二之《象》辞说：“鼎中盛有实物，慎重选择去向。”

18. 士之处高位，则有拯而无随；在下位，则有当拯，有当随，有拯之不得而后随。（《周易程氏传》）

〔译文〕

士人处在高位，对于属下的错误，只有纠正而不能追随；处在低的地位上，对于上司的错误，有应该纠正的，有应该追随的，有纠正不成而后追随的。

19.“君子思不出其位”，位者，所处之分也。万事各有其所，得其所则止而安。若当行而止，当速而久，或过或不及，皆出其位也，况逾分非据乎？（《周易程氏传》）

〔译文〕

“君子的思虑不超过他的位置”，位就是指所处的职位。一切事物都有自己应处的位置，能处于自己应处的位置就心安理得。人行事时，如果该向前进取你却退缩，该快速你却缓慢，或过度或不及，都是超越了应处的位置，何况超出职分而据于不应据的位置呢？

20. 人之止难于久终，故节或移于晚，守或失于终，事或废于久，人之所同患也。《艮》之上九，敦厚于终，止道之至善也。故曰："郭艮，吉。"（《周易程氏传》）

〔译文〕

人最难的是坚持到最后，因此有的人晚年变节，失去操守，事情有时在做了很久后又废弃了，这是人们共同面临的问题。《艮》卦的上九爻，敦实谨厚到最终，达到了持守之道最完善的境界。所以说："敦厚到终止，吉利。"

21.《中孚》之初九曰："虞吉。"《象》曰："志未变也。"《传》曰：当信之始，志未有所从，而虞度所信[①]，则得其正，是以吉也。志有所从，则是变动，虞之不得其正矣。（《周易程氏传》）

〔注释〕

①虞度：谋虑。

〔译文〕

《中孚》卦的初九爻辞说："可以推究得结果就吉利。"《象》辞说："心志还没有改变。"《周易程氏传》说：当开始选择信任谁时，认识没有受到影响，这时推测要信任的对象，能够准确地推测，所以吉利。如果心里已经有了所要信从的对象，心志受到影响，认识就变化了。再去推测，就不会有正确的结果了。

22. 贤者惟知义而已，命在其中。中人以下，乃以命处义。如言“求之有道，得之有命，是求无益于得”，知命之不可求，故自处以不求。若贤者则求之以道，得之以义，不必言命。（《河南程氏遗书》）

〔译文〕

贤能的人只知按道义做事，命运自然就在其中了。普通人用命运来对待道义，如孟子所言：“虽可借一定的方法去寻求，但最后能不能得到，却由命运来主宰，寻求对获得这个东西没有太大的帮助。”知道命运不可寻求，所以要安处于不寻求的状态。贤能的人就会用符合正道的方法去寻求，最后能不能得到，是按照道义来决定，并不会说是由命运确定的。

23. 人之于患难，只有一个处置，尽人谋之后，却须泰然处之。有人遇一事，则心心念念不肯舍，毕竟何益？若不会处置了放下，便是无义无命也。（《河南程氏遗书》）

〔译文〕

一个人对于艰难困苦，只需处置就可以了，尽力谋划可能做的事情后，就不应再放在心上了。有的人遇到一件事情，念念不忘放不下,这样最终有什么帮助?如果不懂得处置之后就不再放在心上,就是既不信任道义,也不接受命运了。

24. 门人有居太学而欲归应乡举者,问其故,曰:"蔡人尠习《戴记》,决科之利也[①]。"先生曰:"汝之是心,已不可入于尧舜之道矣。夫子贡之高识,曷尝规规于货利哉[②]?特于丰约之间,不能无留情耳。且贫富有命,彼乃留情于其间,多见其不信道也,故圣人谓之'不受命'。有志于道者,要当去此心,而后可语也。"(《河南程氏遗书》)

〔注释〕

①决科:指参加科举考试。

②规规:浅陋拘泥的样子。

〔译文〕

门人里有在太学读书还打算回老家参加科举考试的,问他是什么原因,他说:蔡地之人很少有学习《礼记》的,这样在考试的时候比较有利。程颐对他说:你有了这样的想法,就已经不能学到尧舜相传下来的圣人之道了。比如子贡,具有非常高远的见识,哪里只是关注经商的利润?只不过是在富裕和贫乏之间不能不加以留意而已。况且人的贫与富都是命运决定的,留意于贫与富,可见他对道义就不是特别相信。所以孔子批评他"不相信天命"。有志于学习圣人之道的人,一定要去除这种思想,才能和他讨论圣人之道。

25. 人苟有“朝闻道，夕死可矣”之志，则不肯一日安于所不安也。何止一日，须臾不能。如曾子易箦[①]，须要如此乃安。人不能若此者，只为不见实理。实理者，实见得是，实见得非。凡实理得之于心自别，若耳闻口道者，心实不见，若见得，必不肯安于所不安。人之一身，尽有所不肯为，及至他事又不然。若士者，虽杀之使为穿窬[②]，必不为，其他事未必然。至如执卷者[③]，莫不知说礼义。又如王公大人，皆能言轩冕外物，及其临利害，则不知就义理，却就富贵。如此者，只是说得，不实见。及其蹈水火，则人皆避之，是实见得，须是有“见不善如探汤”之心，则自然别。昔曾经伤于虎者，他人语虎，则虽三尺童子，皆知虎之可畏，终不似曾经伤者，神色慑惧，至诚畏之，是实见得也。得之于心，是谓有德，不待勉强。然学者则须勉强。古人有捐躯陨命者，若不实见得，则乌能如此？须是实见得生不重于义，生不安于死也。故有杀身成仁，只是成就一个是而已。（《河南程氏遗书》）

〔**注释**〕

①箦（zé）：芦苇垫子。

②窬（yú）：通“逾”，翻越。

③执卷者：指读书人。

〔译文〕

一个人如果有“早上听闻圣人之道，晚上就可以坦然面对死亡”的志向，那么他就不会在他所不愿意待的地方待上一天时间。何止是一天时间，片刻也不可以。比如曾子在临终前换掉按照礼仪他本不应该铺的席子，这样才能内心安宁。人如不能这样，是因为没有看到真实的道理。真实的道理，就是可以真看到正确，真看到错误。凡是真实的道理，是真正从内心获得的，自然就不同了。像那些只是耳朵听到、嘴里所说的道理，并不是内心真的明白。如果是从内心真的明白，一定不会安于他们不应该处的地方。同一个人，在某些事情上不愿意做，但别的类似的事情却又会做。比如一些士人，即使杀了他，他都不愿意去干穿洞翻墙偷盗的事，但其他类似事情他就不一定不去做。至于读书人，没有不知道讲说礼义的；又如王公大臣，都能够讨论官位等富贵荣华是身外之物，但真面临巨大的利害关系的时候，就不知道应该遵照义理而行，反而选择富贵。这样的人只能嘴上说一说，内心并不是真明白。至于赴汤蹈火这些危险的事，人们都知道要躲避，这是真的明白，必须要有“见到不善的事情，就好像把手伸进沸水”一样的用心，那么境界自然就不同了。过去曾经被虎咬伤过的人，别人提到老虎的时候，哪怕是三岁的小孩子，都知道老虎可怕，但是终究不同于曾经被老虎咬伤过的人，他神情恐惧，是真的害怕，因为他真的明白那种可怕。真正从内心获得的，可称为有所得，不需要努力。但学者却需要努力。古代那些舍生取义的人，如果不是真明白，怎么能够做得到？要真正明白生命没有道义更重要，活着没有死去更安心才行。所以杀身成仁，只是成就一个正确而已。

26. 孟子辨舜、跖之分，只在义利之间。言间者，谓相去不甚远，所争毫末尔。义与利，只是个公与私也。才出义，便以利言也。只那计较，便是为有利害。若无利害，何用计较？利害者，天下之常情也。人皆知趋利而避害，圣人则更不论利害，惟看义当为不当为，便是命在其中也。（《河南程氏遗书》）

〔译文〕

孟子分辨大舜和盗跖的不同，只是在道义和利益之间。说一个“间”字，意思是两者的差距并不远，只有毫厘而已。道义与利益，其实只是大公与自私的分别而已。稍稍不在意道义，就是考虑利益了。仅仅是那点算计，就是有了利害关系，如果没有利害关系，还要算计什么？考虑利害关系，是人之常情。每个人都知道追求利益、避免祸害，圣人则不考虑利害关系，只是看在道义上该不该做，天命就在其中了。

27. 大凡儒者，未敢望深造于道，且只得所存正，分别善恶，识廉耻。如此等人多，亦须渐好。（《河南程氏遗书》）

〔译文〕

一般的读书人，不敢期望他们对于圣人之道有多么深入的研究，只要做到存心端正，能区别善良与邪恶，知道什么是廉洁与羞耻。如果这一类的人多一些的话，社会风气也会变得越来越好。

28. 赵景平问[①]:"'子罕言利',所谓利者,何利?"曰:"不独财利之利,凡有利心,便不可。如作一事,须寻自家稳便处[②],皆利心也。圣人以义为利,义安处便为利。如释氏之学,皆本于利,故便不是。"(《河南程氏遗书》)

〔注释〕

①赵景平:生卒年不详。程颐弟子。

②须:稍微。

〔译文〕

赵景平问:"'孔子很少谈论利益',所谓的利益是什么利益呢?"程颐回答说:"不单是财货方面的利益,只要有追求利益的心就不可以。比如做一件事情,稍微想寻找对自己比较方便的做法,就是利益之心。圣人把道义作为利益,适合道义的就是有利的。佛教的学说根本上都是为了自己的利益,所以都是错误的。"

29. 问:"邢七久从先生[①],想都无知识,后来极狼狈。"先生曰:"谓之全无知则不可,只是义理不能胜利欲之心,便至如此也。"(《河南程氏遗书》)

〔注释〕

①邢七:邢恕,生卒年不详,字和叔,郑州阳武(今河南原阳西)人。曾

随二程问学。

〔译文〕

问道："邢七跟从先生学习很久了，想来肯定是对于圣人之学没有什么理解，所以后来声名狼藉。"程颐说："说什么都没有理解倒也不对，只是道义的心没有战胜利欲的心，才到了这步田地。"

30. 谢湜自蜀之京师，过洛而见程子。子曰："尔将何之？"曰："将试教官。"子弗答。湜曰："何如？"子曰："吾尝买婢，欲试之，其母怒而弗许，曰：'吾女非可试者也。'今尔求为人师而试之，必为此媪笑也。"湜遂不行。(《河南程氏遗书》)

〔译文〕

谢湜从四川到京城去，经过洛阳拜见程颐。程颐问："你要去哪里？"回答说："我准备去试做老师。"程颐没有回答。谢湜说："您觉得怎么样？"程颐说："我曾经去买婢女，想先试用一下，她的母亲很生气，不答应，说：'我的女儿不可以试用。'现在你想成为老师而让人家试用，想必一定会被这位老妇人所耻笑吧。"谢湜听了这话就不去了。

31. 先生在讲筵，不曾请俸。诸公遂牒户部①，问不支俸钱，户部索前任历子②。先生云："某起自草莱③，无前任历子。"(旧例：初入京官时，用下状出给料钱历④。

先生不请，其意谓朝廷起我，便当廪人继粟[5]、庖人继肉也。）遂令户部自为出券历。又不为妻求封。范纯甫问其故[6]，先生曰："某当时起自草莱，三辞然后受命，岂有今日乃为妻求封之理？"问："今人陈乞恩例，义当然否？人皆以为本分，不为害。"先生曰："只为而今士大夫道得个乞字惯，却动不动又是乞也。"因问："陈乞封父祖如何？"先生曰："此事体又别。"再三请益，但云："其说甚长，待别时说。"（《河南程氏遗书》）

〔注释〕

①牒（dié）：发文，行文。

②历子：宋代支领俸禄的凭证。

③草莱：平民。

④料钱：唐宋时官吏除俸禄外的津贴。

⑤廪（lǐn）人：古代管理粮仓的官吏。

⑥范纯甫：范祖禹（1041—1098），字淳甫，一字梦得，成都华阳（今属四川成都）人。北宋史学家，著有《唐鉴》等。

〔译文〕

程颐担任经筵官给皇帝讲学时，没支取过俸禄。几位做官的朋友于是向户部发文，询问为什么不给程颐发俸禄。户部向他索取之前做官支取俸禄的记录。程颐说："我是从平民起用的，并没有之前做官支取俸禄的记录。"（照旧例，官员初次在京城任职，要按照接到的通知开具领取俸禄的证明。程颐不请求俸禄，他认为朝廷启用我，就应该"派管理粮仓的官吏不断送去谷米，派管理膳食的官吏不断送去肉食"那样，主动让人送来俸禄。）于是就让户部自己出了证明。他又不为妻子求封号，范纯甫问他为什么。程颐说："我当时是从平民被起用的，多次推辞才接受了任命，哪有现在为妻子求封号的道理呢？"又问："现在的人都向朝廷乞求恩例，从道义上来说可以吗？人们都以为这是理所当然的，没有什么妨碍。"程颐说："只是现在的士大夫习惯说乞求，动不动就是乞求。"又问："那么乞求给父亲、祖父封号，可以吗？"程颐说："这件事情，情况又不一样。"范纯甫再三请教，程颐说："这里面的道理说来话长，改天再说吧。"

32. 汉策贤良，犹是人举之。如公孙弘者①，犹强起之乃就对。至如后世贤良，乃自求举尔。若果有曰我心只望廷对，欲直言天下事，则亦可尚已。若志富贵，则得志便骄纵，失志则便放旷与悲愁而已。（《河南程氏遗书》）

〔注释〕

①公孙弘（前200—前121）：字季，菑川薛（今山东滕州南）人。西汉丞相。

〔译文〕

汉代任用贤良为官，其实还是由别人来推荐。比如公孙弘就是强行征起，他才去参加对策的。至于后世的贤良，都是自己寻求被推举。如果真的有人说：我的心里只希望在朝廷上回答皇帝的咨询，直接表达对天下大事的看法，也还是值得推崇的。如果所追求的是富贵，那么得到富贵以后便会骄傲放纵，得不到富贵便会肆意妄为、怨天尤人。

33. 伊川先生曰：人多说某不教人习举业，某何尝不教人习举业也？人若不习举业而望及第，却是责天理而不修人事。但举业既可以及第即已，若更去上面尽力求必得之道，是惑也。(《河南程氏遗书》)

〔译文〕

程颐说：很多人说我不让别人去准备科举考试，我什么时候不允许别人如此了？一个人如果不学习科举的学业而希望考中，那么他就是要求上天特别眷顾自己而自身却不准备努力。但科举能够考中就行了，如果还要在这上面努力研究如何能必定考中，那就太糊涂了。

34. 问："家贫亲老，应举求仕，不免有得失之累，何修可以免此？"伊川先生曰："此只是志不胜气，若志胜，自无此累。家贫亲老，须用禄仕，然得之不得为有命。"曰："在己固可，为亲奈何？"曰："为己为亲，也只是一事。若不得，其如命何？孔子曰：'不知命，无以为君子。'人苟不知命，见患难必避，遇得丧必动，见利必趋，其何以为君子？"(《河南程氏遗书》)

〔译文〕

有人问道："家穷父母年纪大，想考科举以求得一官半职，难免会有考中或者考不中的担忧，怎么做才能避免这种担忧呢?”程颐说:“这只是因为心志不能够战胜意气,如果心志坚定,自然就不会有这些担忧了。家穷父母年老,需要做官用俸禄来养亲,但是能不能得到却要看命运。”又问道:“对自己来说倒是可以,可是如果考虑到父母,又能怎么办?”程颐说:“为自己、为亲人都是一回事。如果不能够考中,那就是命运,又有什么办法呢?孔子说:‘如果不知道命运,就没有办法成为君子。’一个人如果不知道命运的安排,遇到患难就会躲避,遇到名利的得失就会动摇,见到利益就会追逐,他怎么能成为君子呢?”

35. 或谓科举事业夺人之功,是不然。且一月之中,十日为举业,余日足可为学。然人不志此,必志于彼。故科举之事,不患妨功,惟患夺志。(《河南程氏外书》)

〔译文〕

有人说考科举会侵占学习圣人之道的时间,这不对。比如一个月拿十天来备考科举,剩下的时间仍然可以学习圣人之道。一个人如果不把志向放在这上面,就会放在那上面。所以不应该担心科举会侵占学习圣人之道的时间,应该担心的是它有可能改变追求圣人之道的志向。

36. 横渠先生曰:世禄之荣,王者所以录有功[①],尊有德,爱之厚之,示恩遇之不穷也。为人后者,所宜乐职劝功[②],以服勤事任;长廉远利,以似述世风。而近代公卿子孙,方且下比布衣,工声病[③],售有司,不知求仕非

义，而反羞循理为无能；不知荫袭为荣，而反以虚名为善继，诚何心哉！（张载《横渠文集》）

〔注释〕

①录有功：奖励有功的人。
②乐职劝功：乐于职守，努力建功立业。
③声病：诗文声律上的毛病。

〔译文〕

张载说：贵族世代享有爵禄的荣耀，是帝王用来奖励有功之臣、尊崇有道德的人，宠爱他们，厚待他们，以显示皇帝的恩德礼遇连绵不绝。作为世家的后代，应该乐于职守，勤奋有为，任劳任怨，勇于担当，增长廉洁，远离利益，才能继承祖上的遗风。可惜近代以来王公世卿的子孙们，把自己看作是普通老百姓，研究诗词歌赋以求考中科举，不知道追求官位不符合道义，反而以为按照规则享有世代相传的爵禄非常耻辱，是没有能力的表现；根本不知道承袭先辈的爵位是一种荣耀，反而认为通过研究诗赋以中科举取得的虚名是对先人功业最好的继承，这究竟是什么样的想法！

37. 不资其力而利其有，则能忘人之势。（张载《张子语录》）

〔译文〕

不利用别人手中的权力，也不从别人的富有中获利，那么就能不在意别人的权势。

38. 人多言安于贫贱,其实只是计穷力屈才短,不能营画耳。若稍动得,恐未肯安之。须是诚知义理之乐于利欲也乃能。(张载《经学理窟》)

〔译文〕

人常说要安于贫贱,只是因为计谋不够、力量不足、才能有限,没有摆脱贫贱的办法罢了。如果稍微有一点办法,恐怕就不愿意安于贫贱了。所以必须真正知道追求义理比利益欲望快乐,才能够安于贫贱。

39. 天下事,大患只是畏人非笑。不养车马,食粗衣恶,居贫贱,皆恐人非笑。不知当生则生,当死则死,今日万钟,明日弃之,今日富贵,明日饥饿亦不恤,惟义所在。(张载《经学理窟》)

〔译文〕

世间的事,最担心的就是别人嘲笑自己。出行没有车马,吃粗粮杂饭,穿粗麻破衣,处于贫贱的状态,都担心别人的嘲笑。但人们不懂得该活着就活,该死去就死的道理,今天有丰厚的俸禄,明天都可以全部抛弃;今天富裕尊贵,明天饥寒交迫也没有什么遗憾,只要遵循道义行事就可以了。

卷八　治体

〔题解〕

本卷主要讨论政治纲领和具体措施。《近思录》作为理学经典，其政治理念是基于理学修齐治平进行论述。因此本卷认为政治的根本原则在于修身。而具体的统治方法，则从推己及人、德位相符、教化安民等维度展开讨论。

1. 濂溪先生曰：治天下有本，身之谓也；治天下有则，家之谓也。本必端，端本，诚心而已矣；则必善，善则，和亲而已矣。家难而天下易，家亲而天下疏也。家人离必起自妇人，故《睽》次《家人》，以二女同居，而志不同行。尧所以釐降二女于妫汭[①]，舜可禅乎？吾兹试矣。是治天下观于家，治家观身而已矣。身端，心诚之谓也；诚心，复其不善之动而已矣。不善之动，妄也；妄复，则无妄矣；无妄，则诚焉。故《无妄》次《复》，而曰"先王以茂对时育万物[②]"，深哉！（周敦颐《通书》）

〔注释〕

①釐（lí）：命令。

②茂：勤勉。

〔译文〕

周敦颐说：治理天下的根本，那就是治天下者的本身；治理天下有法则，那就是家庭。根本一定要端正，端正的办法，就是内心要真诚；法则要严密，严密的法则，就是亲人要和睦。治理家庭很难，治理天下很容易，这是因为家人亲密而天下疏远。家人之间不和谐，起因一定是因为女人，所以《睽》卦紧接着的是《家人》卦，其中提到"两个女人在一起，想法统一"。帝尧之所以把两个女儿嫁给舜，就是考察是不是可以把天下禅让给舜呢？我通过两个女儿来试试他。因此要想知道一个人是否能够治理天下，可以观察他是否能够治家；一个人是否能够治家，只需要观察他是否能够修身。要自身端正，就要内心真诚；要内心真诚，就是要剔除不善之念的萌动。不善之念的萌动，就是妄动，有了妄动就要回归到不妄动，不妄动就能够真诚。所以《无妄》卦紧接着《复》卦，说："先王努力顺应天时，养育万物。"其中的道理很深刻啊！

2. 明道先生言于神宗曰：得天理之正，极人伦之至者，尧舜之道也；用其私心，依仁义之偏者，霸者之事也。王道如砥[①]，本乎人情，出乎礼义，若履大路而行，无复回曲。霸者崎岖反侧于曲径之中，而卒不可与入尧舜之道。故诚心而王则王矣，假之而霸则霸矣，二者其道不同，在审其初而已[②]。《易》所谓"差若毫厘，谬以千里"者，其初不可不审也。惟陛下稽先圣之言，察人事之理，

知舜之道备于己，反身而诚之，推之以及四海，则万世幸甚。（《河南程氏文集》）

〔注释〕

①砥（dǐ）：磨刀石。

②审：详察。

〔译文〕

程颢对宋神宗说：能够得到天理的正途，穷极人伦的极致，是尧舜之道；用自己的私心，借助有偏差的仁义，则是霸者所做的事情。王道如同磨刀石一样平，根植于人之常情，从礼义出发，像走在大路上一样，没有曲折坎坷。实行霸道的人行走的道路是崎岖的，辗转在曲折的小路上，终究无法到达尧舜之道。所以真诚地推行王道就成王道，假借王道的名声而称霸，就是霸道，王道与霸道的差别，只需要细察其最初的用心。这就是《周易》所讲的“开始的一丝一毫的差别，最终会导致相差千里的谬误”，所以最初的用心不可不去仔细地审查。希望陛下您考察古代圣王的言论，考察人物事物的道理，知道尧舜之道在自己身上都具备，然后反省自己努力达到真诚，进而推广至四海百姓，这是天下万世的荣幸。

3. 伊川先生曰：当世之务，所尤先者三：一曰立志，二曰责任，三曰求贤。今虽纳嘉谋，陈善算，非君志先立，其能听而用之乎？君欲用之，非责任宰辅，其孰承而行之乎？君相协心，非贤者任职，其能施于天下乎？此三者本也，制于事者用也。三者之中，复以立志为本。所谓立志者，至诚一心，以道自任，以圣人之训为可必信，先王之治为可必行，不狃滞于近规[①]，不迁惑于众口[②]，必期致天下如三代之世也。（《河南程氏文集》）

〔注释〕

①狃（niǔ）滞：因袭，拘泥。狃，局限。

②迁惑：改变和迷惑。

〔译文〕

程颐说：当世之事首先要率先做好的有三项：第一是立志，第二是明确臣下的职责，第三是求贤。尽管有人献上好的策略，陈述好的计划，如果君主不先立志，他能听从并采用吗？君主想采用，而不让宰相大臣具体去负责，那谁来接受去施行呢？国君大臣齐心协力，没有贤者在下任职，那么能够推广于天下吗？这三项是治国根本，至于具体的行事则是具体的运用。这三者之中，又以立志为根本。立志，就是至诚一心，以实行圣人之道为己任，以圣人之教导为坚定信念，以先王之治法为必定可行，不被当下的规则习俗约束，不被众说纷纭所迷惑，而坚定地以使天下达到上古三代之治为目的。

4.《比》之九五曰："显比[①]，王用三驱[②]，失前禽。"《传》曰：人君比天下之道，当显明其比道而已。如诚意以待物，恕己以及人，发政施仁，使天下蒙其惠泽，是人君亲比天下道也。如是，天下孰不亲比于上？若乃暴其小仁，违道干誉，欲以求天下之比，其道亦已狭矣，其能得天下之比乎？王者显明其比道，天下自然来比。来者抚之，固不煦煦然求比于物[3]，若田之三驱，禽之去者从而不追，来者则取之也。此王道之大，所以其民皞皞[4]，而莫知为之者也。非惟人君比天下之道如此，大率人之相比莫不然。以臣于君言之，竭其忠诚，致其才力，乃显其比君之道也。用之与否，在君而已，不可阿谀逢迎，求其比己也。在朋友亦然，修身诚意以待之，亲己与否，在人而已，不可"巧言令色"，曲从苟合，以求人之比己也。于乡党亲戚，于众人，莫不皆然，"三驱失前禽"之义也。（《周易程氏传》）

〔注释〕

①比：亲附。

②三驱：指田猎。

③煦煦然：惠爱的样子。

④皞（hào）皞：心情舒畅的样子。

〔译文〕

《比》卦九五爻说："显明亲附之道，圣王从三面驱赶禽兽，听任前方的禽兽走脱。"《周易程氏传》说：君主使天下亲近的办法，应该是明确显示亲近的道理。如以诚意对待外物，以恕己之心恕人，施行仁政，使天下人受其恩泽，这就是人君让天下亲附的办法。能这样，天下人谁不亲附君主呢？如果只是略施小恩小惠，违背道义而求虚名，想要让下面的人亲附，那道路会越走越窄，难道能得到天下人的亲附吗？帝王们充分显示亲附天下之意，天下人自然来亲附。来亲附的就安慰他们，不需要装出和乐的样子来求得他们的亲近，就像狩猎中的三面驱兽，网开一面，禽兽逃脱的不追，自行来的则射取。这是王道的宏大，所以其民心情舒畅，其乐融融而不知所为。不仅人君让天下人亲近自己的方法如此，一般人之相互亲附莫不如此。以臣下对于国君而言，竭尽其忠诚，贡献才力，乃是显示其亲附君上之道。任用或是不用，在君上而已，不可阿谀逢迎求得君主亲任。朋友之间也是如此，修身诚意以待来者，至于亲附与否，则在于他人，不可花言巧语做出讨好的姿态，曲从哄骗，去求得别人亲附自己。对于乡里亲戚，对于普通的人，全都这样，这就是“三驱失前禽”的含义。

5. 古之时，公卿大夫而下，位各称其德，终身居之，得其分也；位未称德，则君举而进之。士修其学，学至而君求之，皆非有预于己也。农工商贾，勤其事而所享有限。故皆有定志，而天下之心可一。后世自庶士至于公卿，日志于尊荣；农工商贾，日志于富侈。亿兆[1]之心交[2]骛于利，天下纷然，如之何其可一也？欲其不乱，难矣！（《周易程氏传》）

〔注释〕

①亿兆：指百姓。
②交：俱，皆。

〔译文〕

古时公卿大夫以下，职位各与其德行相称，终生忠于职守，安于职分；职位低而其德高的，君主就会提拔他到更高的职位。士人修习学业，学成了国君就会请他出仕，都不需要通过他们自己谋求。农工商人，勤于各自的事务，享受各自应得的酬劳。所以人人各有其定志，而天下之心可以统一。后世从庶民士人直至公卿，每天想的是得到尊荣；农工商人，每天想的是富裕奢侈。全天下的老百姓一起追逐名利，天下纷纷，怎么能够统一呢？想不乱，太难了！

6.《泰》之九二曰："包荒[①]，用冯河。"《传》曰：人情安肆，则政舒缓，而法度废弛，庶事无节。治之之道，必有包含荒秽之量，则其施为宽裕详密，弊革事理，而人安之。若无含弘之度，有忿疾之心；则无深远之虑，有暴扰之患，深弊未去，而近患已生矣。故在包荒也。自古泰治之世，必渐至于衰替，盖由狃习安逸因循而然。自非刚断之君，英烈之辅，不能挺特奋发以革其弊也[②]，故曰："用冯河。"或疑上云包荒，则是包含宽容，此云"用冯河"，则是奋发改革，似相反也。不知以含容之量，施刚果之用，乃圣贤之为也。（《周易程氏传》）

〔注释〕

①包荒：度量宽大。

②挺特：超群特出。

〔译文〕

《泰》卦九二爻说："胸怀不仅能包容荒秽，甚至不惜徒步涉过大河而泽被广远。”《周易程氏传》说：当人们安逸放纵的时候，政治就会舒缓，法度就会废弃，各种事情就会失去节度。治理的方法，要有包容一切不良现象的度量，在施政时才能宽厚明察，弊政革除，政事治理，这一切做得稳当而不引起动乱，人民也感到很安定。如果没有胸怀宽广的气度，就会有愤恶急于求成之心；缺少深远之谋，就会有暴乱的祸患，潜在的弊病没有去除，而眼前的患害已经产生。所以要有包容的气量。自古太平治世，定会慢慢衰退，这是由于人们在太平之世习惯于安逸、因循守旧、不思作为而造成的。除非有刚果决断的君主，英勇刚烈之辅臣，不能挺起特出、奋发而革除其弊，所以说要“徒步涉过大河”。有人怀疑上面说的“包容荒秽”，是要包含宽容；这里又说“徒步涉过大河”是要发奋改革，似乎是矛盾的。而不知以宽容的气量来推行刚果之措施，才是圣贤的作为。

7.《观》：“盥而不荐，有孚颙若[①]。”《传》曰：君子居上，为天下之表仪，必极其庄敬。如始盥之初，勿使诚意少散。如既荐之后，则天下莫不尽其孚诚，颙然瞻仰之矣[②]。（《周易程氏传》）

〔注释〕

①孚：诚信。

②颙（yóng）然：温和肃敬的样子。

〔译文〕

《观》卦说：“观看过降神仪式就可不看之后献飨仪式的细

节了，因为内心已经充满真诚与恭敬了。”《周易程氏传》说：君子处在上位时，要成为天下人的表率，一定要极力表现出庄敬，就好像在祭祀中降神仪式之初那样，不要使自己的诚意有一点点松散。就好像在祭祀中献飨后那样，这样天下的人都会表现出他们的诚意，用十分恭敬的心来仰视你。

8. 凡天下至于一国一家，至于万事，所以不和合者，皆由有间也，无间则合矣。以至天地之生，万物之成，皆合而后能遂。凡未合者皆为间也。若君臣、父子、亲戚、朋友之间，有离贰怨隙者，盖谗邪间于其间也。去其间隔而合之，则无不合且洽矣。《噬嗑》者，治天下之大用也。（《周易程氏传》）

〔译文〕

大抵天地之间，一个国家，一个家庭，以至于一切事物，之所以有不能和谐的，都是由于有隔阂，没有了隔阂就能和谐。自天地，以至万物，都是由于和谐才能生成。凡是不能和谐的都是隔阂。如君臣、父子、亲戚、朋友之间，有异心，有怨恨，是由于奸佞之人在中间挑唆。消除了隔阂使之和谐，则彼此之间都会和合融洽了。《噬嗑》卦的道理，对治理天下的作用极大。

9.《大畜》之六五曰：“豮豕之牙①，吉。”《传》曰：物有总摄，事有机会。圣人操得其要，则视亿兆之心犹一心。道之斯行，止之则戢②，故不劳而治，其用若“豮豕之牙”也。豕，刚躁之物。若强制其牙，则用力劳而不能止。若豮去其势，则牙虽存而刚躁自止。君子法豮豕之义，知天下之恶不可以力制也，则察其机，持其要，塞绝其本原，故不假刑法严峻，而恶自止也。且如止盗，民有欲心，见利则动。苟不知教，而迫于饥寒，虽刑杀日施，其能胜亿兆利欲之心乎？圣人则知所以止之之道，不尚威刑而修政教，使之有农桑之业，知廉耻之道，虽赏之不窃也。（《周易程氏传》）

〔注释〕

①豮（fén）豕：阉割过的公猪，比喻治理国家与其用严刑峻法，不如先培养人们的良知良能。

②戢（jí）：止息。

〔译文〕

《大畜》卦六五爻辞说："治理国家慎用严刑峻法，吉利。"《周易程氏传》说：万物都有个提领，事务都有一个关键。圣人把握了事物的机要，他眼里看亿万人之心就如一心。引导着就向前走，阻止就停息，所以天下不劳而治，其运用原理就好像"阉割过的公猪的尖牙"的道理。公猪是刚利而暴躁的，如果想强行制止它用牙咬人，费力辛苦又不能制止。如果将它阉割，那么利牙虽还在，但其刚躁之性自己就会平静下来。君子取法"豮豕"之义，明白天下的暴恶难以暴力制止，就寻察其机枢，把握其机要，塞绝其本源，所以不借助于严刑峻法，则暴恶自动平息。例如消除盗窃，民有私欲之心，见到利益就会盗窃。如果不知义理之教，又为饥寒所迫，即使官府天天施加刑罚诛杀，能挡得住亿万利欲之心吗？圣人则懂得阻止的方法，不重用威刑，而修政令教化，使人人有农桑之业，又都懂得什么叫廉耻，即使重赏让其去盗窃他也不去。

10.《解》："利西南，无所往，其来复，吉。有攸往[①]，夙吉。"《传》曰：西南，坤方，坤之体广大平易。当天下之难方解，人始离艰苦，不可复以烦苛严急治之，当济以宽大简易，乃其宜也。既解其难而安平无事矣，是"无所往"也，则当修复治道[②]，正纪纲，明法度，进复先代明王之治，是"来复"也，谓反正理也。自古圣王救难定乱，其始未暇遽为也，既安定，则为可久可继之治。是汉以下，乱既除，则不复有为，姑随时维持而已，故不能成善治，盖不知"来复"之义也。"有攸往，夙吉"，谓尚有当解之事，则早为之乃吉也。当解而未尽者，不早去则将复盛。事之复生者，不早为则将渐大，故"夙则吉"也。（《周易程氏传》）

〔注释〕

①攸：所。

②修复治道：指恢复先代明王之治。

〔译文〕

《解》卦说："利于西南之地，没有危难就无须前往，返回居所可以获得吉利。出现危难要前往，及早前去可以获得吉利。"《周易程氏传》说：西南方，象征大地的坤方，坤体广大平易。当天下大难开始解除之时，人们刚从困苦中解脱出来，不能再用烦政苛法严加治理，应当以宽大简易之政加以调节，这才是适宜的。险难解除以后就平安无事了，这就是“无所往”，这时应该修复治平之道，正纪纲，明法度，恢复古代明君的清明政治，这就是“来复”，说的是要回归正理呀。自古圣王救难定乱，刚开始顾不上一下子就去做恢复治道的工作，安定以后就必须进行可以长久持续的治理了。汉代以下，乱除以后，就不再有所作为，只是维持现状而已，故不可能成就大治，主要是不理解“来复”之义呀。“有攸往，夙吉”，是说还有危难需要解除的时候，则早一点做才吉利。应当解除而没有彻底解除的，不早一点消去，就会再度发展起来直到强盛。那些重新出现的问题，不早一点解决，就会逐渐变大，所以说“夙则吉”。

11. 夫有物必有则，父止于慈，子止于孝，君止于仁，臣止于敬。万物庶事，莫不各有其所。得其所则安，失其所则悖。圣人所以能使天下顺治，非能为物作则也，惟止之各于其所而已。（《周易程氏传》）

〔译文〕

有一物就有一物的规则，如做父亲就居心慈爱，做儿子的要居心孝敬，做君主的要居心仁爱，做臣下的要居心恭敬。以此推及万物万事，无不各自有其所当止之所。事物能够处于这样的位置上就能安定，否则就混乱。圣人之所以能够顺物之情而使天下治理，并不是能为事物制订一个法则，只是让事物处于它们本来的位置罢了。

12.《兑》,说而能贞,是以上顺天理,下应人心,说道之至正至善者也。若夫违道以干百姓之誉者,苟说之道,违道不顺天,干誉非应人,苟取一时之说耳,非君子之正道。君子之道,其说于民如天地之施,感之于心而说服无斁[①]。(《周易程氏传》)

〔注释〕

①无斁(yì):不厌恶,不厌倦。

〔译文〕

《兑》卦说的是能以正道取悦人,这是上顺天理,下应人心,是至正至善的取悦人的办法。至于那违反正道而去求得百姓称赞自己的,那是苟且取悦之道,违反正道所以不顺天,有意求得赞誉所以不应人心,只不过苟且赢得人们一时的欢喜罢了,不是君子的正道。君子之道,其取悦于万民,就像天地施恩于万物,感动其内心因而悦服而不会厌烦。

13. 天下之事,不进则退,无一定之理。济之终,不进而止矣,无常止也,衰乱至矣。盖其道已穷极也。圣人至此奈何?曰:唯圣人为能通其变于未穷,不使至于极也,尧舜是也,故有终而无乱。(《周易程氏传》)

〔译文〕

处理天下事物的道理,不前进就会后退,没有确定不变的道理。《济》卦到最末一爻,不能前进就停止了,但没有永远的停止，停止后接着衰败就到来了。这是因为治天下之道已经用完了。圣人到这时又能怎么办呢？答案是：只有圣人能够在未到极端之时而有所变通，不至于走向极端。尧、舜就是这样，所以最终能够治理天下而不衰乱。

14. 为民立君，所以养之也。养民之道，在爱其力。民力足则生养遂，生养遂则教化行而风俗美，故为政以民力为重也。《春秋》凡用民力，必书其所兴作。不时害义，固为罪也。虽时且义，必书，见劳民为重事也。后之人君知此义，则知慎重于用民力矣。然有用民力之大而不书者，为教之意深矣。僖公修泮宫①，复閟宫②，非不用民力也，然而不书。二者复古兴废之大事，为国之先务，如是而用民力，乃所当用也。人君知此义，知为政之先后轻重矣。（《河南程氏经说》）

〔注释〕

①泮（pàn）宫：西周时期诸侯所设的学校。

②閟（bì）宫：神庙。

〔译文〕

上天为百姓立君主，是要养育百姓。养育百姓的办法，在于爱惜百姓的气力。百姓的气力充足，生息养育才能够实现；生育养息如果能够实现，对百姓的教化就能够实行，风俗就可以得以改善。所以治理国家，爱惜百姓的气力很重要。《春秋》凡是使用百姓气力的时候，一定要予以记载，如果兴建工程违背农时，对道义有害,就是罪恶。即使符合时节,同时符合道义,也一定要予以记载,以显示劳动百姓是很重大的事情。后代的君主明白这个道理,就知道要慎重地动用百姓的气力了。然而动用了很多百姓气力却不予以记载的,其中的教导意义就很深刻了。比如鲁僖公修建泮宫、閟宫,并非没有动用百姓劳力,却没有记载,因为这两件事是恢复与复兴国家制度的大事,是国家的首要任务,如此使用百姓劳力是应当的。君主明白了这样的道理,就能够知道处理政务的轻重缓急了。

15. 治身齐家以至平天下者,治之道也。建立治纲,分正百职,顺天时以制事,至于创制立度,尽天下之事者,治之法也。圣人治天下之道,唯此二端而已。(《河南程氏经说》)

〔译文〕

修身齐家以至于平定天下,是国家治理的根本。建立政治的纲领,区分确定百官的职责,顺应天地的时节来处理事务,以至于创立制度、建立法规、穷尽天下的事物,这都是治理的具体方法。圣人治理天下的方法,只有根本原则与具体方法这两个方面。

16. 明道先生曰:先王之世,以道治天下,后世只是以法把持天下。(《河南程氏遗书》)

〔译文〕

程颢说:先代圣王时,是以仁义之道治理天下,后代只是用法律来控制天下。

17. 为政须要有纪纲文章[①],“先有司”、乡官读法、平价、谨权量,皆不可阙也。人各亲其亲,然后能不独亲其亲。仲弓曰[②]:“焉知贤才而举之?”子曰:“举尔所知。尔所不知,人其舍诸?”便见仲弓与圣人用心之大小。推此义,则一心可以丧邦,一心可以兴邦,只在公私之间尔。(《河南程氏遗书》)

〔注释〕

①文章:礼乐制度。

②仲弓(前522—前466):冉雍,字仲弓。春秋时期鲁国人,孔子弟子。

〔译文〕

治理国家需要有纲领法度与礼乐制度,“先派定办事人员各任其事”,乡官申明法典,稳定物价,谨慎确定度量衡,都是必不可少的。人们各自孝敬自己的父母,然后就能使天下人不仅仅只孝敬自己的父母。仲弓说:“怎么能够知道什么人是天下的贤才,然后举荐他们呢?”孔子说:“你只需要举荐你所知道的,你不知道的,难道别人就不会去举荐吗?”由此可见仲弓与孔子心胸的大小。将这个道理推广开来,就可以知道一个想法可以使国家灭亡,一个想法也可以使国家兴旺,关键是这一想法是公心还是私心。

18. 治道亦有从本而言,亦有从事而言。从本而言，惟从格君心之非，正心以正朝廷，正朝廷以正百官。若从事而言，不救则已，若须救之，必须变，大变则大益，小变则小益。（《河南程氏遗书》）

〔译文〕

治国之道可以从根本上来说，也可以从行事上来说。从根本上来说，只是纠正君主用心的错误，端正君主的心就能够端正朝廷，端正朝廷就能够端正百官。从行事上来说，不救治时弊就罢了，如果要救治时弊，必须要变革，大的变革会有大的好处，小的变革就会有小的好处。

19. 唐有天下，虽号治平，然亦有夷狄之风。三纲不正，无君臣、父子、夫妇，其原始于太宗也。故其后世子弟皆不可使，君不君，臣不臣，故藩镇不宾，权臣跋扈，陵夷有五代之乱①。汉之治过于唐。汉大纲正，唐万目举。本朝大纲正，万目亦未尽举。（《河南程氏遗书》）

〔注释〕

①陵夷：渐趋衰微。

〔译文〕

唐朝统治天下，虽然号称是太平盛世，但也有夷狄的风气。君臣、父子、夫妇的三纲不端正，没有君臣、父子、夫妇的秩序，起源都在唐太宗。所以唐代的后世子孙都不服从命令，君不像君，臣不像臣，所以藩镇不服从中央，权臣飞扬跋扈，于是逐渐衰败，最终形成了五代十国的乱世。汉代的国家治理超过了唐代。汉代三纲端正,唐代道德的各类细节都建立了,至于本朝宋朝,三纲端正了,道德的各类细节还没有完全建立。

20. 教人者,养其善心而恶自消;治民者,导之敬让而争自息。(《河南程氏外书》)

〔译文〕

教育人的办法,培养他们的善心,然后邪恶的行为自然会消失;治理老百姓的办法,引导他们相互恭敬谦让,然后相互的斗争自然会平息。

21. 明道先生曰:必有《关雎》《麟趾》之意,然后可以行《周官》之法度。(《河南程氏外书》)

〔译文〕

程颢说:一定要懂得《关雎》《麟之趾》诗中所表现的道德教化的道理,才能实行《周官》所记载的法度。

22. 君仁莫不仁,君义莫不义,天下之治乱,系乎人君仁不仁耳。离是而非则生于其心,必害于其政,岂待乎作之于外哉?昔者,孟子三见齐王而不言事,门人疑之。孟子曰:"我先攻其邪心。"心既正,然后天下之事可从而理也。夫政事之失,用人之非,知者能更之,直者能谏之,然非心存焉,则一事之失,救而正之,后之失者,

将不胜救矣。格其非心，使无不正，非大人其孰能之。(《河南程氏外书》)

〔译文〕

君主仁爱，没有人不仁爱；君主正义，没有人不正义。天下的治理与衰乱，都取决于君主是否仁爱。远离了仁爱那么错误就在内心产生了，必定对政治有所危害，哪里还需要等待表现于外在呢？过去孟子三次见齐宣王都不讨论政事，门人有疑惑。孟子说："我是要先纠正他的错误用心。"君主的用心端正了，然后天下的事情就都可以治理。政事的失误、用人的错误，有智慧的人可以纠正，正直的人可以劝谏。但是如果君主存心不正，虽然一件事情的失误可以纠正，后来还会有不断的失误，终究会纠正不过来了。所以纠正君主错误的用心，使用心没有不正确的，除了君子，谁还能够做到呢？

23. 横渠先生曰：道千乘之国，不及礼乐刑政，而云"节用而爱人，使民以时"。言能如是，则法行。不能如是，则法不徒行。礼乐刑政，亦制数而已。(张载《正蒙》)

〔译文〕

张载说：治理拥有千辆兵车的国家，孔子没有提到礼乐刑政，只是说"节约用度，惠爱人民，役使老百姓要在农闲时节"，说的是如果能够做到这样，那么法令就能推行，不能做到这些，法度不能够自行实施，礼乐刑政只不过是写成的制度条文而已。

24. 法立而能守,则德可久、业可大。郑声佞人能使为邦者丧其所守,故放远之。(张载《正蒙》)

〔译文〕

法令建立了并且能够遵守,那么道德就会持久,事业就可以宏大。郑国的靡靡之音、邪佞的小人,可以使治国的人丧失他们本来的操守,所以一定要远离他们。

25. 横渠先生答范巽之书曰[①]:朝廷以道学、政术为二事,此正自古之可忧者。巽之谓孔、孟可作,将推其所得而施诸天下邪,将以其所不为而强施之于天下欤?大都君相以父母天下为王道,不能推父母之心于百姓,谓之王道可乎?所谓父母之心,非徒见于言,必须视四海之民如己之子。设使四海之内皆为己之子,则讲治之术,必不为秦汉之少恩,必不为五伯之假名。巽之为朝廷言,人不足与適[②],政不足与间,能使吾君爱天下之人如赤子,则治德必日新,人之进者必良士,帝王之道不必改途而成,学与政不殊心而得矣。(张载《横渠文集》)

〔注释〕

①范巽之:范育(生卒年不详),字巽之,邠州三水(今陕西旬邑)人。张载门人。

②適:同"谪",指责,谴责。

〔译文〕

张载给范巽之的回信中说：朝廷将道德学问与为政方法看作是两件事情，这正是自古以来都值得担忧的做法。你认为假使孔孟复生，他们会把自己所主张的观点施行到天下呢？还是会把不愿意做的事情强制推行到天下呢？君主宰相大多会把像父母一样对待天下百姓称之为王道，不能够把父母慈爱之心推及天下百姓，又怎么能称之为王道呢？所谓父母之心，不是只表现在口头上，必须将天下的老百姓都看作是自己的孩子。假如能够将天下的老百姓都看作是自己的孩子，那么讲求的治理方法，一定不会像秦朝、汉朝那样缺少恩德，也不会像春秋五霸那样假借仁义的名义。你向朝廷进言，既不必指责朝廷用人不当，也不必去批评他们行政的失误，如果能够引导我们的君主爱天下的百姓如同爱他刚出生的孩子，那么统治的德行必定一天天更新，得到推荐的人一定是好的官员，帝王之道无须改变现在的治理方法就能够成功施行，道德学问与行政方法也只需要一种用心就可以得到了。

卷九　治法

〔题解〕

本卷主要讨论礼乐、教育、家族、军队、井田等具体的制度实施。此外，还对当时一些制度提出了自己的看法。

1. 濂溪先生曰：古圣王制礼法，修教化，三纲正，九畴叙[①]，百姓大和，万物咸若，乃作乐以宣八风之气，以平天下之情。故乐声淡而不伤，和而不淫，入其耳，感其心，莫不淡且和焉。淡则欲心平，和则躁心释。优柔平中，德之盛也；天下化中，治之至也；是谓道配天地，古之极也。后世礼法不修，政刑苛紊[②]，纵欲败度，下民困苦，谓古乐不足听也，代变新声，妖淫愁怨[③]，导欲增悲，不能自止。故有贼君弃父，轻生败伦，不可禁者矣。呜呼！乐者，古以平心，今以助欲；古以宣化，今以长怨。不复古礼，不变今乐，而欲致治者，远哉！（周敦颐《通书》）

〔注释〕

①九畴（chóu）：传说天帝赐给禹治理天下的九类大法。

②苛紊：苛刻紊乱。

③妖淫：淫靡颓废。

〔译文〕

周敦颐说：古代圣王制订礼法，修明教化，三纲正，人伦关系各得其位，百姓无不合和，万物全都和顺，于是制作了音乐，倡导八方之气，理顺天下人之情性。所以那乐声淡而不至忧伤，和而不放荡，入于人耳，感化人心，人心莫不淡泊而和顺。淡泊则私欲之心平静，和顺则躁动之心消释。优容柔顺平和得中，这是盛大的德性；天下化于中正，治平就到极点；这就称作道配天地，是古代圣明的极限了。后世不修礼法，刑政苛烦而混乱，在上的放纵私欲，破坏法度，使得下民困苦。他们认为古乐不足一听，一代一代都更换新声，淫靡颓废，忧愁哀怨，激发人们的情欲，增加人们的悲伤，根本无法停止。所以就出现了臣子杀害君王、儿子遗弃父亲，轻视生命，败坏伦理，都无法禁止了。唉！音乐这东西古人用以平静人心，今人用来助长私欲；古人用来宣布教化，今人用来助长怨愤。不恢复古礼，不改变今乐，而想走向天下大治，相差太远了！

2. 明道先生言于朝曰：治天下以正风俗、得贤才为本。宜先礼命近侍贤儒及百执事，悉心推访有德业充备、足为师表者，其次有笃志好学、材良行修者，延聘、敦遣①，萃于京师，俾朝夕相与讲明正学。其道必本于人伦，明乎物理。其教自小学洒扫应对以往，修其孝悌忠信，周旋礼乐，其所以诱掖激厉②渐摩③成就之道，皆有节序，其要在于择善修身，至于化成天下，自乡人而可至于圣人之道。其学行皆中于是者为成德。取材识明达，可进于善者，使日受其业。择其学明德尊者，为太学之师，次以分教天下之学。择士入学，县升之州，州宾兴于太学，太学聚而教之，岁论其贤者能者于朝。凡选士之法，皆以性行端洁，居家孝悌，有廉耻礼逊，通明学业，晓达治道者。(《河南程氏文集》)

〔注释〕

①敦遣：恭送。

②诱掖激厉：引导扶持，奖励劝勉。

③渐摩：浸润，教育感化。

〔译文〕

程颢在朝廷上说：治理天下以端正风俗、选举贤才为本。应先命令近侍、贤儒及执事百官，要他们尽心推访德业充备、可为人师表者，其次笃志好学、品才兼优者，朝廷要厚礼聘请，州县诚意遣送，把他们集中在京师，让他们从早到晚一起研究圣贤之学问。他们的学问必定是本于人伦，明于事理。他们教人从小学的洒扫应对开始，修明"孝悌忠信"，人事应酬中的礼乐等等。他们用以启发激励、涵养琢磨、不断成就他们德业的方法，都按照时节顺序。其关键在于教人择善修身，推而广之至于化成天下，如此从普通人迈上成为圣人之道。其中学业品行都符合以上要求的就叫作"成德"。挑选那些材识明达，能够达到善性的人，让他们每天在这里学习。挑选那些学业大明、德义可尊的大儒,作为太学的师长,学问德义次于这些人的,让他们分别去教授天下的各级学校。选择好的士人入学学习,从县学升到州学,州学再荐举到太学,太学集中起这些人来教育,每年都在朝廷上讨论太学中谁贤谁能。凡选士,都须选取品性行为端正,在家孝敬长辈,有廉耻,知礼让,通明学业,晓达治国之道的人。

3. 明道先生论十事:一曰师傅,二曰六官,三曰经界,四曰乡党,五曰贡士,六曰兵役,七曰民食,八曰四民,九曰山泽,(修虞衡之职。)十曰分数。(冠昏、丧祭、车服、器用等差。)其言曰:无古今,无治乱,如生民之理有穷,则圣王之法可改。后世能尽其道则大治,或用其偏则小康,此历代彰灼著明之效也。苟或徒知泥古而不能施之于今,姑欲徇名而遂废其实,此则陋儒之见,何足以论治道哉!然倘谓今之人情,皆已异于古,先王之迹,不可复于今,趣便目前[①],不务高远,则亦恐非大有为之论,而未足以济当今之极弊也。(《河南程氏文集》)

〔注释〕

①趣便:追求方便。

〔译文〕

程颢谈论十事:一师傅,二六官,三经界,四乡党,五贡士,六兵役,七民食,八四民,九山泽,(任命掌山林川泽之官员。)十分数。(冠礼、婚礼、丧礼、祭祀、用车、衣服、器用等等级差别的。)他说:无论古今,无论治世乱世,凡是生养教育天下百姓行不通时，那么这圣王之法就应变革了。后世能穷究圣人之道就可大治，仅能用其一小部分也能达到小康，这是历代显而易见、行之有效的方法。如果只知拘泥于古法而不能因时宜而施行于今，只追求虚名而放弃实际效应，这是陋儒的见解，不足以与之讨论治国之道。但如果说今天的人情，已经与古时不同，先王的治迹，已经不可能复现于今世，只追求眼前的便利，而不追求崇高的目标，那只怕也不是大有作为的论调，也不能够挽救当今之世的大弊端。

4. 伊川先生上疏曰：三代之时，人君必有师、傅、保之官。“师，道之教训；傅，傅之德义；保，保其身体。”后世作事无本，知求治而不知正君，知规过而不知养德，傅德义之道，固已疏矣；保身体之法，复无闻焉。臣以为傅德义者，在乎防见闻之非，节嗜好之过；保身体者，在乎适起居之宜，存畏慎之心。今既不设保、傅之官，则此责皆在经筵[①]，欲乞皇帝在宫中言动服食，皆使经筵官知之，有剪桐之戏，则随事箴规；违持养之方，则应时谏止。（《遗书》云：某尝进说，欲令上于一日之中，亲贤士大夫之时多，亲宦官宫人之时少，所以涵养气质，熏陶德性。）（《河南程氏文集》）

〔注释〕

①经筵：为帝王讲论经史而特设的御前讲席。

〔译文〕

程颐上书说：远古三代之时，国君必设师、傅、保等官在身旁。"师,是开导教育君主的;傅,是辅佐君主之德义的;保,是保护君主身体的。"后世做事不作根本之计,只追求政治治理,而不知道去端正君主,懂得规劝君主之过而不知培养其德性,辅佐君主德义的做法原本已经荒疏了;保护国君身体的方法,更没听说过。我认为辅佐君主德义的方法,就在于防止君主耳闻目睹非礼之事,节制君主的不良嗜好;保护身体的方法,在于日常生活都要适宜,存有畏惧戒慎之心。现在既然不设保、傅之官,那么这一职责都落在经筵官身上了,我想要求皇帝在宫中的一言一行,衣服饮食,都要让经筵官了解。有"桐叶封弟"之类的不当言行,就随时予以规劝;生活方面有违反持身养生之方的,则及时劝阻。(《二程遗书》卷十八说:我曾经向皇帝建议,让皇帝在一天之中亲近贤德士大夫的时间多一些,亲近宦官、后宫妃嫔的时间少一些,用这样的方法来涵养气质、熏陶德性。)

5. 伊川先生《看详三学条制》云:旧制,公私试补,盖无虚月[①]。学校礼义相先之地[②],而月使之争,殊非教养之道。请改试为课,有所未至,则学官召而教之,更不考定高下。制尊贤堂,以延天下道德之士,及置待宾、吏师斋,立检察士人行检等法。又云:自元丰后,设利诱之法,增国学解额至五百人[③],来者奔凑,舍父母之养,忘骨肉之爱,往来道路,旅寓他土。人心日偷[④],士风日薄。今欲量留一百人,余四百人,分在州郡解额窄处,自然士人各安乡土,养其孝爱之心,息其奔趋流浪之志,风俗亦当稍厚。又云:三舍升补之法[⑤],皆案文责迹。有司之事,非庠序育材论秀之道。盖朝廷授法,必达乎下。

长官守法而不得有为，是以事成于下，而下得以制其上。此后世所以不治也。或曰："长贰得人则善矣。或非其人，不若防闲详密，可循守也。"殊不知先王制法，待人而行，未闻立不得人之法也。苟长贰非人，不知教育之道，徒守虚文密法，果足以成人才乎？（《河南程氏文集》）

〔注释〕

①虚月：空闲的月份。

②相先：互相逊让。

③解(jiè)额：进士举于乡，给解状有一定名额，故称"解额"。

④日偷：日益浇薄。

⑤三舍升补：即三舍法，宋神宗时的取士法，为元丰新法之一。

〔译文〕

程颐《看详三学条制》说：按照旧制度，太学公试私试，几乎每个月都有。学校是遵循礼义、相互谦让的地方，但每个月都让他们去竞争，特别不符合教养的规律。请将考试改为课考，如学不好，则请学官召集他们再教育，也不必评定高低名次。设置尊贤堂延请天下有道德的人，同时设置待宾斋、吏师斋，建立检查学生品行操守的制度。又说：从元丰年间以来，太学设置了用利益引诱学生的方法，从各省应试到太学的名额增加到五百人，从全国来的人都汇集到太学，他们舍弃了对父母的奉养，忘记了骨肉之间的亲情，奔波于道路，居住在异地他乡，人心日益浇薄，士风日益败坏。现在应该只考量留下一百人，其余的四百人分配到名额较少的州郡的学校。这样学生自然会安居在本乡本土，就可以培养他们的孝敬之心，平息趋炎附势的风气，风俗也应当会逐渐纯厚。又说：三舍升补的方法，是按照章程的要求来考察业绩，这是官府办事的方法，并不是学校教育学生选择优秀人才的方法。朝廷颁布法令，必须能够贯彻到底层。长官守着法律条文而无法有所作为，事情都是下面的人做的，因此下面的人就能够制约他的上司，这就是后世没有办法得到治理的原因。有人认为："长官和副职任用得合适自然好，如果任用得不合适，不如防范严密的办法容易遵守。"但他们不知道先王制定法度，必须通过人来实行，没有听说制定了不通过人去执行的法律。如果长官和副职不是合适的人，不懂得教育的方法，只是死守着法令条文，真能培育出人才吗？

6.《明道先生行状》云：先生为泽州晋城令，民以事至邑者，必告之以教悌忠信，入所以事父兄，出所以事长上。度乡材远近为伍保，使之力役相劝，患难相恤，而奸伪无所容。凡孤茕残废者[1]，责之亲戚乡党，使无失所。行旅出其涂者，疾病皆有所养。诸乡皆有校，暇时亲至，召父老与之语。儿童所读书，亲为正句读。教者不善，则为易置。择子弟之秀者聚而教之。乡民为社会，为立科条，旌别善恶[2]，使有劝有耻。（《河南程氏文集》）

〔**注释**〕

①孤茕（qióng）：孤独，无依无靠。

②旌（jīng）别：识别。

〔译文〕

《明道先生行状》中说：程颢作泽州晋城令时，百姓因事到城中去的，程颢一定要用孝悌忠信劝诫他们，让他们知道在家应该怎样对待父亲兄长，出外应该怎样对待上级长辈。按照乡村之间的距离分别组成伍保，让他们有出力服役的事就互相鼓励，有患难就互相援助，奸诈的人就无处藏身。凡是生活无依无靠和残疾之人，责成他的亲族和乡里负责，不能让他们流离失所。行路的人从其境内经过，凡有大病小痛都能有所照料。各乡都建有义学，他在闲暇的时候亲自到这些学校去，召来学童的父母交谈。儿童所读的书，亲自为他们订正断句。老师不称职，就为他们另行配备。挑选子弟中的优秀者，集合起来加以教育。乡民们组织社团，程颢给他们订立约规制度，以分别善恶，使他们都养成努力上进之心。

7.《萃》："王假有庙①。"《传》曰：群生至众也，而可一其归仰；人心莫知其乡也，而能致其诚敬；鬼神之不可度也，而能致其来格②。天下萃合人心、总摄众志之道非一，其至大莫过于宗庙，故王者萃天下之道，至于有庙，则萃道之至也。祭祀之报，本于人心，圣人制礼以成其德耳。故豺獭能祭，其性然也。（《周易程氏传》）

〔注释〕

①假（gé）：至，到。

②来格：来临，到来。格，至。

〔译文〕

《萃》卦说:"君王用美德感格神灵以保有宗庙祭祀。"《周易程氏传》说:天下生灵众多,但可使他们统一信仰;人心很难把握方向,但可使他们都达到真诚与敬畏;鬼神难以测度,但可使鬼神降临。天下聚合人心、统摄众人志向的方法并非只有一种,但最重要的莫过于通过宗庙实现。所以古代的王者聚合天下人心的方法,是建立并保有宗庙祭祀,《萃》的道理就达到了极致。祭祀的回报,根本在于人心,圣人制定礼仪用以成就德行。所以像豺獭等禽兽也能够祭祀,这是本性所决定的。

8. 古者戍役,再期而还[①]。今年春暮行,明年夏代者至,复留备秋[②],至过十一月而归;又明年仲春遣次戍者。每秋与冬初,两番戍者皆在疆圉[③],乃今之防秋也。(《河南程氏经说》)

〔注释〕

①再期(jī):两周年。

②备秋:古代中原王朝在秋季增加西北边境地区守备,称为"防秋"。

③疆圉(yǔ):边疆,边境。

〔译文〕

古代的人戍边服兵役,两年之后才返回。比如今年春末出发,明年夏天代替的人就到了,一直留下来做秋天的防备,过了十一月份才回来。又到明年春天的中期,遣送下一批戍边的人。每年的秋天和初冬,两批戍边的人都在边疆,这就是现在所说的防秋。

9. 圣人无一事不顺天时，故至日闭关。（《二程外书》卷三）

〔译文〕

圣人所有的事情均顺应天时，所以到冬至的这一天就要关闭城门。

10. 韩信多多益办，只是分数明。（《河南程氏遗书》）

〔译文〕

韩信带兵可以多多益善，其原因在于每个人的职责都很明确。

11. 伊川先生曰：管辖人亦须有法，徒严不济事。今帅千人，能使千人依时及节得饭吃，只如此者，亦能有几人？尝谓军中夜惊，亚夫坚卧不起①，不起善矣，然犹夜惊何也？亦是未尽善。（《河南程氏遗书》）

〔注释〕

①周亚夫（前 199—前 143），沛郡沛县（今江苏沛县）人，绛侯周勃次子。西汉名将。

〔译文〕

程颐说：管理人也是有方法的，只靠严厉没有用。现在统率一千人，能够使这一千人都按时吃饭并且都有饭吃，仅能做到这一点的，有几个人呢？我曾经说：半夜军中骚乱，周亚夫作为主将很镇定，一直躺着没有起来，镇定不起来是很好的，但是为什么半夜军中会发生骚乱呢？可见他的治军还没有做到尽善尽美。

12. 管摄天下人心，收宗族，厚风俗，使人不忘本，须是明谱系，收世族，立宗子法。（一年有一年工夫。）（《河南程氏遗书》）

〔译文〕

统摄天下百姓的人心，使宗族凝聚亲密，风俗淳厚，老百姓不忘根本，就必须修缮家谱，辨明谱系，收罗家族之人，建立宗子制度。（实行一年，就会有一年的功效。）

13. 宗子法坏，则人不自知来处，以至流转四方，往往亲未绝，不相识。今且试以一二巨公之家行之，其术要得拘守得，须是且如唐时立庙院，仍不得分割了祖业，使一人主之。（《河南程氏遗书》）

〔译文〕

宗子制度废弃，人们就不知道自己的宗族来自何处，以至于人们迁徙到各地，常常亲缘关系没有断绝，就相互不认识了。现在应该先用一两个世家大族来试行，实行办法的关键是要固守家族的祖业，必须像唐朝那样建立家庙，规定不得分割家族的祖业，从家族当中选一个人来管理。

14. 凡人家法，须月为一会以合族。古人有花树韦家宗会法[①]，可取也。每有族人远来，亦一为之。吉凶嫁娶之类，更须相与为礼，使骨肉之意常相通。骨肉日疏者，只为不相见、情不相接尔。（《河南程氏遗书》）

〔注释〕

①花树韦家宗会法：唐代曾有被称作花树韦氏的家族，兄弟众多，关系亲密，感情深厚。曾制定宗族经常聚会的办法，每次聚会，都会在花下饮酒，从而形成了惯例。

〔译文〕

管理家族的办法，应该每月聚会一次以联络族人感情。古代有花树韦家宗会法，可以借鉴。每当有族人从远方回来，也聚会一次。婚丧嫁娶之类的，更应该家族一起操办参与典礼，使骨肉亲情常常相互联系。骨肉亲情日渐疏远，只是因为经常不见面、感情不交流。

15. 冠婚丧祭，礼之大者，今人都不理会。豺獭皆知报本，今士大夫家多忽此，厚于奉养而薄于先祖，甚不可也。某尝修六礼，大略：家必有庙，（庶人立影堂[①]。）

庙必有主,(高祖以上即当祧也②。主式见《文集》。又云:今人以影祭,或一髭发不相似,则所祭已是别人,大不便。)月朔必荐新③,(荐后方食。)时祭用仲月,(止于高祖。旁亲无后者,祭之别位。)冬至祭始祖,(冬至,阳之始也;始祖,厥初生民之祖也。无主,于庙中正位设二位,合考妣享之。)立春祭先祖,(立春,生物之始也。先祖,始祖而下,高祖而上,非一人也。亦无主,设两位分享考妣。)季秋祭祢④,(季秋,成物之时也。)忌日迁主,祭于正寝。凡事死之礼,当厚于奉生者。人家能存得此等事数件,虽幼者,可使渐知礼义。(《河南程氏遗书》)

〔注释〕

①影堂:供奉祖先遗像的家庙。

②祧(tiāo):迁庙。

③荐新:指以时鲜的食品祭献。

④祢(nǐ):父亲之庙。

〔译文〕

冠礼、婚礼、丧礼、祭祀,是礼仪当中最重要的几个,现在的人都不在意了。豺獭还知道报答根本,现在的士大夫反而多有忽略,对自己的奉养很丰厚,对先祖的祭祀却很微薄,这是很不应该的。我曾经尝试整理六礼,大致是说每一个家族都应该有家庙,(老百姓要建立影堂。)每一个家庙都要有祭祀的神主,(高祖以上的应当迁出。具体的做法见《文集》中的《作主式》。又说:现在的人用画像来祭祀,如果有一根胡须与一丝头发不相似，那么所祭祀的就是别人了，也很不方便。）每月初一要以时鲜的食品祭献，（荐过祖考以后，自己才能食用。）四时的祭祀在每季的第二个月，（祭祀高祖。旁支亲族没有后代的，另设位献祭。）冬至的时候祭祀始祖，（冬至是阳气开始复苏的时候；始祖是族人最早的祖先。始祖没有神位，在庙正中设两个神位，男女始祖合在一起祭祀。）立春的时候要祭祀先祖，（立春是生命在一年中的开端，先祖是指始祖以下、高祖以上的祖先，不是某一个人。先祖也没有神位，设两个神位分别祭祀男女先祖。）九月祭祀父亲，（九月是农作物成熟的季节。）忌日这天要把神位移到家中正寝祭祀。凡事奉死者的礼节，要比奉养生人的礼节丰厚。一个家庭如果能够坚持做这样几件事情，即使幼小的孩子也会慢慢地懂得礼义。

16. 卜其宅兆①，卜其地之美恶也。地美则其神灵安，其子孙盛。然则曷谓地之美者？土色之光润，草木之茂盛，乃其验也。而拘忌者，惑以择地之方位，决日之吉凶②，甚者不以奉先为计，而专以利后为虑，尤非孝子安厝之用心也。惟五患者，不得不慎：须使异日不为道路，不为城郭，不为沟池，不为贵势所夺，不为耕犁所及。（一本，所谓五患者：沟渠，道路，避村落，远井窑③。）（《河南程氏文集》）

〔注释〕

①兆：墓园。

②决日：选择葬日。

③五患：有本作“城郭，沟渠，道路，避村落，远井窑”。

〔译文〕

选择墓地，是要选择土地的适宜与否。土地适宜，祖先的神灵就安宁，子孙就兴盛。什么叫作土地适宜呢？土地色泽光润，草木生长繁盛，这就是土地适宜的表征。那些拘泥于禁忌的人，只考虑墓地的方位，葬日的吉凶，甚至有人不考虑供奉先人，专门考虑如何对后人有利，这都不是孝子安葬先人应该有的用心。只有五种麻烦，不得不谨慎：要使墓地以后不成为道路，不被城市所占据，不成为沟壑池塘，不会被权贵世家所侵夺，不会成为耕地。（另外一个版本所说的五种麻烦是：不成为沟壑水渠，不成为道路，要避开村落，远离各种井窖、瓦窑。）

17. 正叔云：某家治丧，不用浮图。在洛，亦有一二人家化之。（《河南程氏遗书》）

〔译文〕

程颐说：我家治理丧事，不请僧人来做法事。在洛阳的时候，也有几家受到我们家的影响。

18. 今无宗子，故朝廷无世臣[①]。若立宗子法，则人知尊祖重本；人既重本，则朝廷之势自尊。古者子弟从父兄，今父兄从子弟，由不知本也。且如汉高祖欲下沛时，只是以帛书与沛父老，其父兄便能率子弟从之。又如相如使蜀，亦移书责父老，然后子弟皆听其命而从之。

只有一个尊卑上下之分，然后顺从而不乱也。若无法以联属之，安可？且立宗子法，亦是天理。譬如木，必有从根直上一干，亦必有旁枝。又如水，虽远，必有正源，亦必有分派处，自然之势也。然又有旁枝达而为干者，故曰，古者天子建国，诸侯夺宗云[②]。（《河南程氏遗书》）

〔注释〕

①世臣：历代有功勋的旧臣。

②夺宗：失去嫡长子地位。

〔译文〕

现在没有了宗子制度，所以朝廷也没有世代有功劳的旧臣。如果宗子制度确立了，那么每个人都会懂得尊重先祖而重视自己的根本。人能够重视自己的根本，那么朝廷的地位自然就尊贵了。古代的子弟们听从他们的父亲与兄长，现在却是父亲兄长听从子弟，这是因为今天的人不再看重根本了。汉高祖想要攻下沛县的时候，只是写书信给了沛县的父老，沛县的父兄就能够率领子弟跟从高祖。又如司马相如出使巴蜀，也是写信给蜀中父老，然后蜀中子弟也就都听从了。只需要有一个尊卑上下的名分，然后人们就能顺从而不混乱。如果没有一套法度让人们相互联系，怎么可以呢？建立宗子制度，也是自然规律。比如一棵大树，必须有一个从根部一直向上的主干，也必须有旁枝。又比如水流，流得再远也必然有一个真正的源头，也必然会有支流，这是自然规律。当然也有旁枝发达成为主干的，所以说：古代天子的嫡子继位成为天子，其他儿子则建国成为诸侯；一旦成为诸侯,就不再是宗子了。

19. 邢和叔叙明道先生事云[①]:尧、舜、三代帝王之治,所以博大悠远,上下与天地同流者,先生固已默而识之。至于兴造礼乐,制度文为[②],下至行师用兵,战阵之法,无所不讲,皆造其极。外之夷狄情状,山川道路之险易,边鄙防戍、城寨、斥候、控带之要,靡不究知。其吏事操决,文法簿书,又皆精密详练。若先生,可谓通儒全才矣。(《河南程氏遗书》)

〔注释〕

①邢和叔(1041—1111):邢恕,字和叔,郑州阳武(今河南原阳)人。程颢弟子,与司马光、吕公著交游。

②文为:文章。

〔译文〕

邢和叔介绍程颢的情况说:尧、舜,以及夏、商、周三代帝王治理天下,之所以能够广博浩大悠长、与天地同流的原因,先生自然已经默契领会了。至于制礼作乐、制度文章,以及行军、打仗、布阵等方法,先生无不加以研究,也都达到了极致。对外,外国的风土人情,山川道路的险峻平坦,边关防守、城寨哨兵、险要地形的要害,无不仔细了解。至于行政事务的操持、决断法令、文书书写,也都精密而详察,先生可以称得上是通儒全才。

20. 介甫[①]言律是八分书[②],是他见得。(《河南程

氏外书》)

〔注释〕

①介甫:王安石(1021—1086),字介甫,抚州临川(今江西抚州)人。北宋政治家、文学家。

②八分书:也称“分书”或“分隶”,隶书的一种。

〔译文〕

王安石说律法就像书法的八分书,也要割舍二分取其八分,这是他见解的高明处。

21. 横渠先生曰:兵谋师律[①],圣人不得已而用之,其术见三王方策、历代简书。惟志士仁人,为能识其远者大者,素求预备而不敢忽忘。(张载《横渠文集》)

〔注释〕

①师律:指军队的律令。

〔译文〕

张载说:用兵的谋略和行军的律令,圣人不得已才使用。这些办法记载在夏、商、周三代圣王的典籍当中、历朝历代的书册当中。只有仁人志士,才能够认识到这些谋略与律令的高远伟大,平日里就加以防备,而不敢有丝毫松懈。

22. 肉辟[①],于今世死刑中取之,亦足宽民之死,过

此，当念其散之之久。（张载《横渠文集》）

〔注释〕

①肉辟：肉刑。

〔译文〕

在今天死刑犯当中，选取情节较轻的使用肉刑，这样也可以免除百姓的一些死罪。死刑以外的犯罪，处罚的时候应该考虑到是教化在人心涣散得太久才导致犯罪。

23. 吕与叔撰《横渠先生行状》云[①]：先生慨然有意三代之治，论治人先务，未始不以经界为急，尝曰："仁政必自经界始。贫富不均，教养无法，虽欲言治，皆苟而已。世之病难行者，未始不以亟夺富人之田为辞。然兹法之行，悦之者众，苟处之有术，期以数年，不刑一人而可复，所病者特上之未行耳。"乃言曰："纵不能行之天下，犹可验之一乡。方与学者议古之法，共买田一方，画为数井，上不失公家之赋役，退以其私正经界、分宅里、立敛法、广储蓄、兴学校、成礼俗，救灾恤患，敦本抑末，足以推先王之遗法，明当今之可行。"此皆有志未就。（吕大临《横渠先生行状》）

〔注释〕

①吕与叔（1042—1090）：吕大临，字与叔，蓝田（今陕西蓝田）人。曾向张载、程颐问学。

〔译文〕

吕与叔在《横渠先生行状》中写道：先生慨然有恢复三代政治的志向，讨论治理国家首要的事务，每次都认为最紧要的是恢复井田制中的划清田地边界。他曾经说：实行仁政一定要从划清田地边界开始，边界不正确，贫富就会不均，教化养育就会没有法度，虽然想讨论治理，只不过是随便说说而已。世间担心井田制难以推行的人，全都以不应该突然剥夺富人的田地作为借口。然而井田制的实行，喜欢的人很多，如果办法适当，经过几年，不用惩罚任何一个人，井田制就可以恢复。不能推行的症结，只是上面的人不愿意去施行。于是他说：纵然不能推行于天下，也可以用一个乡来试验。于是打算与学者讨论按照古代的办法，共同买一块地，划为几块井田让农民来耕种，对上不失向国家上交的赋税，回到私田划清田地边界，划分住宅，设立税收，增加储蓄，兴建学校，化成风俗，赈济灾患，加强农耕，抑制工商业，这样就足以推行前代圣王遗留下的法度，说明井田制在当今社会也可以实行。这些都是先生有志要做但还没有做成的事情。

24. 横渠先生为云岩令，政事大抵以敦本善俗为先①。每以月吉②，具酒食，召乡人高年会县庭，亲为劝酬，使人知养老事长之义。因问民疾苦，及告所以训戒子弟之意。（吕大临《横渠先生行状》）

〔注释〕

①敦：使笃实。

②月吉：农历每月初一。

〔译文〕

先生做云岩县令的时候，处理政务大都以敦厚人伦、改善风俗为首要事务。每逢初一，就置办酒肉饮食，召集乡里年长的人在县衙里聚会，亲自向他们敬酒，使百姓懂得赡养老人、尊敬长者的道理，借机询问民间疾苦，并告诉大家如何训诫子弟等道理。

25. 横渠先生曰：古者有东宫，有西宫，有南宫，有北宫，异宫而同财。此礼亦可行。古人虑远，目下虽似相疏，其实如此乃能久相亲。盖数十百口之家，自是饮食衣服难为得一。又异宫乃容子得伸其私，所以避子之私也，子不私其父，则不成为子；古之人曲尽人情。必也同宫，有叔父伯父，则为子者何以独厚于其父，为父者又乌得而当之？父子异宫，为命士以上[1]，愈贵则愈严。故异宫犹今世有逐位[2]，非如异居也。（张载《乐说》）

〔注释〕

①命士：古代称受有爵命的士人。

②逐位：依序排列位次。

〔译文〕

张载说：古代大家庭有东、西、南、北宫，虽然住在不同的房间里，财产却是共同的。这种礼仪到今天也可实行。古人考虑得长远,这样分开居住虽然看起来相互疏远,实际上只有这样才能持久地相亲相爱。因为几十口上百口的大家庭,饮食、衣服自然难以统一。分开居住才能使得儿子们能够表达他们对父母特有的感情,所以"能够避免叔父们看到儿子的偏爱。儿子如果不能够对自己的父亲有所偏爱,就不能成为儿子"。古人细致入微地体察人情。如果一定都要住在同一所房子里,那么有叔父、伯父,儿子怎么能够独对父亲特别尽孝呢?做父亲的又怎么能够独自享有儿子的孝敬呢?所以父亲与儿子分开居住,是对朝廷命官的要求,地位越是尊贵,要求越严格。所以所谓的"异宫",如同现在兄弟们依次各住在一边,而不是分开各自独自生活。

26. 治天下不由井地,终无由得平。周道止是均平。(张载《经学理窟》)

〔译文〕

治理天下不用井田制的办法,无论如何都达不到公平。周代的治国之道就在于其平均而公平。

27. 井田卒归于封建,乃定。(张载《经学理窟》)

〔译文〕

恢复井田制,最终目标是要回归到诸侯分封制。

卷十　政事

〔题解〕

本卷讨论了各种待人处事的方法。对待君主要恭敬真诚，尽臣下的道义。对待上司要谨慎追随，注意掌握适中的原则。对待百姓要心怀仁爱。对待工作要尽职尽责。与人相处要遵守礼仪。与小人相处要公正、端正自己。待人接物还要有器量。只有心胸广大的人，才能更好地追求道义。

1. 伊川先生上疏曰：夫钟，怒而击之则武，悲而击之则哀，诚意之感而入也。告于人亦如是，古人所以斋戒而告君也。臣前后两得进讲，未尝敢不宿斋预戒①，潜思存诚，觊感动于上心。若使营营于职事②，纷纷其思虑，待至上前，然后善其辞说，徒以颊舌感人③，不亦浅乎？（《河南程氏文集》）

〔注释〕

①宿斋：举行祭祀等礼仪前的斋戒。

②营营：追求奔逐。

③颊舌：口舌言语。

〔译文〕

程颐上疏道：钟，愤怒的时候敲击它，它的声音就雄武，悲痛的时候敲击它，它的声音就哀伤，这都是诚意感动了它。对人说话也是如此，所以古人在斋戒之后才去向君主进谏。我曾两次得以向皇帝进谏，每每都在前一天认真斋戒，沉潜思虑，保持真诚，希望能够感动皇帝内心。假如一天到晚都忙碌于官职的杂务，思虑纷乱，等到了皇帝面前，然后想通过优美的言辞，仅凭口舌打动皇帝，不是太肤浅了吗？

2. 伊川《答人示奏稿书》云：观公之意，专以畏乱为主，颐欲公以爱民为先，力言百姓饥且死，丐朝廷哀怜，因惧将为寇乱可也。不惟告君之体当如是，事势亦宜尔。公方求财以活人，祈之以仁爱，则当轻财而重民；惧之以利害，则将恃财以自保。古之时，得丘民则得天下。后世以兵制民，以财聚众，聚财者能守，保民者为迂。惟当以诚意感动，觊其有不忍之心而已。（《河南程氏文集》）

〔译文〕

程颐《答人示奏稿书》说：看您的意思，只以担心发生动乱为主，我希望您将爱护百姓作为首先考虑的方面，极力说明百姓饥寒交迫、濒临死亡的情况，希望朝廷予以怜悯，顺势言及担心他们会成为盗贼作乱就可以了。不仅劝说皇帝的体统应该如此，事情的发展态势也应该是这样。您正在祈求赈济以救活百姓，如果祈求皇帝对百姓仁爱，那么皇帝就会不吝惜财物而重视百姓；如果使得皇帝对将要发生的犯上作乱感到恐惧，皇帝则会聚拢财物寻求自我保全。古时候，得到民众的拥护，就能得到天下。后世用军队来压迫百姓，用财货来召集民众，能聚集财货就能自保，安抚百姓反被看成迂腐。只应当用诚意感动皇帝，希望他对百姓能有恻隐之心就可以了。

3. 明道为邑，及民之事，多众人所谓法所拘者，然为之未尝大戾于法，众亦不甚骇。谓之得伸其志则不可，求小补，则过今之为政者远矣。人虽异之，不至指为狂也。至谓之狂，则大骇矣。尽诚为之，不容而后去，又何嫌乎？（《河南程氏文集》）

〔译文〕

程颢任地方官，涉及民众的事，程颢的做法大多是普通人认为限于法令而不能做的，然而他所做的从未对法律有多大的违背，也没有引起民众多大的恐慌。说是实现了程颢的志愿是谈不上的，如果说求得有所补益，那么已大大超过现在的地方官了。人们虽感到有些惊奇，但不至于指其为狂。到了称作狂的地步，就会引起大的惊骇了。竭尽诚意做你认为应该做的事，不能为世所容就离开，又有什么疑虑呢？

4. 明道先生曰：一命之士，苟存心于爱物，于人必有所济。（《河南程氏文集》）

〔译文〕

程颢说：最低级别的官员，如果怀着仁爱万物的心，对于百姓也会有所救助。

5. 伊川先生曰：君子观天水违行之象，知人情有争讼之道。故凡所作事，必谋其始，绝讼端于事之始，则讼无由生矣。谋始之义广矣，若慎交结、明契券之类是也。(《周易程氏传》)

〔译文〕

程颐说：君子看到水与天相违背的卦象，就明白人们之间会发生争讼。所以凡是做事情，在一开始必须要谨慎谋划，在最初就杜绝争讼的隐患，那么争讼也就不能发生了。从一开始就仔细谋划的意义重大，比如谨慎交朋友、资金往来中文书契约要分明之类都是如此。

6.《师》之九二，为师之主。恃专则失为下之道，不专则无成功之理。故得中为吉。凡师之道，威和并至则吉也。(《周易程氏传》)

〔译文〕

《师》卦的九二爻，象征军队的统帅。如果专权独断，就会失去属下的支持，不专权行事就没有成功之理。所以做到中道便是吉利。一般治军之道，要威严与宽容并用，才能吉利。

7. 世儒有论鲁祀周公以天子礼乐，以为周公能为人臣不能为之功，则可用人臣不得用之礼乐，是不知人臣之道也。夫居周公之位，则为周公之事，由其位而能为者，皆所当为也。周公乃尽其职耳。（《周易程氏传》）

〔译文〕

世上的儒者有人评论鲁国用天子之礼乐祭祀周公之事，认为周公能立人臣所做不到的功勋，就可以用人臣所不得用的礼乐，这是根本不懂得为人臣的道理。处于周公的位置上，就该做这个职位上的事，在这个位置能够做的事情，都是应该做的。周公只是尽其职责罢了。

8.《大有》之九三曰："公用亨于天子，小人弗克。"《传》曰：三当大有之时，居诸侯之位，有其富盛，必用亨通于天子①，谓以其有为天子之有也，乃人臣之常义也。若小人处之，则专其富有以为私，不知公己奉上之道，故曰"小人弗克"也。（《周易程氏传》）

〔注释〕

①亨：款待。

〔译文〕

《大有》九三说："公侯接受天子的款待，小人不能如此。"

《周易程氏传》说：九三爻处在富有的时候，位于诸侯的位置上，拥有的富裕兴盛，必定会献给天子，认为自己有的也是君主所有的，这才是做臣下本应该有的道义。如果小人处于这种情况，就会独占财富认为是自己的私产，不懂得自己的财产是公有的，应该供奉给君主的道理，所以说“小人不能如此”。

9.《随》九五之《象》曰：“孚于嘉吉，位正中也。”《传》曰：《随》以得中为善，《随》之所防者过也。盖心所说随①，则不知其过矣。（《周易程氏传》）

〔注释〕

①说随：乐于随从。

〔译文〕

《随》卦九五爻的《象》辞说：“对美善的事情保持诚信则吉利，是因为处在守正居中的位置。”《周易程氏传》说：选取你要追随的人以得中为善，追随中所要防止的是追随错了人。因为如果心中喜欢谁就去追随，那就难以察觉其错误。

10. 人心所从，多所亲爱者也。常人之情，爱之则见其是，恶之则见其非。故妻孥之言，虽失而多从；所憎之言，虽善为恶也。苟以亲爱而随之，则是私情所与，岂合正理？故《随》之初九：出门而交，则有功也。（《周易程氏传》）

〔译文〕

人心所服从的,多是自己亲近的人。常人之情,喜欢一个人就只看到他的好处,憎恨一个人就只看到他的错处。所以妻子儿女的话,纵然是错的,也多会信从;其憎恶的人的话,即使是对的也认为是恶。如果因为亲爱谁就追随谁,那是按自己的私情去做事,怎能合乎正理呢?因此《随》卦的初九爻说:出门与人交往,就会取得成功。

11.《坎》之六四曰:“樽酒簋贰①,用缶,纳约自牖,终无咎。”《传》曰:此言人臣以忠信善道结于君心,必自其所明处乃能入也。人心有所蔽,有所通,通者明处也,当就其明处而告之,求信则易也,故云:“纳约自牖。”能如是,则虽艰险之时,终得无咎也。且如君心蔽于荒乐②,唯其蔽也,故尔虽力诋其荒乐之非,如其不省何?必于所不蔽之事推而及之,则能悟其心矣。自古能谏其君者,未有不因其所明者也。故讦直强劲者③,率多取忤;而温厚明辨者,其说多行。非唯告于君者如此,为教者亦然。夫教必就人之所长,所长者,心之所明也。从其心之所明而入,然后推及其余,孟子所谓“成德”“达财”是也。(《周易程氏传》)

〔注释〕

①簋(guǐ):古代盛放食物的器皿。

②荒乐:耽于逸乐。

③讦(jì)直：指亢直敢言。

〔译文〕

《坎》卦的六四爻说："一杯酒两簋食，用瓦缶盛了，把这样粗疏的食品从窗口递给受难的人，终究没有灾祸。"《周易程氏传》说：这是说臣下用忠厚诚信与正确的道理来与君主交流，一定要从君主明白的地方讲说才能深入君主内心。人心都有蒙蔽的地方，有通达的地方，通达的地方就是明处，应该从他明白的地方告诉他，求得他的听信就容易，所以说："纳约自牖。"能这样，则即使处于艰险之时，最终也没有灾祸。如君主之心被荒游逸乐所蔽塞，正由于他被蔽塞着，所以即使极力指责荒游逸乐的坏处，他就是不省悟又能怎么办呢？一定要从他明白之处进言，慢慢触及他不明白的地方，就能使他内心醒悟了。自古以来善于谏诤君主的人，无不是借助于其明白的地方引入的。所以那些直言强谏的人，大多会忤逆君王；而温厚明辨的人，其意见大多能够得以实行。不仅进谏国君应该如此，教导人也是这样。教人一定要凭借他自身的长处使之发扬开去，所长之处，就是心中的明朗之处。从他心中明达之处入手，然后涉及其他方面，这就是孟子讲的"成全品德"和"培养才干"的道理。

12.《恒》之初六曰："浚恒[①]，贞凶。"《象》曰："浚恒之凶，始求深也。"《传》曰：初六居下，而四为正应。四以刚居高，又为二三所隔，应初之志，异乎常矣。而初乃求望之深，是知常而不知变也。世之责望故素[②]，而至悔咎者，皆"浚恒"者也。(《周易程氏传》)

〔注释〕

①浚(jùn):深入。

②故素:旧交。

〔译文〕

《恒》卦的初六爻说:"深入追求恒久,占卜会有凶祸。"《象》辞说:"浚恒之所以凶,是因为开始要求得太多了。"《周易程氏传》说:初六爻处在下位,与九四爻相应。九四爻以其阳刚居高位,又被九二、九三两爻阻碍了与初六的相应,所以它与初六相应的志趣,已经不同于正常的相应之理了。而初六对九四要求的希望却很迫切,这是懂得常理而不懂权变。世上对老朋友要求过于深切而导致交情破裂以至后悔取咎的人,全都是"浚恒"啊。

13.《遁》之九三曰:"系遁,有疾厉①;畜臣妾,吉。"《传》曰:系恋之私恩②,怀小人女子之道也,故以畜养臣妾则吉。然君子之待小人,亦不如是也。(《周易程氏传》)

〔注释〕

①疾厉:因疾惫而致危。

②系恋:牵挂依恋。

〔译文〕

《遁》九三说:"本应逃避而有所牵系,因为疾惫而致危厉。

蓄养奴仆是吉利的。"《周易程氏传》说:牵挂眷恋个人的恩惠,是安抚小人与女子的办法,所以用这种办法蓄养奴仆是吉利的。但是君子对待小人,不是这样做的。

14.《睽》之《象》曰:"君子以同而异。"《传》曰:圣贤之处世,在人理之常,莫不大同,于世俗所同者,则有时而独异。不能大同者,乱常拂理之人也;不能独异者,随俗习非之人也①。要在同而能异耳。(《周易程氏传》)

〔注释〕

①习非:习惯于不良的癖好或做坏事。

〔译文〕

《睽》的《象》辞说:"君子处世求同而存异。"《周易程氏传》说:圣贤处世,在人的常理方面,无不与人相同,对世俗一致追求的东西,则有时却特立独行。不能在人的常理方面与人大同的人,是违反常理的人;不能有特立独行的人,就是与世俗同流合污、惯于做坏事的人。主要在于能大同又能保持独异。

15.《睽》之初九,当睽之时,虽同德者相与,然小人乖异者至众,若弃绝之,不几尽天下以仇君子乎?如此,则失含弘之义①,致凶咎之道也,又安能化不善而使之合乎?故必"见恶人,则无咎"也。古之圣王,所以能化奸凶为善良、革仇敌为臣民者,由弗绝也。(《周易程氏

传》)

〔注释〕

①含弘:指心胸宽宏大量。

〔译文〕

《睽》初九卦,君子在背离的情况下,尽管有同心同德的人做伴,但是离心离德的小人却有很多,如果因为他们是小人就拒绝与他们交往,那不就是让天下的人都来仇恨君子吗?这样的话,就失去了宽宏大量的气度,是招致凶险灾祸的起因,又怎么能够感化恶人,使他们向君子学习呢?这就是一定要做到"去见恶人",才能"没有凶险"。古代圣王之所以能够把奸恶都转化为善良,把仇敌转变成臣民,就是因为他们不拒绝。

16.《睽》之九二:当睽之时,君心未合,贤臣在下,竭力尽诚,期使之信合而已。至诚以感动之,尽力以扶持之,明义理以致其知,杜蔽惑以诚其意,如是宛转以求其合也。"遇"非枉道逢迎也,"巷"非邪僻由径也[①],故《象》曰:"遇主于巷,未失道也。"(《周易程氏传》)

〔注释〕

①邪僻由径:由偏僻不正的小路。

〔译文〕

《睽》卦的九二爻:当分离之时,君主之心未能与我融合,贤臣处在下位，就要竭其辅佐之力，尽其忠诚之心，以期获得君主的信任。用至诚去感动国君，竭尽全力去扶持国君，讲明义理以使国君提高认知，杜绝蔽塞惑乱君心的东西以使国君诚意，如此宛转委曲以求国君与我相合。这一爻的《象》辞上说的“遇”不是特意委曲求全、承顺逢迎，“巷”也不是邪僻的小道。所以《象》辞说：“遇君于巷，没有失去为臣之道。”

17.《损》之九二曰：“弗损益之。”《传》曰：不自损其刚贞，则能益其上，乃“益之”也。若失其刚贞而用柔说，适足以损之而已。世之愚者，有虽无邪心而惟知竭力顺上为忠者，盖不知“弗损益之”之义也。（《周易程氏传》）

〔译文〕

《损》卦的九二爻辞说：“不损而益。”《周易程氏传》说：不减损自己的刚贞，就能对君上有好处，这就是“益之”。如果失去自己刚贞之性而用柔媚去取悦于上，正好损害君上而已。世上愚笨的人，有的虽然没有邪念，却只知道极力服从君上，认为这便是“忠”，这样的人完全不明白“不损而益”的道理。

18.《益》之初九曰：“利用为大作，元吉，无咎。”《象》曰：“元吉，无咎，下不厚事也。”《传》曰：在下者本不当处厚事。厚事，重大之事也。以为在上所任，所以当大事，必能济大事而致元吉，乃为无咎。能致元吉，则在上者任之为知人，己当之为胜任。不然，则上下皆有

咎也。(《周易程氏传》)

〔译文〕

《益》卦的初九爻说:“适宜用来推动大事,最为吉利,没有灾难。”《象》辞说:“做得绝对好才无咎,是由于在下者不应该担当大事。”《周易程氏传》说:在下位的人本不该处理厚事。厚事,就是重要的事。由于是在上者的委任,所以才担当了大事,一定要能成就大事而做到绝对地好,方能无咎。能做得绝对地好,那么在上位的人委任了你是知人善任,在你自己担当了这大事是有才华而胜任。如果不能做得绝对地好,那么在上者委任失误,在下者处事不当,都有灾祸。

19. 革而无甚益,犹可悔也,况反害乎?古人所以重改作也。(《周易程氏传》)

〔译文〕

改革后没有带来多大的好处,就应当悔恨,何况是带来危害呢?所以古人对待改变非常慎重。

20.《渐》之九三曰:“利御寇。”《传》曰:君子之与小人比也,自守以正。岂惟君子自完其己而已乎?亦使小人得不陷于非义。是以顺道相保,御止其恶也。(《周易程氏传》)

〔译文〕

《渐》九三说:“适合抵御强盗。”《周易程氏传》说:君子和小人在一起，君子应当端正地持守自身。难道君子只是自我完善就可以了？也应使小人免于陷入不义。这样既能够顺应正道保全自己，又能够防止小人作恶。

21.《旅》之初六曰："旅琐琐[1]，斯其所取灾。"《传》曰：志卑之人，既处旅困，鄙猥琐细，元所不至，乃其所以致悔辱、取灾咎也。（《周易程氏传》）

〔注释〕

①琐琐：疑虑不定。

〔译文〕

《旅》卦的初六爻辞说："路途中疑虑不定，正是惹祸的原因。"《周易程氏传》说：志趣卑劣的人，又处旅途辛苦之中，就更加鄙陋猥琐，到了无所不至的程度，这正是他们招致欺诲，自招殃祸的原因。

22. 在旅而过刚自高，致困灾之道也[1]。（《周易程氏传》）

〔注释〕

①困灾：贫困窘迫的灾祸。

〔译文〕

在旅途当中，过于刚强自傲，是招致困窘灾祸的缘由。

23.《兑》之上六曰："引兑①。"《象》曰："未光也。"《传》曰：说既极矣，又引而长之，虽说之之心不已，而事理已过，实无所说。事之盛则有光辉，既极而强引之长，其无意味甚矣，岂有光也？（《周易程氏传》）

〔注释〕

①兑：喜悦。

〔译文〕

《兑》卦的上六爻说："牵引而喜悦。"《象》辞说："没有光辉。"《周易程氏传》说：高兴已经到了极点，而又勉强牵引着要继续喜欢下去，纵然喜欢他的心还未完结，但事情已经过分了，确实没有什么可喜悦的。事物达到鼎盛时则有光辉，鼎盛以后又勉强使之持续下去，那就太没意思了，哪里还会有光辉呢？

24.《中孚》之《象》曰："君子以议狱缓死。"《传》曰：君子之于议狱，尽其忠而已；于决死，极其恻而已。天下之事，无所不尽其忠，而议狱缓死，最其大者也。（《周易程氏传》）

〔译文〕

《中孚》的《象》辞说："君子以诚信的态度议论刑狱、减缓死刑。"《周易程氏传》说：君子在讨论案件时，尽自己的忠诚而已；对于判决死刑，极尽恻隐之心罢了。君子对天下的事，无不竭尽自己的忠诚，而对于审理案件和判决死刑，又是其中最重要的事。

25. 事有时而当过，所以从宜，然岂可甚过也？如过恭、过哀、过俭，大过则不可，所以小过为顺乎宜也。能顺乎宜，所以大吉。（《周易程氏传》）

〔译文〕

事情有时应该做得稍过分一点，那是为了顺从时宜，但如何能做到稍过分呢？如行为过分谦虚、丧事过分悲痛、用度过分节约，太过分就不行了，所以有时稍有过分是为了顺从时宜。能够顺乎时宜，所以就大吉。

26. 防小人之道，正己为先。（《周易程氏传》）

〔译文〕

防范小人的方法，首先是要端正自己。

27. 周公至公不私，进退以道，无利欲之蔽。其处己也，夔夔然存恭畏之习[①]；其存诚也，荡荡焉无顾虑之意[②]。所以虽在危疑之地，而不失其圣也。《诗》曰："公孙硕肤，赤舄[③]几几[④]。"（《河南程氏经说》）

〔注释〕

①夔夔（kuí）然：戒惧敬慎的样子。

②荡荡焉：宽广无边的样子。

③赤舄(xì):古代天子、诸侯所穿的鞋。

④几(jǐ)几:鞋尖翘起的样子。

〔译文〕

周公心存至公而没有私念,进身与退隐全都遵循道义,没有为利益所蒙蔽。他严格要求自己,小心谨慎,心存恭敬与畏惧;他内心真诚,坦坦荡荡没有疑惑。所以他虽处在危难且遭到众人质疑的境地,而不失于圣人的气度。《诗经》上说:"贵族王孙高大又美丽,所穿重底红鞋鞋尖翘起。"

28. 采察求访,使臣之大务。(《河南程氏经说》)

〔译文〕

探察风土民情,求访贤人君子,这是使臣的主要职责。

29. 明道先生与吴师礼谈介甫之学错处[①],谓师礼曰:为我尽达诸介甫,我亦未敢自以为是。如有说,愿往复。此天下公理,无彼我。果能明辨,不有益于介甫,则必有益于我。(《河南程氏遗书》)

〔注释〕

①吴师礼(生卒年不详):字安仲,杭州钱塘(今浙江杭州)人。宋徽宗时大臣。

〔译文〕

程颢与吴师礼讨论王安石学问错误的地方,对吴师礼说:请你替我详尽地转达给王安石，我也不敢说自己都对。如果他有所辩说，那么也请告诉我。学问是天下公理，没有你我之分。如果真能把学问辨清楚了，不是对王安石有益，就必然对我有益。

30. 天祺在司竹[①]，常爱用一卒长。及将代，自见其人盗笋皮，遂治之无少贷。罪已正，待之复如初，略不介意。其德量如此。(《河南程氏遗书》)

〔注释〕

①天祺(1030—1076)：张戬，字天祺，张载之胞弟。

〔译文〕

张天祺担任管理竹林的官员时，经常爱任用一名卒长。快到任满交替的时候，发现这卒长偷窃竹笋皮，于是不徇私情地依法治其罪。治罪后，对待他还和当初一样好，丝毫不介意。其德量是如此宽大。

31. 因论“口将言而嗫嚅[①]”云：若合开口时，要他头，也须开口，(如荆轲于樊於期。)须是“听其言也厉”。(《河南程氏遗书》)

〔注释〕

①嗫(niè)嚅(rú)：吞吞吐吐的样子。

〔译文〕

讨论“想说话但又吞吞吐吐”时说：应该开口说话的时候，

即便要取走对方的头也要说话。(就像荆轲为了刺秦王向樊於期借人头那样。)应该是“听到他的话,让人感到义正词严”才行。

32. 须是就事上学。“蛊,振民育德”,然有所知后,方能如此。何必读书,然后为学?(《河南程氏遗书》)

〔译文〕

应该在具体的事情上学习。所以《蛊》卦有“救济人民,培育道德”的说法,但要在明白一定道理之后,才能够这么做。为什么一定要读书,然后才算是学习呢?

33. 先生见一学者忙迫[①],问其故,曰:“欲了几处人事。”曰:“某非不欲周旋人事者,曷尝似贤急迫?”(《河南程氏遗书》)

〔注释〕

①忙迫:紧张,忙碌。

〔译文〕

程颐见到一位学生很忙乱,问他什么原因,学生回答说:我要处理一些人事应酬。程颐说:我并不是不需要处理应酬的人,但是什么时候像你这样匆忙急迫?

34. 安定之门人[①],往往知稽古爱民矣,则于为政也

何有？(《河南程氏遗书》)

〔注释〕

①安定：胡瑗(993—1059)，字翼之，学者称为“安定先生”，泰州海陵(今江苏泰州)人。北宋学者，理学先驱。

〔译文〕

胡瑗的弟子们，往往知道考察古代爱护百姓的政策制度，那么让他们去从政又有什么困难呢？

35. 门人有曰：吾与人居，视其有过而不告，则于心有所不安。告之而人不受，则奈何？曰：与之处而不告其过，非忠也。要使诚意之交通，在于未言之前，则言出而人信矣。又曰：责善之道①，要使诚有余而言不足，则于人有益，而在我者无自辱矣。(《河南程氏遗书》)

〔注释〕

①责善：互相切磋、监督以进步。

〔译文〕

有弟子说：我与人交往，看到他有过错而不告诉他，就感到心中不安。告诉他，他却不接受，怎么办？回答说：与人交往却不告诉其过错，是对朋友不忠。如果在还没有说出别人的过错之前，一直真心实意地与别人相处，一旦指出别人的过错，别人就会信从。又说：朋友之间劝善之道，要使诚意有余而劝善的话常感不足点到为止，则对人有益，对自己也不会自取侮辱。

36. 职事不可以巧免[①]。（《河南程氏遗书》）

〔注释〕

①巧免：采用机巧的办法来逃责。

〔译文〕

本职工作不可以用投机取巧来逃避。

37. “居其邦，不非其大夫”，此理最好。（《河南程氏遗书》）

〔译文〕

“住在一个国家，不非议这个国家的士大夫”，这个道理讲得最好。

38. 克勤小物最难。（《河南程氏遗书》）

〔译文〕

能够在琐碎的事情上一丝不苟是很困难的。

39. 欲当大任，须是笃实。（《河南程氏遗书》）

〔译文〕

想要胜任重大的责任，必须踏实做事。

40. 凡为人言者，理胜则事明，气忿则招怫[1]。（《河南程氏遗书》）

〔注释〕

①怫（fèi）：悖逆。

〔译文〕

与人讨论问题，如果理由充分就容易把事情讲明白，如果带着怒气，即使有道理也会遭到反对。

41. 居今之时，不安今之法令，非义也。若论为治，不为则已，如复为之，须于今之法度内处得其当，方为合义。若须更改而后为，则何义之有？（《河南程氏遗书》）

〔译文〕

生活于如今的时代，不遵守当今的法令，不符合道义。如果说到治理国家，不去做就罢了，如果要去做，就应该在当今的法令内处理使其恰当，才算是合义。如果必须更改现在的法令之后才能有所作为，那还有什么道义呢？

42. 今之监司，多不与州县一体，监司专欲伺察，州县专欲掩蔽。不若推诚心与之共治，有所不逮，可教者教之，可督者督之。至于不听，择其甚者去一二，使足以警众可也。（《河南程氏遗书》）

〔译文〕

现在的监察官,大多不与州县官协调一致,监察官一心要监察州官县官的错误,州官县官则一心要掩盖他们的过错。不如推心置腹地与州官县官共同治理,有欠缺的地方,能教导就教导,需责罚就责罚。如果教导、督责不听,就挑选一两个严重的罢免,能对众人起到警诫的作用就可以了。

43. 伊川先生曰:人恶多事,或人悯之。世事虽多,尽是人事。人事不教人做,更责谁做?(《河南程氏遗书》)

〔译文〕

程颐说:有人讨厌要做的事情太多,还有人很同情他。然而世间的事情虽然多,都是与人有关的事情。与人有关的事情不让人去做,那么让谁去做呢?

44. 感慨杀身者易,从容就义者难。(《河南程氏遗书》)

〔译文〕

一时愤慨冲动而舍弃生命很容易,然而为了维护正义无所畏惧地牺牲生命却很困难。

45. 人或劝先生以加礼近贵,先生曰:"何不见责以

尽礼，而责之以加礼？礼尽则已，岂有加也。”（《河南程氏遗书》）

〔译文〕

有人劝说程颐对皇帝身边的亲贵施以更多的礼敬，程颐说：为什么不要求我完全按照礼仪来做，却要求我礼外加礼地礼敬？完全按照礼仪来做就可以了，难道还要礼上加礼地礼敬吗？

46. 或问：簿，佐令者也。簿所欲为，令或不从，奈何？曰：当以诚心动之。今令与簿不和，只是争私意。令是邑之长，若能以事父兄之道事之，过则归己，善则唯恐不归于令，积此诚意，岂有不动得人？（《河南程氏遗书》）

〔译文〕

有人问：主簿，是辅助县令的。主簿想要做的事，县令不答应，怎么办？回答说：应当用诚心去感动他。如今的县令与主簿不和，主要是因为各自的观点相互争执。县令是地方的长官，如果主簿能用对待父兄的方式对待他，有了过错自己承当，有了功劳唯恐不能归功于县令，这样的诚意日积月累，哪有不感动他人的？

47. 问：人于议论，多欲直己，无含容之气[①]，是气不平否？曰：固是气不平，亦是量狭。人量随识长，亦有人识高而量不长者，是识实未至也。大凡别事，人都强得，惟识量不可强。今人有斗筲之量[2]，有釜斛之量，有钟鼎之量，有江河之量。江河之量亦大矣，然有涯，有涯亦有时而满，惟天地之量则无满，故圣人者，天地之量也。圣人之量，道也；常人之有量者，天资也。天资有量须有限。大抵六尺之躯，力量只如此，虽欲不满，不可得也。如邓艾位三公[3]，年七十，处得甚好。及因下蜀有功，便动了。谢安闻谢玄破苻坚[4]，对客围棋，报至不喜。及归，折屐齿，强终不得也。更如人大醉后益恭谨者，只益恭便是动了，虽与放肆者不同，其为酒所动一也。又如贵公子位益高，益卑谦。只卑谦但是动了。虽与骄傲者不同，其为位所动一也。然惟知道者，量自然宏大，不勉强而成。今人有所见卑下者，无他，亦是识量不足也。(《河南程氏遗书》)

〔注释〕

①含容：容忍，宽恕。

②斗筲(shāo)：容器。

③邓艾(197—264)：字士载，义阳郡棘阳县(今河南新野)人。三国时魏国名将。

④谢安(320—385)，字安石，陈郡阳夏(今河南太康)人。东晋政治家。

〔译文〕

有人问：人在讨论问题的时候，大多想阐明自己的观点是正确的而说服别人，缺乏宽容的气度，是气性不平吗？程颐说：当然是气性不平,也是器量狭小。人的器量随着见识增大,也有人见识高而器量不长的,是见识还没有真正达到相应境界。一般来说,很多别的事情通过努力都可以做到,只有见识器量不可勉强。现在的人,有斗筲一样的量,有釜斛一样的量,有钟鼎一样的量,又有长江大河一样的量。长江大河那样的器量可以说是大了,但也有边际,既然有边际那就有满的时候,只有天地之量没有满的时候,所以圣人的胸襟就具备天地之量。圣人之量,是因为认识到天道;常人之量,只是天资比较好。天资赋予的器量终究有限,大致人六尺之躯,力量就这么大,即使想不满足,也不可能。如邓艾位至三公,年到七十,处事都很得体。等到因为平蜀有功,心意便动摇了。谢安听到侄子打败苻坚时,正和客人下围棋,喜报送到没有喜色。等到他下完棋回家时,却激动得把屐齿都弄折了。器量的大小终究是没有办法努力得到的。又如有人大醉后更加谦恭谨敬,只这更加恭谨,就是被酒动摇了心性,虽然与醉后放肆妄为的人有区别,但是被酒动摇心性是相同的。又如一些贵公子,官位越高,就越谦下。只这谦下,就是被官位动摇了。虽然与因官高骄傲的人有区别,但是在被官位动摇了心性这点上是相同的。只有那些深明大道的人,器量自然特别宏大,不需要刻意努力就能如此。现在的人见解卑下,没有什么别的原因,就是因为他的见识、器量都不够。

48. 人才有意于为公,便是私心。昔有人典选[①],其子弟系磨勘[②],皆不为理,此乃是私心。人多言古时用直,不避嫌得。后世用此不得,自是无人,岂是无时?(因言少师典举[③]、明道荐才事。)(《河南程氏遗书》)

〔注释〕

①典选：掌管选拔人才授官的事务。

②磨勘：考核以决定官职升降。

③少师：指二程的高祖父程羽（913—984），官至兵部侍郎。卒赠太子少师。

〔译文〕

一个人如果刻意要做大公无私的事，反而是有私心。过去有人主管官吏考核，他的子弟也在考察之列，他为避嫌而不为他们办理，这其实也是出于私心。人们常说古人正直不避嫌，后世无法这么做，那是因为后世没有这样正直不避嫌的人，哪里是因为时代不同？（因为谈到高祖父当年主持考试、程颢推荐人才，才说了上面的话。）

49. 君实尝问先生云[①]："欲除一人给事中[②]，谁可为者？"先生曰："初若泛论人才却可，今既如此，颐虽有其人，何可言？"君实曰："出于公口，入于光耳，又何害？"先生终不言。（《河南程氏遗书》）

〔注释〕

①君实（1019—1086）：司马光，字君实，号迂叟，陕州夏县涑水县（今河南夏县）人，出生于光州光山（今河南光山），世称"涑水先生"。北宋政治家、史学家。

②给事中：宋代官职，掌侍从规谏。

〔译文〕

司马光曾问程颐:“想让一个人做给事中,谁可以做呢?”程颐说:“如果像当初那样只是泛泛地议论人才,我可以说。现在这种情况,即使我有可以推荐的人,又怎么能说呢?”司马光说:“从您的口中说出,进入到我的耳朵里,没有人会知道,又有什么妨碍呢?”程颐最终还是没有说。

50. 先生云:韩持国服义①,最不可得。一日,颐与持国、范夷叟泛舟于颍昌西湖②,须臾,客将云③:“有一官员上书谒见大资④。”颐将谓有甚急切公事,乃是求知己。颐云:“大资居位,却不求人,乃使人倒来求己,是甚道理?”夷叟云:“只为正叔太执,求荐章,常事也。”颐云:“不然,只为曾有不求者不与,来求者与之,遂致人如此。”持国便服。(《河南程氏遗书》)

〔注释〕

①韩持国:韩维(1017—1098),字持国,开封雍丘(今河南杞县)人。北宋大臣。

②范夷叟:范纯礼(1031—1106),字夷叟,范仲淹之子。

③客将:主管客人往来的书吏。

④大资:宋代资政殿大学士的简称,这里指韩维。

〔译文〕

程颐说:韩持国奉守义理,非常难得。有一天,我与韩持国、范夷叟在颍昌西湖划船，一会儿，书吏来通报说："有一位官员上书，希望能拜见大资。"我还以为有什么紧急的公务，原来是有人向韩持国推荐自己。我说："大资在位，不去访求贤人，倒是让别人自荐，这是什么道理？"范纯礼说："这是因为您太不通人情了，像这样求举荐的表章，太常见了。"我说："不是这样的。只是因为过去发生过没有自荐的就不授予职位、自荐的才授予职位的事，所以才导致现在这样的情况。"韩持国便心服了。

51. 先生因言：今日供职，只第一件便做他底不得。吏人押申转运司状，颐不曾签。国子监自系台省[①]，台省系朝廷官；外司有事[②]，合行申状[③]，岂有台省倒申外司之理？只为从前人只计较利害，不计较事体，直得[④]恁地[⑤]。须看圣人欲正名处，见得道名不正时，便至礼乐不兴，是自然住不得[⑥]。（《河南程氏遗书》）

〔注释〕

①台省：指政府中央机构。
②外司：指中央机构以外的政府机构。
③申状：古时向上级陈述事实的文书。
④直得：只有。
⑤恁（nèn）地：如此，这样。
⑥住不得：做不得。

〔译文〕

程颐说：现在去任职，第一件事情就做不到。国子监的官吏要把文书送到转运司去签字，我的有关文书就没有送给他们签。

国子监归台省管辖，台省都是朝廷内官。朝廷外的官署有事，应当陈述文状，哪里有台省的文书反倒呈送到外司的道理？只是因为从前的人只考虑到利害关系，不计较事情的体统，于是就这样做了。应该看圣人想要正名的地方，看到他说名分不正的时候，便会导致礼乐无法兴起，这样的事自然是做不得的。

52. 学者不可不通世务。天下事譬如一家，非我为则彼为，非甲为则乙为。（《河南程氏遗书》）

〔译文〕

学者不能不通达世间的各种事务。天下的事就像一家之事，总得有人做，不是我做，就要他做，不是这个人做，就要那个人做。

53. 人无远虑，必有近忧，思虑当在事外。（《河南程氏外书》）

〔译文〕

一个人如果没有长远的考虑，忧患很快就近在眼前了，思虑应当超出当前所做的事情之外。

54. 圣人之责人也常缓，便见只欲事正，无显人过恶之意。（《河南程氏外书》）

〔译文〕

圣人要求别人常常很宽松，可见圣人只是要把事情做好，并不是想要暴露别人的过错。

55. 伊川先生云:今之守令,惟制民之产一事不得为,其他在法度中甚有可为者,患人不为耳。(《河南程氏外书》)

〔译文〕

程颐说:现在的知府、县令等,只有"规划百姓的产业"这件事不好做,其他在法律许可范围内能够做的事情有很多,只是不去做而已。

56. 明道先生作县,凡坐处皆书"视民如伤"四字[①],常曰:"颢常愧此四字。"(《河南程氏外书》)

〔注释〕

①视民如伤:把百姓当作有伤病的人一样照顾。

〔译文〕

程颢当县令的时候,所有座位旁边都写着"视民如伤"四个字,常常对别人说:我常常惭愧自己没有做到这四个字。

57. 伊川每见人论前辈之短,则曰:"汝辈且取他长处。"(《河南程氏外书》)

〔译文〕

程颐每次见到有人议论前辈的缺点,就说:"你们要吸取他们的优点。”

58. 刘安礼云[①]:王荆公执政,议法改令,言者攻之甚力。明道先生尝被旨赴中堂议事,荆公方怒言者,厉色待之。先生徐曰:“天下之事,非一家私议,愿公平气以听。”荆公为之愧屈。(《河南程氏遗书》)

〔注释〕

①刘安礼:刘立之(生卒年不详),字安礼,河间人。程颢弟子。

〔译文〕

刘安礼说:王安石执掌朝政的时候,商议用新法变更旧制,有人上书强烈地批评新法。程颢曾奉旨到政事堂议事,王安石正因上书的事发怒,对待程颢也一脸怒气。程颢从容地说:“天下的事情,不是一个人可以私自决定的,希望您平心静气地对待。”王安石听了之后感到非常惭愧。

59. 刘安礼问临民[①],明道先生曰:“使民各得输其情[②]。”问御吏,曰:“正己以格物。”(《河南程氏遗书》)

〔注释〕

①临民:治理百姓。
②输其情:表达实情。

〔译文〕

刘安礼问如何统治人民,程颢说:使人民都能够表达自己的真实想法。刘安礼又问如何管理手下官吏，程颢说：通过端正自己进而纠正他人。

60. 横渠先生曰：凡人为上则易，为下则难。然不能为下，亦未能使下，不尽其情伪也。大抵使人，常在其前已尝为之，则能使人。（张载《经学理窟》）

〔译文〕

张载说：一般做领导比较容易，做下属比较困难。然而不能做好下属，也就没有能力领导好下属，因为不能够了解真实情况。大致来说，要领导别人，要体会到下属做的事是自己之前同样做过的，这样就能领导好别人。

61.《坎》："维心亨"，故"行有尚"。外虽积险，苟处之心亨不疑，则虽难必济，而"往有功也"。今水临万仞之山，要下即下，无复凝滞之于前。惟知有义理而已，则复何回避？所以心通。（张载《横渠易说》）

〔译文〕

《坎》卦《象》辞说："因为内心真诚而通达"，所以"行事自然成功"。外面虽然面临重重艰险，但以真诚、毫不迟疑的心态来面对，那么即使艰难也必然能够渡过，并能"往而有功"。现在的形势是水临万丈之山，要落下就落下，毫无凝滞不畅。面对艰险，只懂得根据义理前进而已，还有什么要回避的？这就是内心亨通的原因。

62. 人所以不能行己者，于其所难者则惰，其异俗者，虽易而羞缩。惟心弘，则不顾人之非笑，所趋义理耳，视天下莫能移其道。然为之，人亦未必怪，正以在己者义理不胜。惰与羞缩之病消则有长，不消则病常在，意思龌龊，无由作事。在古气节之士，冒死以有为，于义未必中，然非有志概者莫能，况吾于义理已明，何为不为？（张载《横渠易说》）

〔译文〕

人之所以不能施行自己的主张，是因为面对困难的事情会变得怠惰，那些与世俗不同的事，即使容易却羞怯退缩而不敢做。只有心胸宽广的人，则不顾他人的非议与嘲笑，追求的是义理，义理当行时，全天下都没有谁能改变其所行之道。然而你做了，别人也未见得一定感到奇怪，关键在于自己本身对道义的信心够不够强大。懒惰与退缩之心减少则义理之心增长，不减少就病根常在，心胸狭窄，无法干成任何事。古代崇尚气节之士，冒着生命危险去有所作为，他们的行为未必完全符合道义，但不是有节操的人也做不到，何况现在我们对于义理已经明白了，为什么不敢去做呢？

63.《姤》初六："羸豕孚蹢躅。[①]"豕方羸时，力未能动，然至诚在于蹢躅，得伸则伸矣。如李德裕处置阉宦[②]，徒知其帖息威伏[③]，而忽于志不忘逞[④]，照察少不至，则失其几也。（张载《横渠易说》）

〔注释〕

①蹢(zhí)躅(zhú):同“踌躇”,徘徊不进的样子。

②李德裕(787—850):字文饶,赵郡赞皇(今河北赞皇)人。唐代名相。

③帖息威伏:安定平顺,伏于威势。

④志不忘逞:没有忘记满足其凶恶的心愿。

〔译文〕

《姤》初六说:“像羸弱的猪一样躁动不安。”猪在羸弱的时候,力量虽然不足以动弹,但内心实在想动,所以一旦体力恢复,就又躁动起来。例如唐代李德裕处置宦官,只是以为他们已经俯首帖耳就可以了,但是忽略了他们一心想要兴风作浪的企图,于是管束考察稍有不周,就丧失了消除祸患的良机。

64. 人教小童,亦可取益。绊己不出入,一益也;授人数数,己亦了此文义,二益也;对之必正衣冠,尊瞻视,三益也;常以因己而坏人之才为忧,则不敢惰,四益也。(张载《经学理窟》)

〔译文〕

教育小孩子,对自己也有好处。使自己被牵绊不能外出游荡,这是第一个好处;把书教了很多遍,自己也熟悉了文义,这是第二个好处;在孩子面前一定要衣冠端正、态度严肃,这是第三个好处;常常担忧因为自己教育不好而贻误了人才,所以不敢怠惰,这是第四个好处。

卷十一　教学

〔题解〕

本卷从道德自觉、预防教育、因材施教、快乐学习、循序渐进、以小见大、优游涵泳、启发学习、纠正思想、防止沉迷等方面探讨了儒家各种教学的理论及具体的教学原则，同时还强调了各种教学内容与注意事项。

1. 濂溪先生曰：刚善，为义，为直，为断，为严毅，为干固①；恶，为猛，为隘，为强梁。柔善，为慈，为顺，为巽②。恶，为懦弱，为无断，为邪佞。惟中也者，和也，中节也，天下之达道也，圣人之事也。故圣人立教，俾人自易其恶，自至其中而上矣。（周敦颐《通书》）

〔注释〕

①干固：干练坚持。

②巽：卑顺，谦让。

〔译文〕

周敦颐说：刚之性表现为善，是正义，是刚直，是果断，是坚毅，是干练；表现为恶，是猛悍，是狭窄，是强暴。柔之性表现为善，是仁慈，是和顺，是谦让；表现为恶，是软弱，是无断，是邪佞。中的意思，是和，是适度，它是通行天下的大道，是圣人才能做得到的。所以圣人设教，是要使人自动抛弃刚柔之恶，自动达到中和并保持于中和。

2. 伊川先生曰：古人生子，能食能言而教之。大学之法，以豫为先，人之幼也，知思未有所主，便当以格言至论日陈于前，虽未晓知，且当熏聒使盈耳充腹①，久自安习，若固有之，虽以他言惑之，不能入也。若为之不豫，及乎稍长，私意偏好生于内，众口辩言铄于外②，欲其纯完，不可得也。（《河南程氏文集》）

〔注释〕

①熏聒（guō）：熏陶。聒，频繁地称说。

②铄（shuò）：消损，削弱。

〔译文〕

程颐说：古人生了孩子，能吃饭能说话就开始教育。大学的教育方法，以预防作为先务。人在幼小的时候，知识思虑还不稳定，就应该每天让他听到圣贤格言至论，尽管他还不明白，也应再三让他听，让他受其熏染，使他满耳满腹都是这些话，时间一长，自然安于、习惯于照着格言至论去作，其品性就像天生本有的。即使有人用别的邪说去蛊惑他，他也听不进去。若不及早加以熏陶培养，等到稍大一点，内心产生了私意偏好，外边又有众人用诡诈的语言侵蚀，想让其心性纯而不杂、完而不缺，那是不可能的。

3.《观》之上九曰："观其生，君子无咎。"《象》曰："观其生，志未平也。"《传》曰：君子虽不在位，然以人观其德，用为仪法，故当自慎省。观其所生，常不失于君子，则人不失所望而化之矣。不可以不在于位，故安然放意，无所事也。（《周易程氏传》）

〔译文〕

《观》上九说："观察他的行为，君子没有灾难。"《象》辞说："人们都观察他的行为，君子心志不得片刻安宁。"《周易程氏传》说：君子即使不在其位，由于众人仰望着他的德行，作为天下的仪表和法式，所以也应该自慎自省。观察他的生活方式，时常符合君子的准则，那么人们就不会失去期望而能受到感化。不能因为自己不在其位，就安逸肆意，无所事事。

4. 伊川曰：圣人之道如天然，与众人之识，甚殊邈也[①]。门人弟子既亲炙，而后益知其高远。既若不可以及，则趋望之心怠矣。故圣人之教，常俯而就之。事上临丧，不敢不勉，君子之常行。"不困于酒"，尤其近也。而以己处之者，不独使夫资之下者勉思企及[②]，而才之高者亦不敢易乎近矣[③]。（《河南程氏粹言》）

〔注释〕

①殊邈：卓异，遥远。

②勉思：努力深思。

③易乎近：轻视浅近的事情。

〔译文〕

伊川先生说：孔子的学问仿佛高高在上的天空，一般人的见识与之相隔太远了。他的弟子们亲自在身边受教，就更了解他学问的深远。如果他们觉得孔子的学问遥不可及，那么向往达到圣人境界之心就会怠惰。所以孔子教人，经常按照所教对象的水平施教。事奉君主、参加丧事的时候，要努力按照礼仪的规范行动，这些都是君子的普通行为。又说“不被酒所困”，更是与平常人贴近了。用他自己对待这些事的做法去教导人，不仅使那些天资低下的人努力想去做得到，而那些才智高的人也不敢由于浅近而看不起。

5. 明道先生曰：忧子弟之轻俊者①，只教以经学念书，不得令作文字。子弟凡百玩好，皆夺志。至于书札，于儒者事最近，然一向好着，亦自丧志。如王、虞、颜、柳辈②，诚为好人则有之，曾见有善书者知道否？平生精力一用于此，非惟徒废时日，于道便有妨处，足知丧志也。（《河南程氏遗书》）

〔注释〕

①轻俊：飘逸潇洒。

②王、虞、颜、柳辈：王羲之（303—361），字逸少，世称“王右军”，琅邪（今山东临沂）人，后移居会稽山阴（今浙江绍兴）。东晋时期书法家。虞世南（558—638），字伯施，慈溪（今浙江慈溪）人。唐初书法家。颜真卿

(709—784),字清臣,祖籍琅邪临沂(今山东临沂),出生于京兆万年(今陕西西安)。唐代书法家。柳公权(778—865),字诚悬,京兆华原(今陕西铜川)人。唐朝中期书法家。

〔译文〕

程颢说:忧虑后生晚辈当中那些才气飘逸的孩子们,就只教他们儒家经典,不让他吟诗作赋。小孩子的一切爱好,都会让他们丧失追求圣人之道的志向。至于书法,和儒者最贴近,然而一味爱好,也会丧失学道之志。像王羲之、虞世南、颜真卿、柳公权等人,他们的确都是不错的人,但见过哪个书法家深明圣人之道吗?一生的精力全用到这上边,不仅浪费时光,对于学习圣人之道也有妨碍,就此足以知道书法也会令人丧失学道之志。

6. 胡安定在湖州,置治道斋,学者有欲明治道者,讲之于中,如治民、治兵、水利、算数之类。尝言刘彝善治水利①,后累为政,皆兴水利有功。(《河南程氏遗书》)

〔注释〕

①刘彝(1022—1091):字执中,福州闽县(今福建福州)人。曾为都水丞。

〔译文〕

胡安定在湖州做教授的时候,曾经设置治道斋,有学生想要了解如何从政等方面的知识,可以在里边学习,比如管理百姓、管理军队、整治水利、算术之类的学问。他曾说弟子刘彝就比较善于整治水利，后来刘彝几次在地方官任上，都在兴建水利方面有很大的功绩。

7. 凡立言，欲涵蓄意思，不使知德者厌，无德者惑。(《河南程氏遗书》)

〔译文〕

大凡著书立说，力求其中要包含丰富的意蕴，既不能让德性深厚的人感到厌倦，也不能让没有德性的人感到迷惑。

8. 教人未见意趣，必不乐学。欲且教之歌舞，如古《诗》三百篇，皆古人作之。如《关雎》之类，正家之始，故用之乡人，用之邦国，日使人闻之。此等诗，其言简奥，今人未易晓。别欲作诗，略言教童子洒扫应对事长之节，令朝夕歌之，似当有助。(《河南程氏遗书》)

〔译文〕

教人如果没有向学生展现出其中的涵意与趣味，一定不会乐于学习。给学生们教授诗歌与舞蹈，如《诗经》三百篇，都是古人所作。如《关雎》之类，是端正一个家庭的开始，普通乡人可以用，而且可以用到国家，每天都让人们听到这些诗。但这样的诗，语言简约深奥，今人不容易理解。我想另作新诗，大约说明教育童子洒扫、应对、事长的礼节，让他们早晚歌唱，或许对他们的学习应有帮助。

9. 子厚以礼教学者最善，使学者先有所据守。（《河南程氏遗书》）

〔译文〕

张子厚用礼来教育学生的方法最好，使学生从一开始就有可以切实据守的根基。

10. 伊川曰：语学者以所见未到之理，不惟所闻不深彻，反将理低看了。（《河南程氏遗书》）

〔译文〕

程颐说：如果把学生尚不能理解的道理告诉他们，不仅他们听了之后不能透彻理解，反而会把高深的道理看得很浅显。

11. 舞、射便见人诚。古之教人，莫非使之成己。自洒扫应对上，便可到圣人事。（《河南程氏遗书》）

〔译文〕

舞蹈、射箭，能看出一个人的心是否真诚。古代圣贤教人，无非是成就自己。从洒水扫地、言语酬答上，就能做到圣人的事情。

12. 自“幼子常视毋诳”以上，便是教以圣人事。（《河南程氏遗书》）

〔译文〕

从"对小孩子要常常示意他别说谎话"开始,就是教给孩子们圣人之道。

13. "先传""后倦",君子教人有序。先传以小者、近者,而后教以大者、远者,非是先传以近、小,而后不教以远、大也。(《河南程氏遗书》)

〔译文〕

"先传授什么""后讲述什么",君子教学有一定的顺序。先传授简单的、浅近的,然后教导宏大的、高远的。并不是先传授简单与浅近的,后来不传授高远与宏大的。

14. 伊川先生曰:说书必非古意,转使人薄。学者须是潜心积虑,优游涵养,使之自得。今一日说尽,只是教得薄。至如汉时说下帷讲诵,犹未必说书。(《河南程氏遗书》)

〔译文〕

程颐说:解说经书完全不符合古代原本的意蕴,反而让学生觉得其中思想很单薄。学者应该沉潜下来,反复思考,从容不迫,深入体会,让学生自己领会。现在一天就把道理全都讲完了,教得太简单了。至于汉代所说放下帷帐讲解诵读,也不一定是解说经书。

15. 古者八岁入小学，十五入大学，择其才可教者聚之，不肖者复之农亩。盖士、农不易业，既入学，则不治农，然后士、农判。在学之养，若士大夫之子，则不虑无养；虽庶人之子，既入学，则亦必有养。古之士者，自十五入学，至四十方仕，中间自有二十五年学，又无利可趋，则所志可知，须去趋善，便自此成德。后之人，自童稚间已有汲汲趋利之意，何由得向善？故古人必使四十而仕，然后志定。只营衣食却无害，惟利禄之诱最害人。（人有养，便方定志于学。）（《河南程氏遗书》）

〔译文〕

古代小孩子八岁开始进入小学，十五岁开始进入大学学习，按照他们的才能把可以教育的孩子选择出来聚在一起，不善于学习的孩子回到农田里去干活。因为士和农民两种身份不能交换，一旦参加学习就不再去干农活，这样士与农民就分别开来了。学习需要财物支持，如果是士大夫的孩子，不用考虑没有财物支持。平民的孩子，一旦入学一定是有财物支持。古代的士从十五岁开始一直学习到四十岁才去当官，中间有二十五年学习时间，在这段时间里，有了财物的支持，又没有什么利益可以去追求，所以他的志向就只能是追求至善的境界，因此就能成就德性。后人从儿童开始就有非常强烈的追求利益的想法，这怎么能够追求至善呢？古人必须是在四十岁才能当官，在这个时候他的志向已经坚定了。只追求穿得好、吃得好并没有太大的害处，只有利益厚禄的诱惑是最害人的。（人如果有资助，他的心志就能够坚定在学习上。)

16. 天下有多少才！只为道不明于天下，故不得有所成就。且古者“兴于《诗》、立于礼、成于乐”，如今人怎生会得？古人于《诗》，如今人歌曲一般，虽闾巷童稚，皆习闻其说而晓其义，故能兴起于《诗》。后世老师宿儒，尚不能晓其义，怎生责得学者？是不得“兴于《诗》”也。古礼既废，人伦不明，以至治家皆无法度，是不得“立于礼”也。古人有歌咏以养其性情，声音以养其耳目，舞蹈以养其血脉，今皆无之，是不得“成于乐”也。古之成材也易，今之成材也难。(《河南程氏遗书》)

〔译文〕

天下的人才太多了！由于圣人之道不行于天下，所以这些人才不能有所成就。古代人们“通过《诗经》激发学习兴趣，按照礼仪为人处世，用音乐成就德性”，现在的人怎么能够呢？古人对于《诗经》就如今人唱的歌曲一样，即使是街上的儿童，都熟知其说而明白其义，所以能由《诗经》激发学习兴趣。后世很博学的学者尚且不能理解其中的大义，如何要求学子们通晓呢？这就不能通过《诗经》激发学习兴趣了。古代的礼制已经废弃，人与人之间的伦理规范不清楚了，以至于家庭管理都没有法度，这就不能按照礼仪来为人处世了。古人有歌唱以涵养性情，有音乐以涵养其耳目，有舞蹈以涵养其血气，现在都没有了，这就不能用音乐成就德性了。古人造就人才容易，今天造就人才困难。

17. 孔子教人,“不愤不启,不悱不发”。盖不待愤、悱而发,则知之不固;待愤、悱而后发,则沛然矣。学者须是深思之,思而不得,然后为他说便好。初学者须是且为他说,不然非独他不晓,亦止人好问之心。(《河南程氏遗书》)

〔译文〕

孔子教人,“不到他要弄通又弄不通的时候不去点透他,不到似乎能说出来又说不出的时候不去引发他”。因为不到快要理解但还无法理解的时候去启发他,那么他掌握得就不牢靠;待到“愤”“悱”之时然后启发他,就豁然贯通了。学者应该深思,深思以后不能理解,然后给他说透就好。但初学者应该给他讲解,否则不但他不明白,也会妨碍了他好问之心。

18. 横渠先生曰:“恭敬撙节退让以明礼①”,仁之至也,爱道之极也。己不勉明,则人无从倡,道无从弘,教无从成也。(张载《正蒙》)

〔注释〕

①撙(zǔn)节:抑制,节制。

〔译文〕

张载说:通过恭敬、节制、谦让来彰明礼教,这是仁的最高要求,是爱人之道的极致。自己不率先勉力以明礼,那么众人就没有楷模，圣人之道不能弘扬，教育也就无法成就。

19.《学记》曰："进而不顾其安，使人不由其诚，教人不尽其材。"人未安之，又进之；未喻之，又告之，徒使人生此节目。不尽材，不顾安，不由诚，皆是施之妄也。教人至难，必尽人之材，乃不误人。观可及处，然后告之。圣人之明，直若庖丁解牛，皆知其隙，刃投余地，无全牛矣。人之才足以有为，但以其不由于诚，则不尽其才。若曰勉率而为之，则岂有由诚哉！（张载《张子语录》）

〔译文〕

《学记》说："推进学习的进度而不顾学生是否已经掌握，命令学生不能发挥学生的真诚，教授学生不能充分按照学生的材质。"学生还没有熟悉学过的东西，就又进入新的学习内容；没有懂得已经学习的道理，就又告知新的道理。这种方法徒然让学生生出了很多学习的麻烦。不能充分发挥学生的材性，不管学生是否熟悉，使学生不用其忠诚，这都是胡乱盲目的施教。教育人是最困难的事，一定要充分按照人的材质，才不误人。观察他能达到哪一个地步，然后把相应的东西告诉他。圣人的聪明就像庖丁解牛一样，知道骨节间隙在哪里，投刃于绰绰有余之地，他眼中没有一头完整的牛。人的才能足可有所作为，但因为他不用自己的诚心，就不能充分发挥他的才智。如果老师勉勉强强地去做，学生又怎么能发挥真诚的态度呢？

20. 古之小儿,便能敬事。长者与之提携,则两手奉长者之手。问之,掩口而对。盖稍不敬事,便不忠信。故教小儿,且先安详恭敬。(张载《张子语录》)

〔译文〕

古时的小孩子就能敬事长者。年长的人和他牵着手走路,他就两手捧住长者的手。问他话,他就掩着口回答。因为稍微不尊敬,就不是忠信了。所以教孩子,首先要教育他稳重、恭敬。

21. 孟子说:“人不足与适也,政不足与间也,唯大人为能格君心之非。”非惟君心,至于朋游学者之际,彼虽议论异同,未欲深校。惟整理其心,使归之正,岂小补哉!(张载《张子语录》)

〔译文〕

孟子说:“没有必要去批评别人,也没有必要去批评政务,只有君子才能纠正君主思想上的错误。”不但君心如此,即便是同学之间,纵然议论和你有不同,也没有必要深入计较。只有纠正他们思想上的错误,使其纳入正轨,这对人就不是小的补益了!

卷十二　警戒

〔题解〕

本卷总结了人们容易犯的错误：一、耽于享乐；二、疑心重重；三、自私好利；四、固执己见；五、欲望太盛；六、傲慢无礼；七、投机取巧；八、吝啬贪婪；九、沉湎淫声；十、和稀泥、是非不分。在此基础上指出要时时省察各种过错并予以改正。

1. 濂溪先生曰：仲由喜闻过，令名无穷焉。今人有过，不喜人规，如护疾而忌医，宁灭其身而无悟也。噫！（周敦颐《通书》）

〔译文〕

周敦颐说：子路爱听到别人指出自己的过错，因而美名流传久远。今人犯了过错，不喜欢人来规劝，就像回护自己身上的疾病而忌讳医治，宁可自身灭亡也不醒悟。唉！

2. 伊川先生曰：德善日积，则福禄日臻。德逾于禄，则虽盛而非满。自古隆盛，未有不失道而丧败者也。（《周易程氏传》）

〔译文〕

程颐说：德与善一天天积累，则福和禄就会一天天到来。德行高出了享有的禄位，那么即使所享之禄达到顶点也不称作满。自古以来的鼎盛之家，没有不是因为丧失道义才衰败的。

3. 人之豫乐，心说之，故迟迟，遂至于耽恋不能已也。《豫》之六二，以中正自守，其介如石，其去之速，不俟终日，故贞正而吉也。处豫不可安且久也，久则溺矣。如二可谓见几而作者也。盖中正，故其守坚，而能辨之早、去之速也。（《周易程氏传》）

〔译文〕

人对于安逸享乐，心中喜悦，久久留恋不肯断然舍弃，终至于迷恋安乐而不能自拔。《豫》卦六二爻，就是提醒人们要保持中正的原则，如同石头一样坚定不移，能够很快舍弃逸乐而去，不等过完这一天，所以能够坚定中正而吉利。不可以长久地安于逸乐，长久地安于逸乐就会沉溺其中。像六二爻之明智，可以称得上是看到征兆就迅速行动了。只有坚持中正的原则，才能坚定操守，就能及早辨别逸乐之害，而迅速舍弃它。

4. 人君致危亡之道非一，而以豫为多。（《周易程氏传》）

〔译文〕

君主招致危亡的原因很多，但是大多是由于安于逸乐。

5. 圣人为戒,必于方盛之时。方其盛而不知戒,故狃安富则骄侈生,乐舒肆则纲纪坏,忘祸乱则衅孽萌[1],是以浸淫不知乱之至也。(《周易程氏传》)

〔注释〕

①衅(xìn)孽(niè):指祸害。

〔译文〕

圣人戒备祸患,总是在正当兴盛之时。当兴盛的时候不知戒惧,因而习惯于安乐富足就会产生骄侈,乐于舒适肆意就会破坏纲纪,忘记祸乱,危险就会萌动,因此就沉浸在逸乐之中完全不知道祸乱马上就要到来了。

6.《复》之六三,以阴躁处动之极,复之频数而不能固者也。复贵安固,频复频失,不安于复也。复善而屡失,危之道也。圣人开迁善之道,与其复而危其屡失,故云"厉无咎"。不可以频失而戒其复也。频失则为危,屡复何咎?过在失而不在复也。(刘质夫曰[1]:频复不已,遂至迷复。)(《周易程氏传》)

〔注释〕

①刘质夫:刘绚(1045—1087),字质夫,祖籍常山(今浙江常山)。二程弟子。

〔译文〕

《复》卦的六三爻，以阴躁之性又处在下卦震动的终点上，是再三地复于善却不能固守于善。复善贵在安定稳固，频频地复又频频地失，是不能安居于复善呀。复于善又每每失去，这是危险的。圣人向人指明了迁善改过之路，赞扬勉励人们复于善而又让他们明白屡次失败的危险，所以说："有危险但没有灾难。"不可因为屡次改过复于善而又频频失误而制止他迁善改过。频频地犯错是危险，屡次改过有什么错误呢？过失在于失误而不在于复善。（刘绚说：频繁地复归于善，最终就会迷失而不再复归于善了。）

7. 睽极则咈戾而难合①，刚极则躁暴而不详，明极则过察而多疑。《睽》之上九，有六三之正应，实不孤。而其才性如此，自"睽孤"也。如人虽有亲党，而多自疑猜，妄生乖离，虽处骨肉亲党之间，而常孤独也。（《周易程氏传》）

〔注释〕

①咈（fú）戾（lì）：违逆。咈，违背，违逆。

〔译文〕

睽离到了极限，则乖戾而难与人合，刚强到了极限就暴躁而不安详，明敏到了极限就因过多审察而走向多疑。《睽》卦的上九爻有六三爻与之正应，其实并不孤立。但它的特性乖戾、暴躁、多疑，自我孤立起来了。这好比人虽有亲戚朋友，但多疑猜忌，无端地产生乖离，即使处于至亲骨肉亲族之间，却常常是孤单的。

8.《解》之六三曰："负且乘，致寇至，贞吝。"《传》曰：小人而窃盛位，虽勉为正事，而气质卑下，本非在上之物，终可吝也。若能大正，则如何？曰：大正，非阴柔所能也。若能之，则是化为君子矣。（《周易程氏传》）

〔译文〕

《解》卦的六三爻说："背负重荷而身乘大车，引致寇贼前来夺取，占卜有灾患。"《周易程氏传》说：小人而窃居高位，即使他尽力去做正事，但由于素质卑劣，原本不应在上位的人，最后也不免于灾祸。有人说：假如他变成正派的人呢？回答是：极其正派不是阴柔之性所能做到的，如果能，那就改变气质而成为君子了。

9.《益》之上九曰："莫益之，或击之。"《传》曰：理者天下之至公，利者众人所同欲。苟公其心，不失其正理，则与众同利，无侵于人，人亦欲与之。若切于好利，蔽于自私，求自益以损于人，则人亦与之力争。故莫肯益之，而有击夺之者矣。（《周易程氏传》）

〔译文〕

《益》卦上九爻辞说："没有人来增益他，却有人来攻击他。"《周易程氏传》说：理是天下的大公，利是人们一致追求的。如果能怀着大公无私之心，不失于正理，那就会与大众同享利益，不去侵掠别人，别人也愿意给予。如果好利心切，为自私所蒙蔽，追求自己得益而损害别人，那么别人也就与他抗争。所以不仅没有人肯送给他什么，而且有人去攻击并且夺取他的东西了。

10.《艮》之九三曰："艮其限，列其夤[①]，厉熏心。"《传》曰：夫止道贵乎得宜，行止不能以时，而定于一，其坚强如此，则处世乖戾，与物睽绝，其危甚矣。人之固止一隅，而举世莫与宜者，则艰蹇忿畏，焚挠其中，岂有安裕之理？"厉熏心"，谓不安之势，熏烁其中也。（《周易程氏传》）

〔注释〕

①夤（yín）：脊背的肉。厉，不安。

〔译文〕

《艮》卦九三爻辞说："止住腰部，撕裂脊肉，有危险而忧心如焚。"《周易程氏传》说：止息的方式贵在符合时宜，行动和静止不能按时，而拘泥于一处，其如此坚强，如此处世，就乖戾不合，众叛亲离，那是很危险的。人若固执地坚持于偏见，那么全天下就没有人会与他交往，那就会有艰险困迫、愤恨畏惧，焚烧着、扰乱着他的心，哪里还有安闲宽裕的道理？"有危险而忧心如焚"，说的就是不安之势，炙烤他的内心。

11. 大率以说而动，安有不失正者。（《周易程氏传》）

〔译文〕

大致说来，如果只是因为彼此喜欢就在一起，必定会丧失正确的道德规范。

12. 男女有尊卑之序，夫妇有倡随之理，此常理也。若徇情肆欲，唯说是动，男牵欲而失其刚，妇狃说而忘其顺，则凶而无所利矣。（《周易程氏传》）

〔译文〕

男女间有尊卑贵贱的秩序，夫妇间有妻子顺从丈夫的道理，这是恒常不变的道理。如果放纵情欲，只是因为彼此喜欢就要在一起，男子被情欲所主宰，失去了本该有的刚正，女人因为沉溺于感情，忘记了顺从，就会有凶险的征兆而不会有任何好处。

13. 虽舜之圣，且畏巧言令色，说之惑人，易入而可惧也如此。（《周易程氏传》）

〔译文〕

即使像舜那样的圣人，也畏惧动听的言语和伪善的面孔。取悦能够迷惑人，容易侵入人心是如此可怕啊。

14. 治水，天下之大任也，非其至公之心，能舍己从人，尽天下之议，则不能成其功，岂方命圮族者所能乎[①]？鲧虽九年而功弗成，然其所治，固非他人所及也。

惟其功有叙，故其自任益强，咈戾圮类益甚，公议隔而人心离矣，是其恶益显，而功卒不可成也。(《河南程氏经说》)

〔注释〕

①方：违背，违拗。

〔译文〕

治水是天下的重任，除非他有大公无私之心，能够抛弃自己的成见而顺从他人，充分采纳天下人的议论，则不能成功，难道是不遵守命令、危害同族的人能够胜任的？鲧虽然治水九年而没有成功，但他所做的，也不是其他人所能赶得上的。正因为他取得了一定之功，所以就更加自信个人的能力，更加严重地情性乖离、危害群类，天下公议听不到了，众人也与他离心离德，如此，他的恶性就更加暴露，而最后也不可能成功。

15. 君子敬以直内。微生高所枉虽小，而害则大。(《河南程氏经说》)

〔译文〕

君子保持恭敬使内心正直。微生高将邻居的醋借来给别人，这件事虽然看起来很小，但是带来的危害却很大。

16. 人有欲则无刚，刚则不屈于欲。(《河南程氏经说》)

〔译文〕

人一旦有了私欲就没有办法刚正了，刚正就要不屈从自己的私欲。

17. 人之过也，各于其类。君子常失于厚，小人常失于薄；君子过于爱，小人伤于忍。(《河南程氏经说》)

〔译文〕

人犯的过错，和什么样的人密切相关。君子常常因为宽厚而有过失，小人则常常因为刻薄而有过失；君子常因为慈爱而有过失，小人则常因为残忍而有过失。

18. 明道先生曰：富贵骄人，固不善；学问骄人，害亦不细。(《河南程氏遗书》)

〔译文〕

程颢说：因有钱有势瞧不起别人，固然不好；但是仗着有学问瞧不起别人，害处也不小。

19. 人以料事为明，便骎骎入逆诈①、亿、不信去也。(《河南程氏遗书》)

〔注释〕

①骎(qīn)骎：马飞快奔驰的样子。喻疾速。

〔译文〕

人们以能预测未来为能通神明，那么很快就进入这样的境地：事情还没搞清楚，就开始怀疑别人在欺骗，或者猜测别人不诚实。

20. 人于外物奉身者，事事要好，只有自家一个身与心却不要好。苟得外面物好时，却不知道自家身与心已先不好了也。（《河南程氏遗书》）

〔译文〕

人对于奉养自身的外物，样样追求美好，只有自己这一个身心修养却完全不在乎好不好。等到外在物质条件都不错了，却不懂得自己的身心早就因忽略而芜杂不堪了。

21. 人于天理昏者，是只为嗜欲乱着他。庄子言“其嗜欲深者，其天机浅”，此言却最是。（《河南程氏遗书》）

〔译文〕

人不明白什么是天理，只是因为欲望把他扰乱了。《庄子》所言“欲望很深的人，自然的天性显现得就很浅”，这句话说得特别正确。

22. 伊川先生曰：阅机事之久，机心必生。盖方其阅时，心必喜，既喜则如种下种子。（《河南程氏遗书》）

〔译文〕

程颐说：经历投机取巧的事情久了之后，投机取巧的私心就会升起。应该是在当初经历机巧的事情时，内心肯定感觉很喜欢，一旦内心喜欢了，就如同种下了种子。

23. 疑病者，未有事至时，先有疑端在心。周罗事者，先有周事之端在心。皆病也。（《河南程氏遗书》）

〔译文〕

有多疑毛病的人，没有事情发生的时候，就先有了怀疑。有包揽事物毛病的人，也是先有包揽事物的念头。这些都是毛病。

24. 较事大小，其弊为枉尺直寻之病。（《河南程氏遗书》）

〔译文〕

衡量事情利大利小的弊端，就是容易形成在小处委屈，以换取较大利益的毛病。

25. 小人、小丈夫，不合小了，他本不是恶。（《河南程氏遗书》）

〔译文〕

小人、小丈夫，不应该歧视他们，他们本性上并不是恶人。

26. 虽公天下事，若用私意为之，便是私。（《河南程氏遗书》）

〔译文〕

即使处理的是为所有人的公事，但是如果出于私心去做，也是自私。

27. 做官夺人志。（《河南程氏遗书》）

〔译文〕

担任官职有可能使人失去原本的志向。

28. 骄是气盈，吝是气歉。人若吝时，于财上亦不足，于事上亦不足，凡百事皆不足，必有歉歉之色也[①]。（《河南程氏遗书》）

〔注释〕

①歉歉：不满足的样子。

〔译文〕

骄傲是气过于充盈，吝啬是气不足。一个人如果吝啬，在财用上会不充足，做事上也不周全，所有的事情都会有所欠缺，一定会表现出永不满足的样子。

29. 未知道者如醉人，方其醉时，无所不至，及其醒

也，莫不愧耻。人之未知学者，自视以为无缺，及既知学，反思前日所为，则骇且惧矣。（《河南程氏遗书》）

〔译文〕

不懂得圣人之道的人，如同喝醉酒了一样，在醉酒的时候，什么事都干得出来，但是酒醒之后，无不感到惭愧羞耻。一个人在不知道学习的时候，自以为没有什么错误，等知道学习后，反省之前的所作所为，就会感到吃惊与恐惧。

30. 邢七云："一日三点检。"明道先生曰："可哀也哉！其余时理会甚事？"盖仿三省之说错了，可见不曾用功。又多逐人面上说一般话，明道责之。邢曰："无可说。"明道曰："无可说，便不得不说。"（《河南程氏遗书》）

〔译文〕

邢恕说："我一天里三次检点自己。"程颢说："可悲呀！其余的时间你都考虑什么事去了？"只是模仿曾子"三省吾身"的说法而已，实际上并没有下功夫。邢恕经常在人们面前说一套话，程颢批评他。邢恕说："我没什么话要说。"程颢说："你说没什么话要说，倒一定要说一说。"

31. 横渠先生曰：学者舍礼义，则饱食终日，无所猷为①，与下民一致，所事不逾衣食之间、燕游之乐尔。（张载《正蒙》）

〔注释〕

①猷（yóu）：功业，功绩。

〔译文〕

张载说：学者如果舍弃礼义，那就是终日吃饱饭，什么事也不干，与普通老百姓没什么两样，所做的事情只是追求吃得好、穿得好，以及宴饮游乐一类的东西。

32. 郑、卫之音悲哀，令人意思留连，又生怠惰之意，从而致骄淫之心，虽珍玩奇货，其始惑人也亦不如是切，从而生无限嗜好。故孔子曰必放之，亦是圣人经历过，但圣人能不为物所移耳。（张载《礼乐说》）

〔译文〕

郑、卫地的音乐很动人，听了令人留恋难舍，同时又会产生懈怠的情绪，从而导致心志傲慢放纵，即使是供玩赏的奇珍异宝，迷惑人的心智，也没有音乐这样深切的，令人产生无穷的喜爱。所以孔子说一定要舍弃靡靡之音，这也是孔子经历过，只不过孔子能够不为所动罢了。

33. 孟子言“反经”，特于“乡原”之后者，以乡原大者不先立，心中初无主，惟是左右看，顺人情，不欲违，一生如此。（张载《孟子说》）

〔译文〕

孟子讨论“反经”的一段话，特别放在“乡愿”之后，是因为乡愿没有根本原则，心中没有主见，只是观察周围人，附和世俗人的想法，一个人也不得罪，一辈子都这样。

卷十三　异端

〔题解〕

本卷主要站在程朱理学的角度攻击佛教、道家等学术异端。在朱熹看来异端具有以下特征：一、其学说与儒家学说有一定相似性；二、要坚定地拒斥远离异端的观点。此外，本卷还专门批判了佛教的轮回、出家修行等学说的荒诞，目的是巩固儒家思想的正统地位。

1. 明道先生曰：杨、墨之害，甚于申、韩；佛、老之害，甚于杨、墨。杨氏"为我"，疑于义；墨氏"兼爱"，疑于仁。申、韩则浅陋易见，故孟子只辟杨、墨，为其惑世之甚也。佛、老其言近理，又非杨、墨之比，此所以为害尤甚。杨、墨之害，亦经孟子辟之，所以廓如也[①]。(《河南程氏遗书》)

〔注释〕

①廓如：澄清的样子。

〔译文〕

程颢说：杨朱、墨翟的危害，比申不害、韩非子更严重；然而佛教、道教的危害，又比杨朱、墨翟更严重。杨朱主张“为我”，类似于仁，墨翟主张的“兼爱”，类似于义。申不害、韩非子的浅陋处容易看出，所以孟子只驳斥杨朱、墨翟，因为他们迷惑世人非常严重。佛教、道教的言论接近于理，又不是杨朱、墨翟可以相比的，因此危害尤其严重。杨朱、墨翟的危害，经过孟子驳斥，已经澄清了。

2. 伊川先生曰：儒者潜心正道，不容有差。其始甚微，其终则不可救。如“师也过，商也不及”①，于圣人中道，师只是过于厚些，商只是不及些。然而厚则渐至于兼爱，不及则便至于为我。其过、不及同出于儒者，其末遂至杨、墨。至如杨、墨，亦未至于无父无君，孟子推之便至于此，盖其差必至于是也。（《河南程氏遗书》）

〔注释〕

①“商也不及”二句：师，指子张。商，指子夏。均为孔子学生。

〔译文〕

程颐说：儒者潜心研究人间至理，不许有偏差。开始偏差非常小，最终的偏离则不可补救。如孔子所说：“子张有些过头，子夏有些不及。”对于圣人中庸之道，子张只是稍微宽厚些，子夏只是稍微欠缺些。然而宽厚些就逐渐发展成为“兼爱”，欠缺些便发展成为“为我”。过头或不及都起源于儒家，但其末流就会发展成为杨朱、墨翟那样。至于杨朱、墨翟，也不至于达到无视父母、君主的程度，但孟子便已经推衍到这一步，就是因为这种偏差发展下去一定会那样的。

3. 明道先生曰：道之外无物，物之外无道，是天地之间无适而非道也。即父子而父子在所亲，即君臣而君臣在所严，以至为夫妇、为长幼、为朋友，无所为而非道，此道所以不可须臾离也。然则毁人伦、去“四大”者[1]，其外于道也远矣。故“君子之于天下也，无适也，无莫也，义之与比”，若有适有莫，则于道为有间，非天地之全也。彼释氏之学，于“敬以直内”则有之矣，“义以方外”则未之有也。故滞固者入于枯槁，疏通者归于恣肆，此佛之教所以为隘也。吾道则不然，“率性”而已。斯理也，圣人于《易》备言之。（又云：佛有一个“觉”之理，可以“敬以直内”矣，然无“义以方外”。其直内者，要之其本亦不是。）（《河南程氏遗书》）

〔注释〕

①四大：佛教以地、水、火、风为四大。

〔译文〕

程颢说：大道之外没有事物存在，事物之外没有大道，因此天地之间，无处不体现着大道。大道体现在父子间，在于儿子对父亲的亲爱；体现在君臣间，在于臣子对君主的严敬，以至于为夫妇之道、为长幼之道、为朋友之道，没有任何事情不是道，这就是为什么一刻也离不开道的原因。然而毁灭人伦、否定四大，其分限也就远离了道。所以“君子对于天下的事情，既不执着一定怎么做，也不执着一定不怎么做，怎么做符合义便怎么做”，如果一定要怎么做，或一定不怎么做，那么就和道之间有了隔阂，破坏了天地的完整性。那些佛教的学说，于“保持恭敬，于是内心正直”则有一些，于“符合道义，于是外形端正”则完全没有。所以拘泥于教义的人专事静坐苦修，不拘泥于教义的人则走向恣意放肆，这些都是佛教狭隘的地方。我们儒家之道则不是这样，只是按照天地的本性去做而已。这个道理，圣人在《周易》当中说得很详尽了。（又说：佛教有一个觉悟的道理，可以用作“保持恭敬，于是内心正直”，然而没有“符合道义，于是外形端正”，那么使其内心正直的，归根结底也都是不对的。）

4. 释氏本怖死生为利，岂是公道？唯务上达而无下学，然则其上达处，岂有是也？元不相连属，但有间断，非道也。孟子曰：“尽其心者，知其性也。”彼所谓识心见性是也，若存心养性一段事则无矣。彼固曰出家独善，便于道体自不足。或曰：释氏地狱之类，皆是为下根之人设此怖，令为善。先生曰：至诚贯天地，人尚有不化，岂有立伪教而人可化乎？（《河南程氏遗书》）

〔译文〕

佛教原本就是利用人们对死亡的恐惧来施行教化，怎么能说是公正的道理呢？佛教只致力于通达向上一截的道理证悟，而完全忽视向下一截的实学工夫，那么他所谓向上一截的证悟，怎么能是正确的呢？不把向上一截与向下一截联系起来，而中间有间断，就不是修行之道。孟子所说的“穷尽本心，就可以知本性”，佛教称之为“明了本心，彻见本性”，而孟子后面讲的存养心性能够侍奉上天，佛教就完全没有。单从佛教所说出家是为了独善其身来说，于道的本体就不完备了。有人说：佛教讲的地狱一类的说法，都是方便根机尚浅的人而设的，让其对作恶会产生下地狱的恐惧，督促他做善事。程颢说：怀着天地之间最为极致的真诚之心，有些人尚且不为感化，哪里有被设立虚假的教义所感化的呢？

5. 学者于释氏之说，直须如淫声美色以远之，不尔，则駸駸然入其中矣。颜渊问为邦，孔子既告之以二帝、三王之事，而复戒以“放郑声，远佞人”，曰：“郑声淫，佞人殆。”彼佞人者，是他一边佞耳，然而于己则危，只是能使人移，故危也。至于禹之言曰“何畏乎巧言令色”，巧言令色，直消言畏，只是须著如此戒慎，犹恐不免。释氏之学更不消言，常戒到自家自信后，便不能乱得。（《河南程氏遗书》）

〔译文〕

儒家学者对于佛教的学说，应该像对待淫邪的音乐、姣美的女色一样远远地躲开，不然的话，就会不知不觉地渐渐陷入其中了。颜渊问如何治理国家，孔子告诉他关于尧、舜二帝，夏禹、商汤、周文王三王的事迹之后，还告诫以“舍弃郑地的音乐，远离奸佞的小人”，并且强调“郑地的音乐不合礼，奸佞的小人危险”。奸佞的人，只是他那一面的巧言谄媚，但是对自己就很危险，只是因为人会受到这些花言巧语的影响，所以很危险。至于大禹说的“怕什么巧言令色”，巧言令色，只需要畏惧就行，如此警惕谨慎，还会担心不免被其影响。对于佛教的学说更不必说，一直戒备到自己的学问有了自信之后，它就不能扰乱你了。

6. 所以谓万物一体者，皆有此理，只为从那里来。“生生之谓易”，生则一时生，皆完此理。人则能推，物则气昏推不得，不可道他物不与有也。人只为自私，将自家躯壳上头起意，故看得道理小了他底。放这身来，都在万物中一例看，大小大快活①。释氏以不知此，去他身上起意思，奈何那身不得，故却厌恶，要得去尽根尘②，为心源不定，故要得如枯木死灰。然没此理，要有此理，除是死也。释氏其实是爱身，放不得，故说许多。譬如负贩之虫③，已载不起，犹自更取物在身。又如抱石投河，以其重愈沉，终不道放下石头，惟嫌重也。(《河南程氏遗书》)

〔注释〕

①大小大：何等，多么，宋代俗语。

②根尘：六根，六尘。佛教谓眼、耳、鼻、舌、身、意为“六根”，色、声、香、味、触、法为“六尘”。

③负贩：即“负版”，亦作“蝜蝂”，虫名，传说这种虫遇物则置于背上。

〔译文〕

我们讲万物一体，是说万事万物都有天理，万物都是从此天理来的。“不断地产生新的生命就是‘易’”，万物产生的时候一时间产生了，也都完备地具有此天理。人能够扩充此天理，万物则因为禀受的气混浊而不能扩充，但不能说万物不存在天理。人只是因为自私的原因，在自己的身体层面产生意见，所以把道理看得小了。跳出这个身体来，把其作为万物当中的一分子来看，是何等的快活啊。佛教不知道这个道理，在他自己的身体上产生意见，拿那个身体没办法，所以要厌恶身体，要去尽内六根、外六尘。因为自己的心不安定，所以要通过静坐使人心达到如枯木死灰一样。然而，根本不存在这种道理，如果有这种道理，除非是人死掉。佛教其实是太喜爱这个身体了，放不下，所以说了很多。就像有种叫负版的小虫子，已经背不动了，还要把更多的东西背在身上。又像抱着石头跳河，因为石头太重才越往下沉，终究不懂得应该放下石头，只是一味嫌弃石头重。

7. 人有语导气者[①]，问先生曰："君亦有术乎？"曰："吾尝夏葛而冬裘，饥食而渴饮，节嗜欲，定心气，如斯而已矣。"（《河南程氏遗书》）

〔注释〕

①导气：道家的一种通过导引气息求得长生的修炼方法。

〔译文〕

有一个谈论道家导引术的人，问程颢：您也有养生之术吧？程颢回答说："我只是夏天穿着单薄的葛衣，冬天穿着厚重的皮衣，饥饿的时候吃饭，口渴的时候喝水，节制自己的欲望，平静自己的心情，只是如此而已。"

8. 佛氏不识阴阳、昼夜、死生、古今，安得谓形而上者与圣人同乎？（《河南程氏遗书》）

〔译文〕

佛教不懂阴阳、昼夜、死生、古今，怎么能说他们形而上方面的道与圣人相同呢？

9. 释氏之说，若欲穷其说而去取之，则其说未能穷，固已化而为佛矣。只且于迹上考之，其设教如是，则其心果如何？固难为取其心，不取其迹，有是心则有是迹。王通言“心迹之判”①，便是乱说。故不若且于迹上断定不与圣人合。其言有合处，则吾道固已有；有不合者，固所不取。如是立定，却省易。（《河南程氏遗书》）

〔注释〕

①王通（584—617）：字仲淹，又称文中子，祖籍山西祁县，后迁至河东郡龙门县（今山西万荣）。隋朝教育家、思想家。

〔译文〕

佛教的学说，如果想要穷尽其学说并进行取舍的话，那么其学说还没有能够穷尽，自己就已经变成佛教徒了。只需要在行迹上考查一下就可以了：其设立的教义是这样，那么其用心到底是怎样呢？只认可用心却不认可行迹是不可能的，有如此的用心就会有如此的行迹。王通认为用心与行迹可以不统一，是错误的说法。所以不如就行迹上判断佛教与圣人是相违背的。如果佛教的言说与圣人有相符合的地方，那么儒家之道本来就已经有了；如果有不符合的地方，那么就更没有什么要借取的了。

这样站稳立场，既方便又简易。

10. 问：神仙之说有诸？曰：若说白日飞升之类则无①；若言居山林间保形②炼气③，以延年益寿，则有之。譬如一炉火，置之风中则易过④，置之密室则难过，有此理也。又问："扬子言"圣人不师仙，厥术异也"，圣人能为此等事否？曰：此是天地间一贼，若非窃造化之机，安能延年？使圣人肯为，周、孔为之矣。(《河南程氏遗书》)

〔注释〕

①白日飞升：道家宣扬的形神俱飞的升仙境界。
②保形：道家修炼自身形体以长生。
③炼气：道家导引呼吸以求长生之术。
④过：指火熄灭。

〔译文〕

问：有关神仙的说法，到底有没有呢？程颐说：如果说白天里肉体飞升一类的，确定是没有的；但是如果说居住在山林中，保养身体，修炼元气，从而可以延长寿命，则是存在的。就像一盆炉火，放置在风中就容易熄灭，而放置在不通风的密室里就难以熄灭，就是这个道理。又问道：扬雄说"圣人不拜神仙为老师，是因为他们的方法是不同的"，圣人们能够做成这一类事情吗？程颐说：所谓神仙是天地之间的盗贼，如果不是盗窃了天地生成化育万物的枢机，怎么能够延长寿命？假如圣人愿意这么做的话，周公、孔子就已经做了。

11. 谢显道历举佛说与吾儒同处[1]，问伊川先生，先生曰：恁地同处虽多，只是本领不是，一齐差却[2]。（《河南程氏外书》）

〔注释〕

①谢显道（生卒年不详）：宋人，号紫壶道士。

②差却：差，差错。

〔译文〕

谢显道一一列举佛教说法与儒家相同的地方，然后问程颐先生。程颐说：如此相同的地方虽然很多，但只要根本是不正确的，那就是全错了。

12. 横渠先生曰：释氏妄意天性，而不知范围之用，反以六根之微因缘天地，明不能尽，则诬天地日月为幻妄，蔽其用于一身之小，溺其志于虚空之大，此所以语大语小，流遁失中[1]。其过于大也，尘芥[2]六合[3]；其蔽于小也，梦幻人世。谓之穷理可乎？不知穷理而谓之尽性可乎？谓之无不知可乎？尘芥六合，谓天地为有穷也；梦幻人世，明不能究其所从也。（张载《正蒙》）

〔注释〕

①流遁（dùn）：不明确而闪烁其词。

②尘芥：尘土和草芥，比喻微不足道。

③六合：天地四方，指整个宇宙空间。

〔译文〕

张载说:佛教对天之本性妄加臆测,却不懂得效法天地变化的功用,反而以为微小的六根是天地生成的原因。明明不能穷尽,就谎称天地日月都是幻化虚妄的,遮蔽于一身之小而不知道天地的功用,志趣却又沉溺于对虚空之大的追求,因此无论谈论大还是谈论小,全部都流于荒诞而不合道理。在大的方面的过失,如在一粒微尘、一颗芥子中认为有天地四方;在小的方面的遮蔽,如把人世间看作是梦幻一般。把这看作已经是穷究了事物之理,难道可以吗?不知道穷究事物之理,说他们能发挥人和事物的本性,使各得其所,难道可以吗?说他们无所不知,难道可以吗?在一粒微尘、一颗芥子中认为有天地四方,也就是认为天地是有限的;把人世间看作是梦幻一般,说明他们无法探明世间万物的起源。

13. 大《易》不言有无。言有无,诸子之陋也。(张载《正蒙》)

〔译文〕

《周易》不谈论有与无。谈论有与无,是诸子万家的浅陋之处。

14. 浮图明鬼,谓有识之死①,受生循环②,遂厌苦求免,可谓知鬼乎?以人生为妄见,可谓知人乎?天人一物,辄生取舍,可谓知天乎?孔、孟所谓天,彼所谓道,惑者指“游魂为变”为轮回,未之思也。大学当先知天德,知天德,则知圣人、知鬼神。今浮图剧论要归③,必谓死生流转，非得道不免，谓之悟道可乎？（悟则有义有命，均死生，一天人，推知昼夜，通阴阳，体之无二。）自其说炽，传中国，儒者未容窥圣学门墙，已为引取，沦胥其间[4]，指为大道。乃其俗达之天下，致善恶知愚、男女臧获[5]，人人著信[6]。使英才间气[7]，生则溺耳目恬习之事，长则师世儒崇尚之言，遂冥然被驱，因谓圣人可不修而至，大道可不学而知。故未识圣人心，已谓不必求其迹；未见君子志，已谓不必事其文。此人伦所以不察，庶物所以不明，治所以忽，德所以乱。异言满耳，上无礼以防其伪，下无学以稽其弊，自古诐[8]、淫、邪、遁之辞，翕然并兴，一出于佛氏之门者已五百年。向非独立不惧，精一自信，有大过人之才，何以正立其间，与之较是非、计得失哉！（张载《正蒙》）

〔注释〕

①有识：佛教唯识宗认为人有八识，根本为第八识阿赖耶识。

②受生循环：即生死轮回。

③剧论：深刻论议。

④沦胥：沦陷，沦丧。

⑤臧获：古代奴婢的贱称。

⑥著信：归依信仰。

⑦间气：旧谓英雄豪杰上应星象，禀天地特殊之气，间世而出，称为“间气”。

⑧诐（bì）：偏颇，不正。

〔译文〕

佛教谈论鬼魂，含有情识的有情死亡之后，还会不断投胎受生，于是厌恶轮回之苦，希求免除这种痛苦，这可以说佛教明了鬼神吗？佛教把人生的真实存在看作是错误的见解，这能说佛教明了人生吗？天与人原本是一体的，佛教却舍弃人而追求天，能说佛教明了天吗？孔子、孟子所谓的天，佛教称之为道，为佛教学说所迷惑的人将《系辞》所言“游散的精气不断变化”当作轮回，是未加思考的说法。伟大的学问应当首先了解天道的德性，了解了天道的德性，就知道圣人、知道鬼神了。如今佛教论议的关键，必定要说生死轮回，如果不得道就会一直轮回，能说佛教了悟大道吗？（了悟大道则是有道义，有天命，均同地看待生死，把天人看作一体，推知白天与黑夜，通达阴阳变化，说明白天与黑夜或阴与阳二者原本不是两种东西。）自从佛教学说广泛流传于中国，儒家学者尚未来得及窥见圣人之学的门墙，就已经被佛学引诱去了，沦丧其中，把佛教学说看作大道。佛教的风俗流行于天下，使得无论善恶、智愚、男女、奴婢人人信仰。即使有英豪才俊，生下来耳濡目染于佛教学说，习以为常，长大之后又学习了世俗儒者崇尚佛教的言论，于是稀里糊涂地被驱赶至佛教那里，因而认为圣人可以不用修行就能成就，大道不用学习就可以了解。所以不明白圣人的用心，就已经认为不必推求圣人的行迹；不知道君子的志向，就已经认为不必钻研他们的文章。这就是人伦不被体察，事物不被明了，政事被忽视，德行被搞乱的原因。异端之说灌满耳朵，在上位者无法度防止其伪诈，在下位者无学问稽考其弊病。自古以来的偏颇、过度、邪僻、躲闪的言辞，全都沉渣泛起，全都出自佛教之门已经五百年了。如果不是特立独行、无所畏惧、精诚专一、坚定自信、有远远超过一般人才能的人才，怎么能一身正气地挺立于异端之间，与他们较量是非与得失呢？

卷十四　圣贤

〔题解〕

本卷论述理学体系中的圣贤统系。首先梳理了从尧、舜、禹、汤、文、武、周公、孔子、颜回、曾子、孟子的理学道统，并将宋代理学家周敦颐、张载、二程直接道统，从而构成了一个完整的理学道统谱系。其次，本卷从理学的立场上对道统以外的著名人物提出了批评，如荀子、扬雄、诸葛亮等，从而总结提炼提出了理学体系中的圣贤特质和标准。

1. 明道先生曰：尧、舜更无优劣，及至汤、武便别。孟子言"性之""反之"，自古无人如此说，只孟子分别出来，便知得尧、舜是生而知之，汤、武是学而能之。文王之德则似尧、舜，禹之德则似汤、武。要之皆是圣人。（《河南程氏遗书》）

〔译文〕

程颢说：尧、舜分不出优劣，到商汤和周武王，就有了区分。孟子说："尧、舜的仁德是出于自然的本性"，"汤、武的仁德是恢复了本然的善性"。从古至今，没有人这么讲过，只有孟子将他们进行了区分，因此便可知尧、舜是天生知道圣人之道，汤、武则是通过学习才做到的。文王之德则接近于尧、舜，大禹之德则近似于汤、武。总之都是圣人。

2. 仲尼，元气也①；颜子，春生也；孟子，并秋杀尽见。仲尼无所不包，颜子示“不违，如愚”之学于后世，有自然之和气，不言而化者也。孟子则露其才，盖亦时焉而已。仲尼，天地也；颜子，和风庆云也；孟子，泰山岩岩之气象也②。观其言皆可见之矣。仲尼无迹，颜子微有迹，孟子其迹著。孔子尽是明快人，颜子尽岂弟③，孟子尽雄辩。(《河南程氏遗书》)

〔注释〕

①元气：指天地未分前的混沌之气。

②岩岩：高大、耸立的样子。

③岂弟：同“恺悌”，和乐平易。

〔译文〕

孔子就像元气；颜回，就像万物生长的春天；孟子表现出秋天肃杀之气。孔子的气象是一切之善无所不包；颜回则向后世显示出“没有任何质疑，好像愚笨一般”的学习精神，有一种自然和气，不需要说话，别人就得到教化。孟子则显露出自己的才气，也是时势促使他这样。孔子，如同天地；颜回，如同温和的风、吉祥的云；孟子，则有泰山巍然耸立的刚峻气象。观察他们的语言风格就可能明白。孔子之道无迹可寻，颜回则略露些人间迹象，孟子则是心迹昭著，发挥透彻。孔子完全是一个爽快人，颜回完全是谦和，孟子完全是雄辩。

3. 曾子传圣人学，其德后来不可测，安知其不至圣人？如言“吾得正而毙”，且休理会文字，只看他气象极好，被他所见处大。后人虽有好言语，只被气象卑，终不类道。（《河南程氏遗书》）

〔译文〕

曾子传授圣人之学，其德行后来日益上进到不可度量的程度，怎么知道他没有达到圣人的境界呢？比如他临终时说“我只求以符合礼仪的方式死去”。姑且不推敲文字，只体会他的气象是如此崇高，他着眼之处是如此宏大。后人虽然也有些好的言语，只因气度不大，终究也不像具备圣人之道的人。

4. 传经为难。如圣人之后才百年，传之已差。圣人之学，若非子思、孟子，则几乎息矣。道何尝息？只是人不由之。“道非亡也，幽、厉不由也”。（《河南程氏遗书》）

〔译文〕

传承儒家经典十分困难。比如孔子之后才过百余年，经典传授就已经有了偏差。如果没有子思、孟子，圣人之道估计就消亡了。道什么时候止息过，只是人们不再遵行。如董仲舒所言：“道并没有消亡，只是周幽王、周厉王不实行而已。”

5. 荀卿才高，其过多；扬雄才短，其过少。（《河南程氏遗书》）

〔译文〕

荀子的才华卓著，他的过失也大；扬雄的才能稍低，所以过失也少些。

6. 荀子极偏驳，只一句“性恶”，大本已失；扬子虽少过，然已自不识性，更说甚道？（《河南程氏遗书》）

〔译文〕

荀子的学说非常偏颇驳杂，只一个“人性本恶”的观点，就将儒家的根本丧失了；扬雄虽然过失比较少，但是他自己也没有弄明白人性，也就不必讨论什么儒家之道了。

7. 董仲舒曰：“正其谊，不谋其利；明其道，不计其功。”此董子所以度越诸子。（《河南程氏遗书》）

〔译文〕

董仲舒说：“端正追求道义的态度，不去谋求利益；讲明圣人之道而不计较功效。”这就是董仲舒胜过诸儒的地方。

8. 汉儒如毛苌①、董仲舒，最得圣贤之意，然见道不甚分明。下此即至扬雄，规模又窄狭矣。（《河南程氏遗书》）

〔注释〕

①毛苌(cháng):生卒年不详,西汉赵人(今河北邯郸)。《毛诗》的传授者之一。

〔译文〕

西汉的儒者如毛苌、董仲舒,最能体会圣贤的大意,但还不能特别深刻地认识圣人之道。在他们之后到扬雄,规模就更狭窄了。

9. 林希[1]谓扬雄为禄隐[2]。扬雄,后人只为见他著书,便须要做他是,怎生做得是?(《河南程氏遗书》)

〔注释〕

①林希(1035—1101):字子中,号醒老,福州福清(今福建福清)人。北宋大臣。

②禄隐:指拿俸禄而不勤政事,清高而自隐。

〔译文〕

林希认为扬雄是拿俸禄的隐士。扬雄,后人只看到他写了书,便以为扬雄是正确的,扬雄怎么能是正确的呢?

10. 孔明有王佐之心,道则未尽。王者如天地之无私心焉,行一不义而得天下,不为。孔明必求有成而取刘璋。圣人宁无成耳,此不可为也。若刘表子琮,将为曹公所并,取而兴刘氏,可也。(《河南程氏遗书》)

〔译文〕

诸葛亮有辅佐君主实现王道的理想，但对于圣人之道却不尽知。王者如同天地一样，没有任何自私之心，就是让他做一件不义的事就能得天下也不做。诸葛亮一味追求成功而进攻刘璋，圣人宁可没有成就，也不会去做这样的事。荆州刘表的儿子刘琮将被曹操吞并，那么夺取荆州并复兴汉室是可以的。

11. 诸葛武侯有儒者气象。(《河南程氏遗书》)

〔译文〕

诸葛亮有儒者的气象。

12. 孔明庶几礼乐。(《河南程氏遗书》)

〔译文〕

诸葛亮几乎实现了礼乐教化。

13. 文中子本是一隐君子，世人往往得其议论，附会成书，其间极有格言，荀、扬道不到处。(《河南程氏遗书》)

〔译文〕

王通本来只是一位隐居的君子，世间之人记录下他的言论，按照某种条理编订成书。其中很多精辟的言论，是荀子、扬雄完全说不出来的。

14. 韩愈亦近世豪杰之士。如《原道》中言语虽有病，然自孟子而后，能将许大见识寻求者，才见此人。至如断曰："孟子醇乎醇。"又曰："荀与扬，择焉而不精，语焉而不详。"若不是他见得，岂千余年后，便能断得如此分明？（《河南程氏遗书》）

〔译文〕

韩愈也是近世豪杰之士。例如《原道》一文中语句虽存在着一些毛病，然而自孟子之后，能将如此大的见识探究出来，只有韩愈一个人。至于判断说："孟子是醉而又醇的儒者。"又说："荀子和扬雄，他们的学术选择得不够精察，说的又不够详细。"倘若不是他确有真知灼见，如何能在继孟子一千多年之后，判断得如此分明呢？

15. 学本是修德，有德然后有言。退之却倒学了，因学文日求所未至，遂有所得。如曰："轲之死不得其传。"似此言语，非是蹈袭前人，又非凿空撰得出，必有所见。若无所见，不知言所传者何事。（《河南程氏遗书》）

〔译文〕

学道本来是修德，有了德行然后就能写好文章了。韩愈却是翻过来了，他是因要学写文章，每天追求自己未能达到的东西，于是就于圣人之道有了收获。如他说："孟轲死后圣人之道没能继续向下传。”像这样的言论，不是因袭前人，也不是凭空捏造出来的，一定要自己有所发现。如果不是自有见地，就不知道他自己所说圣贤所传的是什么东西。

16. 周茂叔胸中洒落[1]，如光风霁月[2]。其为政精密严恕，务尽道理。（周敦颐《通书》）

〔注释〕

①周茂叔（1017—1073）：周敦颐，字茂叔，原名敦实，号濂溪，世称“濂溪先生”，道州（今河南道县）人。北宋理学家。

②光风霁（jì）月：形容人心胸坦荡、光明磊落。

〔译文〕

周敦颐心胸磊落，如同雨过天晴的光明景象。他处理政务一丝不苟，严格而又宽容，努力按照道义的要求处理事务。

17. 伊川先生撰《明道先生行状》曰：先生资禀既异，而充养有道。纯粹如精金，温润如良玉。宽而有制，和而不流。忠诚贯于金石，孝悌通于神明。视其色，其接物也如春阳之温；听其言，其入人也如时雨之润。胸怀洞然，彻视无间。测其蕴，则浩乎若苍溟之无际；极其德，美言盖不足以形容。先生行己，内主于敬，而行之以恕。见善若出诸己，不欲弗施于人。居广居而行大道，言有物而行有常。先生为学，自十五六时，闻汝南周茂叔论道，遂厌科举之业，慨然有求道之志。未知其要，泛滥于诸家，出入于老、释者几十年，返求诸六经而后得之。明于庶物，察于人伦，知尽性至命，必本于孝悌。穷神知化，由通于礼乐。辨异端似是之非，开百代未明之惑，秦、汉而下，未有臻斯理也。谓孟子没而圣学不传，以兴起斯文为己任。其言曰："道之不明，异端害之也。昔之害近而易知，今之害深而难辨。昔之惑人也，乘其迷暗；今之入人也，因其高明。自谓之穷神知化[①]，而不足以开物成务[②]。言为无不周遍，实则外于伦理。穷深极微，而不可以入尧、舜之道。天下之学，非浅陋固滞，则必入于此。自道之不明也，邪诞妖异之说竞起，涂生民之耳目，溺天下于污浊。虽高才明智，胶于见闻，醉生梦死，不自觉也。是皆正路之蓁芜，圣门之蔽塞，辟之而后可以入道。"先生进将觉斯人，退将明之书，不幸早世，皆未及也。其辨析精微，稍见于世者，学者之所传耳。先生之门，学者多矣。先生之言，平易易知，贤愚皆获其益，如群饮于河，各充其量。先生教人，自致知至于知止，诚意至于平天下，洒扫应对至于穷理尽性，循循有序。病世之学者舍近而趋远，处下而窥高，所以轻自大而卒无得也。先生接物，辨而不间，感而能通。教人而人易从，怒人而人不怨，贤愚善恶，咸得其心。狡伪者献其诚，暴慢者致其恭[③]。闻风者诚服，觌德者心醉[④]。虽小人以趋向之异，顾于利害，时见排斥，退而省其私，未有不以先生为君子也。先生为政，治恶以宽，处烦而裕[⑤]。当法令紧密之际,未尝从众为应文逃责之事。人皆病于拘碍,而先生处之绰然;众忧以为甚难,而先生为之沛然。虽当仓卒,不动声色。方监司竞为严急之时,其待先生率皆宽厚。设施之际,有所赖焉。先生所为纲条法度,人可效而为也。至其道之而从,动之而和,不求物而物应,未施信而民信,则人不可及也。(《河南程氏文集》)

〔注释〕

①穷神知化:穷究事物之神妙,了解事物之变化。

②开物成务:通晓万物的道理并按其行事而得到成功。

③暴慢:凶暴傲慢。

④觌(dí):观察,察看。

⑤处烦而裕:处理繁杂的事物从容不迫。

〔译文〕

程颐撰写的《明道先生行状》说:程颢虽然天赋异禀,但仍然充实修养。他的境界纯粹得如同没有杂质的纯金一样,性格温润得如同无瑕的美玉一般。待人宽容而有原则,与人和睦相处而不随波逐流。忠诚可穿透金石,孝敬父母、友爱兄长可以感动神灵。从他的容貌来看,他的待人接物就像春天的阳光那样和煦;聆听他的语言,深入人心就像及时雨滋润万物一样。他的胸襟开阔,洞察一切而没有遗漏。衡量他的学识,会发现浩瀚得如同大海一样无边无际;穷究他的德行,会感觉任何优美的言语都无法形容。他严格要求自己,以恭敬来持己,以宽恕来待人,看到别人的善行如同是自己的善行一样,自己不愿意接受的行为一定不会强加于别人。他的内心居住在天下最广大的房屋里，行为走在天下最正直的道路上，说话内容充实，做事善始善终。先生对圣道的学习，起于十五六岁的时候听到周敦颐谈论圣人之道，于是就厌倦科举之道，慨然立下了探究圣人之道的志向。开始的时候，不知道圣人之道的精要，博览各种学派著作而沉浸其中，学习佛教、道家有关内容将近十年，然后返回儒家的“六经”才明白大道。他通达万事万物，通晓人伦物理，知道穷尽万物本性直到认识天命，根本上在于孝敬父母、友爱兄弟；穷究事物之神妙，了解事物之变化，是由于通晓礼乐之道。辨别佛、老等异端的似是而非，解决千年无法明白的疑惑，从秦、汉到现在，尚无人认识到这些道理。他认为孟子死后，儒家的圣人之学就不再流传，所以以兴起孔孟之道作为自己的责任。他说：“圣人之道之所以不能被天下人所了解，是因为被各类异端妨害了。过去的异端的危害比较浅近，人们容易看清；现今异端的祸害深奥，人们很难分辨。过去的异端迷惑人，利用人们的愚昧；现在的异端迷惑人，利用人们的聪明。这些异端自称已经穷究事物之神妙、了解事物之变化，但是不足以通晓万物的道理并按这道理行事而取得成功；他们自称学说可以应用到一切方面，实际上却抛弃了人伦物理。他们自认为穷尽了最深奥、最微妙的道理，却无论如何不肯实行尧、舜的圣人之道。天下的学问，如果不是肤浅而固执的，就一定会陷入这些异端邪说中。自从圣人之道不能为天下人所了解，这些荒诞虚妄的学说就竞相兴起，堵塞住了老百姓的耳朵和眼睛，全天下都沉溺于这类污秽的泥泞当中。即便是才能高超、智慧明达的人，也局限于其所见所闻，在醉生梦死中昏昏度日，完全没有觉察到自己受到了迷惑。这些都是仁义正路上的荆棘，阻挡住了圣人之道的大门，只有将其完全辟除之后，才能进入圣人之道。”程颢先生如果得到任用，将要觉醒当今的百姓，如果隐退，将要通过著书阐明这样的道理。可惜他不幸英年早逝，这些事业都还没有做成。他辨析精微的言论，只有少量为世间所知，在学生之间传播。他门下的学生很多。他的语言，平易而容易理解，无论是智慧的还是愚笨的都能获得收益，就像一群人在河里饮水，都按照自己的需求得到了满足。他的教学，从将知识一直推进到应当达到的至善境地，从内心真诚到平定天下，从洒扫应对一直到穷尽道理究竟本性，整个过程都井然有序。他认为世俗的学者都有舍近而好高骛远，程度低下却窥探高深的毛病，所以狂妄地自高自大，最终毫无所得。先生待人接物，明辨而不拒绝他人，感应外物无所不通。教导人们，人们都很愿意听从，批评别人，别人也不会怨恨，贤能的、愚笨的、好人、坏人，都能得到他们的欢心。狡猾的人在他面前会变得真诚，傲慢的人在他的面前会表现得恭敬，听闻他的风范的人都心悦诚服，看到他的德行的人都佩服倾倒。即便是追求利益的小人，因为追求的不同，只考虑对自己的利益与危害，经常去排斥他，但是他们退回去反省自己的时候，没有不把先生当作是正人君子的。先生处理政务，惩治恶行予以一定的宽恕，处理繁杂的事务则相当从容。当法令繁杂的时候，从没有学着众人去做一些虚假的表面文章来逃避责任。人们都认为有些该做的事情受到了法令的约束，他却在这种法令下处理得绰绰有余；人们都担心很难做成的事情，而他做起来却优游自如。即使是有事情突然发生，他也不动声色，处之泰然。当监司严苛地检查官员的时候，他们对程颢先生却都很宽厚，处理事务时，还有依靠先生处。先生制订的纲纪条文法度，人们可以效仿着去作。至于他引导人民，人民就会跟随，以诚动人而人自然和顺，不求外物应己而外物自应之，未曾以自己的诚信施于人时人民已先相信了，这些都是别人无可比拟的。

18. 明道先生曰：周茂叔窗前草不除去，问之，云“与自家意思一般”。（子厚观驴鸣，亦谓如此。）（《河南程氏遗书》）

〔译文〕

程颢说：周敦颐不锄去窗前的杂草，有人询问，他回答说：“和我自己的心意是一样的。”（张载观察驴的鸣叫，也说是这样。）

19. 张子厚闻生皇子，喜甚；见饿莩者[1]，食便不美。（《河南程氏遗书》）

〔注释〕

①饿莩（piǎo）：即“饿殍”，饿死的人。

〔译文〕

张载听说皇子出生了，特别开心；见到饿死的人，吃饭的时候就感觉不到饭香。

20. 伯淳尝与子厚在兴国寺讲论终日，而曰：“不知旧日曾有甚人于此处讲此事？”（《河南程氏遗书》）

〔译文〕

程颢与张载在兴国寺兴致勃勃地聊了一整天，说：不知道过去是不是也曾有人在这里像我们一样谈论过今天讨论的道理呢？

21. 谢显道云：明道先生坐如泥塑人，接人则浑是一团和气。（《河南程氏外书》）

〔译文〕

谢显道说：程颢静坐的时候如同泥塑的雕像很冰冷的样子，待人接物的时候则和蔼可亲、一团和气。

22. 侯师圣云[①]：朱公掞见明道于汝[②]，归，谓人曰："光庭在春风中坐了一个月。"游、杨初见伊川[③]，伊川瞑目而坐，二子侍立。既觉，顾谓曰："贤辈尚在此乎？日既晚，且休矣。"及出门，门外之雪深一尺。（《河南程氏外书》）

〔注释〕

①侯师圣：侯仲良，名淳（生卒年不详），字师圣，华阴（今陕西华阴）人。北宋理学者，著有《论语说》《侯子雅言》。

②朱公掞：朱光庭（1037—1094），字公掞，河南偃师（今河南偃师）人。二程弟子。

③游、杨：游酢、杨时。游酢（1053—1123），字定夫，建州建阳（今福建建阳）人。著有《易说》《中庸义》《论语孟子杂解》等。杨时（1053—1135），字中立，南剑州将乐（今福建将乐）人，世称"龟山先生"。著有《龟山语录》《龟山集》。

〔译文〕

侯师圣说：朱公掞到汝州拜见程颢，回来后对别人说："我在春风中坐了一个月。”游酢、杨时初次拜见程颐，程颐正闭目静坐，二人站在门外等待。程颐发觉二人之后，看着他们说：“你们还在这里呀？天晚了，回去休息吧。”二人出门，发现门外的雪已经下了一尺多深了。

23. 刘安礼云[①]：明道先生德性充完，粹和之气，盎于面背，乐易多恕，终日怡悦。立之从先生三十年，未见其忿厉之容。(《河南程氏遗书》)

〔注释〕

①刘安礼：刘立之(生卒年不详)，字安礼，河间(今河北河间)人。程颢弟子。

〔译文〕

刘安礼说：程颢先生德性充实完美，纯和之气充溢前后，和乐平易宽大，一天到晚都是愉悦的。我跟随先生三十年，从未见过他有愤怒严厉的神情。

24. 吕与叔撰《明道先生哀词》云[①]：先生负特立之才，知大学之要；博文强识，躬行力究；察伦明物，极其所止；涣然心释，洞见道体。其造于约也，虽事变之感不一，知应是心而不穷；虽天下之理至众，知反之吾身而自足。其致于一也，异端并立而不能移，圣人复起而不与易。其养之成也，和气充浃[②]，见于声容，然望之崇深，不可慢也；遇事优为[③]，从容不迫，然诚心恳恻，弗之措也。其自任之重也，宁学圣人而未至，不欲以一善成名；宁以一物不被泽为己病，不欲以一时之利为己功。其自信之笃也，吾志可行，不苟洁其去就；吾义所安，虽小官有所不屑。（《河南程氏遗书》）

〔注释〕

①吕与叔：吕大临（1042—1090），字与叔，汲郡（今河南卫辉）人，后移京兆蓝田（今属陕西）。张载、程颐弟子。

②充浃（jiā）：充盈融洽。

③优为：谓任事绰有余力。

〔译文〕

吕与叔撰写的《明道先生哀词》说：先生负有独特之才能，了解明德、亲民等要领；熟悉各种经典并理解深入，亲身实践，努力探讨；精察人伦，明知事理，完全地掌握了人们处事的原则；心中如涣然冰消，透彻理解了大道的本体。他的学问达到了简约，虽然事物变化纷繁，但明白所有一切都可以用诚心来应对；天下之理虽然众多，他明白万理于我身，反求于我身则一切理都可自足。他的修养达到了精诚致一的境界，异端之学并兴也不能改变他的自信之心，圣人再生也难以改变他的学说。他的德行养成了，太和之气充盈透彻，表现于声音容貌，使人望见其崇高渊深，无法轻慢；遇事当为而为，从容不迫，然而其至诚之心诚恳深切，做不好决不舍弃。他对自己希望和要求远大，宁可学圣人而未能达到，也不用小小一善来成就名声；宁可以天下有一物不受圣人恩泽看作自己的过失，追求使我的君主成为尧、舜一样的明君，不把一时的有利于人作为追求的事功。他自信笃厚，只要我的志向能够推行，就不故作高洁而去其位；只要是依义而行我心安稳，即使小官也在所不惜。

25. 吕与叔撰《横渠先生行状》云：康定用兵时，先生年十八，慨然以功名自许，上书谒范文正公。公知其远器[①]，欲成就之，乃责之曰："儒者自有名教[②]，何事于兵？"因劝读《中庸》。先生读其书，虽爱之，犹以为未足，于是又访诸释、老之书，累年尽究其说，知无所得，反而求之六经。嘉祐初，见程伯淳、正叔于京师，共语道学之要。先生涣然自信曰："吾道自足，何事旁求！"于是尽弃异学，淳如也。（尹彦明云：横渠昔在京师，坐虎皮，说《周易》，听从甚众。一夕，二程先生至，论《易》。次日，横渠撤去虎皮，曰："吾平日为诸公说者，皆乱道。有二程近到，深明《易》道，吾所弗及，汝辈可师之。"）晚自崇文移疾[③]，西归横渠，终日危坐一室，左右简编，俯而读，仰而思，有得则识之。或中夜起坐，取烛以书。其志道精思，未始须臾息，亦未尝须臾忘也。学者有问，多告以知礼成性、变化气质之道，学必如圣人而后已，闻者莫不动心有进。尝谓门人："吾学既得于心，则修其辞；命辞无差，然后断事；断事无失，吾乃沛然。精义入神者，豫而已矣。"先生气质刚毅，德盛貌严，然与人居，久而日亲。其治家接物，大要正己以感人，人未之信，反躬自治，不以语人。虽有未谕，安行而无悔。故识与不识，闻风而畏。非其义也，不敢以一毫及之。（张载《张子

全书》)

〔注释〕

①远器:谓有才能、能担当大事的人。

②名教:名分与教化。

③移疾:即“移病”,旧时官员辞官的婉辞。

〔译文〕

吕与叔撰《横渠先生行状》说:宋仁宗康定年间与西夏作战的时候,张载先生十八岁,慷慨激昂地自认为可以通过带兵打仗建功立业,于是写信谒见范仲淹。范仲淹看出他是才能非凡、堪当大任之人,想成全他,就责成他说:“读书人自有读书人的事业,为什么一定要带兵打仗呢?”于是劝他读《中庸》。张载读了《中庸》,虽然很喜爱,但仍不满足,于是又研读佛教、道家书籍,花了多年功夫,透彻地了解二家的学说,但没有什么收获,又回过头来读六经。嘉祐初年,先生在京师见到程颢、程颐,共同研究道学的主旨。于是他内心疑问涣然冰释,自信地说:“我们儒家的学问自身很完备,为什么要寻求别家的学说呢?”于是彻底地抛弃了异端的学说,成为淳厚的儒者。(尹彦明说:张载过去在京城的时候,坐在虎皮上给大家讲《周易》,来听的人很多。一天晚上,程颢、程颐到访,谈论《周易》。第二天,张载撤去虎皮,对学生们说:“我平日里给你们所讲的都是不对的,现在二程来了,他们对《周易》非常精通,我赶不上他们,你们可以去向他们学习。”)张载晚年称病辞官,从崇文院回到横渠镇,一天到晚恭恭敬敬坐在一间房子里,身边放的全是书,俯首而读,仰首而思,有所得就记下来。有时半夜坐起来,点上灯烛写作。其对圣人之道的追求与精深思考，从未有一刻间断，也从未有一刻忘却。学生有所问，经常告诉他们学礼并去修养本性，和学问变化气质的方法，要求学生学习一定要达到圣人的境界才可以。听到他这些话的人，无不触动于心而有所进步。他曾经对学生说："我治学心中有所领悟时，就选择适当的言辞把它表述出来；表述得没有错误，然后用来判断事务；判断事务没有错误，我就感到胸中充实了。精熟义理，达到神奇的境界，就要在事情没有发生时，先要熟悉有关事情的道理，如此而已。"先生他气质刚毅，德性充盛，容貌严肃，但和人相处时间久了，就一天天亲近。他的治家与在外交往，最重要的是正己以化人。人不能信任他，他就反躬自省，修养自身，而不告诉他人。虽然有的人到底也不理解他的用心，他照常安心而行，并不后悔。所以认识他的与不认识他的人，闻其风而畏服。不符礼义的事，不敢以丝毫加到他身上。

26. 横渠先生曰：二程从十四五时，便脱然欲学圣人①。（张载《经学理窟》）

〔注释〕

①脱然：超越寻常的样子。

〔译文〕

张载说：程颢、程颐在十四五岁的时候，就超凡脱俗地立下了学习圣人的志向。